서강비즈니스북스
SOGANG BUSINESS BOOKS

모빌리티
이노베이션

MOBILITY INNOVATION

모빌리티 전쟁에서 생존하는
비즈니스모델 혁신

마상문 지음

박영사

저자의 말

베트남 전쟁 때 참전하여 1965년부터 1973년까지 8년여의 포로 생활을 한 미국의 해군 제독 제임스 스톡데일(James B. Stockdale)의 이름에서 유래한 스톡데일 패러독스(Stockdale Paradox), '현실에 기반을 둔 합리적인 낙관주의'를 의미한다. 스톡데일은 냉혹한 현실을 받아들이고 이에 대비했지만, 지나치게 비관적이었거나 '이번 크리스마스가 되면 풀려나겠지, 다음 부활절이 되면 풀려나겠지, 추수감사절이 되면 풀려나겠지'라는 근거 없는 희망으로 낙관적인 생각만한 동료들은 결국 상심에 빠지고 버티지 못해 먼저 죽음을 맞이했다. 미국의 경영학자 짐 콜린스(Jim Collins)는 저서 '좋은 기업을 넘어 위대한 기업으로(Good to Great)'에서 이를 '스톡데일 패러독스'로 명명하면서 미래에 대한 믿음은 갖되, 냉혹한 현실은 객관적으로 파악하고 대처하는 '합리적인 낙관주의'를 성공한 기업의 특성 중 하나로 꼽았다.

메르세데스 벤츠의 디터 제체(Dieter Zetsche) 회장이 파리모터쇼 (2016)에서 '이제는 기계의 시대가 아닌 전기전자의 시대가 왔다'고 선언하면서 'CASE 전략'을 발표한 지 7년의 시간이 흘렀다. 그동안 모빌리티 패러다임을 상징하였던 이 4가지 특징(CASE)은 코로나19를 거치면서 제 각각 속도의 차이를 보이며 현실화되고 있다. ICT기술의 비약적인 발전과 연관 산업 및 주변 인프라 구축으로 커넥티드카(Connected)와 전기차(Electrification)는 더욱 가속화하는 되는 반면, 카셰어링(Sharing)은 주춤하고 있고, 자율주행(Autonomous)은 기술 진보 및 사회적 합의 과정상 더 많은 축적의 시간이 필요하다. 이처럼 모빌리티의 미래를 마냥 낙관만 할 수도 없지만 전동화(EV)를 중심으로 파괴적 혁신이 현실화되고 있는 변혁을 우리는 목도하고 있다. 이에 자동차 산업에 속한 기업들은 모빌리티 혁신에 대해 본업을 배제한 채 막연한 기대로 신규 사업 발굴에만 몰두하는 것도 금물이지만, 자동차 산업의 변혁은 돌이킬 수 없는 팩트이기에 '스톡데일 패러독스'의 관점을 갖고 비즈니스 모델을 혁신해 나가야 할 것이다. 특히 코로나19가 종식되는 과정 및 공급망 이슈로 인해 특수를 누리는 기업들은 보다 냉철한 관점에서 '경쟁력'을 점검하고 모빌리티 패러다임이 기회가 되도록 대비해야 할 것이다. 디지털 변혁을 이끌 수 있는 리더의 관점과 통찰력이 더욱더 중요한 대목이다.

전통의 ICT 기업 소니는 자동차 기업 혼다와 '소니 혼다 모빌리티(Sony Honda Mobility)' 합작회사를 설립하고, CES 2023에서 새로운 개념의 EV '아필라(Afeela)'를 발표하였다. 세계 최대 가전 전시회 CES(국제전자제품박람회)는 가전쇼에서 모빌리티 경연장으로 비즈니스 영역의 파괴가 시작된 지 오래이다. 자동차 회사 도요타가 스마트 시티를 건설하고 아마존은 배송 EV 스타트업을 인수하고 현대차는 도심형 비행기(UAM)와 로봇을 만든다. 자동차는 하나의 모빌리티 디바이스가 되고, 이로 인해 구글, 바이두, LG전자 등 ICT 업체에도 진입 기회가 되며, 기존 카메이커 중심의 생태계에서 이종 산업 간의 합종연횡이 필요한 전혀 다른 생태계로 변화된다. 모빌리티에 강한 생태계는 카메이커 중심의 수직적 분업화에서 테슬라와 같이 수직 계열화가 될 수도 있고, 구글을 중심으로 하는 플랫폼 생태계도 될 수 있다. 이처럼 코 앞으로 다가온 모빌리티의 미래는 고객의 재정의부터 새로운 경쟁구도와 핵심 기술 경쟁력의 기준 변화 등 자동차 산업의 파괴적 혁신이 가속화되는 세상을 보여 주고 있다.

모빌리티 시대 고객의 요구가 점점 더 다양해짐에 따라 기업들은 다양한 고객 니즈나 문제를 충족시키기 위한 맞춤형 상품이나 서비스를 제공하기 위해 과다한 비용과 복잡성을 운영해야 하는 이슈에 직면하게 되었다. 기존에는 기업들이 대량생산을 통해 고객들의 일반적인 문제를 충족시킴으로써 원가를 낮출 수 있었으나, 고객 가치는 개별화, 맞춤화될수록 극대화되기 때문에 기업은 가치-원가 딜레마(Value-Cost Dilemma)에 봉착하게 된다. 따라서 자동차 산업의 파괴적 혁신을 주도하는 모빌리티 패러다임의 특징을 이해하고 기업의 생존과 성장을 위한 가치-원가 딜레마를 해결하는 비즈니스 모델 혁신이 필요한 것이다.

이 책의 저술 목적은 130여 년 전통의 자동차 산업이 모빌리티 시장으로 재편되는 현상을 이론적으로 해석하고, 이러한 변혁 속에서 관련 기업의 생존과 성장 방안을 융합(이론&실전)적 관점에서 제안하는 것이다. 이를 통해 모빌리티 산업을 배우는 학생, 관련 업계 및 기업 관계자 그리고 기업의 생존과 성장을 위해 비즈니스 모델 혁신을 고민하는 독자들에게 하나의 시금석이 되길 기대해 본다. 시간 관계상 정독이 어려운 독자들은 먼저 프롤로그 및 에필로그의 요약(Summary) 부분을 읽고 관심있는 장을 선택하여 집중하시길 권장한다. 모빌리티 패러다임에 대한 현상과 특징은 2~3장을, 기업의 생존과 성장을 위한 솔루션은 4~5장을 참조하시고, ESG경영은 4장의 말미에 잘 나와 있다. 보다 심층적인 지식이 필요한 독자는 해당 글에서 참조한 원본 자료(미주 참조)까지 읽어 보신다면 남다른 인사이트를 체득하게 될 것이다.

이러한 메가 트렌드를 같이 고민하며 이 책이 세상에 나오기까지 든든한 지원군이 되어 주신 분들께 감사의 말씀을 드린다. 지난 28여 년을 모빌리티 산업 현장에서 함께 동고동락하였던 금호타이어 선후배 동료들, 특히 모빌리티 TF를 통해 함께 아이디어를 고민해 준 후

배 유정선 상무와 곽현수 책임, ESG 임애화 팀장, 열과 성을 다한 지도를 통해 이론적 토대를 만들어 주신 서강대 김용진 지도교수님 및 하영원, 전성률, 임채운, 김길선, 김양민, 양동훈, 조봉순, 이군희, 정재학, 김도성, 안성필, 최장호, 장영균 교수님, 원고를 꼼꼼히 감수하여 완성도를 높여 주신 홍익대 김남미 교수님, 새로운 도전의 장을 흔쾌히 열어 주신 법무법인 세종의 오종한 대표변호사님 및 식구들, 특히 자동차 모빌리티팀의 이용우 변호사님, 이광범 고문님, 김병국 전문위원님, 해외규제 컴플라이언스팀 박효민 변호사님과 인사이트를 나눠주신 전문가님들, 응원으로 힘을 보태 준 기획실 직원들에게 심심한 감사의 말씀을 드린다. 마지막으로 늘 사랑으로 지지해 주신 선친과 어머니, 장인·장모님 등 가족들에게 감사하며, 묵묵히 뒤에서 직장생활과 학업을 병행하며 정진할 수 있도록 기도로 응원해 준 아내 송순헌과 아들 제훈, 제형이에게 특별히 감사하다.

2024년 1월
광화문에서
저자 **마상문**

추천의 글

김용진(서강대학교 경영학과 교수) ──────────────

　디지털기술의 급속한 발전, ESG(환경Environment, 사회Social, 거버넌스 Governance)혁신은 기업들이 경쟁하던 방식을 완전히 바꾸어 놓고 있다. 모든 산업이 변화하고 있지만 특히 자동차산업은 많은 영향을 받고 있다. 그런 탓인지, 요새는 많은 자동차회사들이 스스로를 모빌리티 서비스회사라고 칭한다. 이런 질문을 던져보자. 모빌리티 서비스 중에 가장 디지털과 관련이 낮을 것처럼 보이는 타이어가 디지털로 바뀔 수 있을까? 타이어가 디지털로 바뀐다는 게 무슨 의미일까?

　사실 디지털전환(Digital Transformation)이라는 용어에는 엄청나게 중요한 의미가 숨어 있다. 그것은 단순하게 디지털방식으로 조직을 운영한다는 것이 아니고, 고객이 원하는 시점에 원하는 장소에서 원하는 형태로 고객의 문제를 해결할 수 있도록 회사와 협력생태계의 구조와 프로세스를 바꾼다는 의미이다. 물리적 자산과 프로세스에 의존해서 사업을 수행하던 기존 방식으로는 불가능했던 온디맨드 서비스를 제공할 수 있다는 것이다. 이런 의미에서 가장 덜 디지털적일 것 같은 타이어를 개별고객이 선호하는 방식으로 제공할 수 있다면 이는 타이어가 디지털로 바뀐다는 것을 의미한다.

　이러한 관점을 조금 더 넓혀보자. hy는 야쿠르트 아줌마들이 가지고 다니던 수동식 카트를 '탈 수 있는 카트'인 코코(Cold & Cool)로 바꾸었다. 코코는 hy가 가지고 있던 가장 중요한 자산인 방문판매 네트워크를 무력화시키는 대신 가장 강력한 라스트마일(Last Mile) 식품 배송 네트워크로 재탄생하게 함으로써 hy를 디지털 유통 기업으로 변신시키는 데 성공했다.

　모빌리티 서비스의 활성화는 이동이라는 측면에만 치중해 오던 기존의 자동차산업을 완전하게 변화시킬 것이다. 물론 이동 수단의 다양화와 개인 맞춤화가 우리사회에 가져올 변화는 그리고 기업들의 업무수행 방식에 가져올 변화는 지대하다. 하지만 모빌리티 서비스는 우리사회의 구조를 바꾸고, 각종 서비스, 예를 들어, 식당이나 음식배송, 미장원, 의료 등 모든 서비스제공 방식도 바꾸게 될 것이다. 여기에 더해 기후변화에 대응하기 위한 모빌리티 산업의 변화도 필요하다. 이러한 변화들은 기업들에게 많은 도전적 이슈들을 던져줄 것이지만 동시에 수도 없이 많은 비즈니스 기회를 제공할 것이다.

문제는 이러한 변화를 어떻게 이해하고 자신의 상황에 가장 잘 맞는 전략을 만들어내어 실행할 것인가이다. 변화의 시대에는 이를 이해하고 헤쳐갈 수 있는 나침반이 필요하다.

이 책은 모빌리티 산업의 변화 방향을 정확하게 정의하고 이러한 변화에서 살아남는 방법 혹은 이러한 변화의 시대에 승자가 되기 위한 방법을 깔끔하게 잘 정리한 지침서이다. 저자는 오랫동안 모빌리티 산업의 전문가로 활약해 오면서 축적한 풍부한 현장 경험과 다양한 이론 및 사례들을 통해 디지털전환시대 모빌리티 기업의 생존과 성장을 위한 레시피를 제공한다. 디지털전환에 관심이 많은 혹은 모빌리티 기업의 미래에 대해 관심이 있는 독자들은 꼭 한 번 읽어 보기를 강력하게 권한다.

전성률(서강대학교 경영대학 마케팅 교수) ─────────────

스마트폰의 등장으로 관련 시장들이 커다란 파괴적 혁신을 경험하였고, 최근 생성형 AI의 급속한 진화로 산업 전반적으로 파괴적 및 창조적 혁신들이 진행되고 있다. 자동차 산업 역시 오랜 전통의 내연기관 중심의 산업에서 최근 빠른 속도로 CASE(Connected, Autonomous, Sharing, Electrification)로 대표되는 모빌리티 시장으로 재편되고 있다. 그 과정에서 시장의 경계가 새로 만들어지고 수많은 위협과 기회 요인들이 등장하고 있다.

저자는 오랜 실무 경험에서 오는 통찰력과 이론을 접목시켜 모빌리티 패러다임에 따른 사회 전반에 걸친 변화를 설명한다. 또한, 이러한 변화의 시대에 모빌리티 기업의 생존과 성장을 위한 비즈니스 모델 혁신의 방향성을 대량개별화(Mass Customization), 디지털전환(Digital Transformation) 그리고 ESG경영을 중심으로 보다 실전적 관점에서 제시하고 있다.

이 책은 단순히 모빌리티 산업 종사자들뿐 아니라 기술혁신으로 인해 파괴적 혹은 창조적 혁신을 맞이한 많은 다른 산업군의 종사자들에게도 좋은 시사점을 줄 수 있을 것이다.

장영균(서강대학교 경영대학 Executive Ph.D. 과정 주임교수) ────────

　　생각해보면 인류가 움직이지 않고 만들어진 역사가 있는가? 인류의 움직임을 만들어내는 모빌리티 산업이야말로 인류 번영의 필수다. 그래서 모빌리티의 미래를 상세히 소개해 준 이 책은 값지다. 그렇다고 이 책을 단순한 모빌리티 서적으로 이해했다면 오산이다. 이 책은 디지털 전환, ESG 등 격변의 소용돌이 속에 있는 현 시대의 모든 기업들이 알아야 할 놀라운 "Rescue Plan"을 담고 있다. 현 시대 모든 기업인들에게 일독을 추천한다.

김남미(홍익대학교 교양과 교수) ────────

　　마상문 박사의 글은 실용적이다. 오랜 현장 직무를 통해서만 나올 수 있는 효용적 해법이 이 책 곳곳에 배어 있다. 마상문 박사의 글은 전문적이다. 학문적 이론을 섭렵을 통해 이끌어 낸 해박함이 곳곳에 묻어난다. 그러면서도 이 글은 재미있다. 모빌리티 세상에서 현장의 실질적 문제들을 이론적 틀을 통해 풀어내는 과정이 실질적이기에 흥미롭고 합리적이기에 긴요하다. 끊임없는 사고의 질적 개선을 통해 학문과 실무의 진정한 융합을 저작화한 이 결과물이 더 많은 분야에서 기여하기를 기대한다.

장지수(삼정KPMG 컨설팅 부대표) ────────

　　저자는 전통적인 타이어 산업에서 성공한 마케터이자 전문가로서 모빌리티 패러다임이라는 대전환기에 트렌드를 읽어 내는 남다른 센스에 실무 경험과 함께 학문적 지식을 융합해 내었다. 이 책은 모빌리티 패러다임의 파괴적 혁신에 직면한 기업의 생존과 성장측면에서 비즈니스 혁신 모델을 제시하는 대담함과 그 대안을 현실적으로 풀어 내는 실무서와 같다. 기업들이 간과할 수 있는 컴플라이언스 체계와 법적 이슈를 다루는 대목도 주목할 만하다. 최근 관련업계의 최고 화두인 ESG, 디지털 트랜스포메이션의 성공적 기업 적용을 위한 아이디어를 얻을 수 있는 귀한 책이다.

이광범(전 자동차안전연구원(KATRI) 부원장, 법무법인(유) 세종 고문) ─────

　　몇년간 자동차 산업은 파괴적인 혁신으로 인한 여러 형태의 운송수단이 개발되고 또한 기존 내연기관 전통산업에서 EV화가 급속히 진행되는 등 공급망 재구성이 활발하게 이루어지고 있다. 저자는 타이어 산업의 마케팅 전문가로서 자동차산업으로 대표되는 모빌리티 산업에 대한 심도 깊은 내용을 본 저서에서 이야기하고 있다. 특히, 산업계 현장에서의 경험을 모빌리티 산업의 학문적 연계로 창출한 점은 기존 다른 저서에서는 볼 수 없는 유니크함을 보이고 있다. 모빌리티 산업은 디지털 전환, 파워트레인의 전동화, 자율주행기술 등으로 대표되며, 과거 어느때보다 소프트웨어가 중요시되고 있는 실정이다. 이러한 모빌리티의 혁신적인 변화에 대한 직관적인 통찰력으로 현재의 케이스와 미래에 직면하게 될 상황에 대한 예측을 저술한 본 저서는 다른 저서에서는 찾아보기 힘든 매력이 있다. 본 저서는 최근 급변하는 모빌리티 산업에 대한 문제점을 인지하고 이에 대한 대비책을 고민하는 직업군에게 커다란 도움을 줄 수 있다고 생각한다.

이용우(법무법인(유) 세종 자동차모빌리티팀장 변호사) ─────

　　'모빌리티'는 이동을 의미하는데, 그 자체가 동작과 변화를 내포하고 있다. 동작과 변화는 곧 혁신의 시작이며, 따라서 '모빌리티'는 그 자체가 혁신을 잉태하고 있다고 할 수 있다. 이런 의미에서 저자가 '모빌리티의 파괴적 혁신'으로 이야기를 시작하는 것이 우연이 아니다. '모빌리티'의 혁신은 이동수단(가령, 전기자동차)뿐 아니라 이동의 방식(가령 차량에 대한 공유경제), 이동중의 시간 보내기(가령, 자율주행으로 인한 광범위한 인포테인먼트) 등 모든 면에서 일어나고 있다. 저자는 이러한 여러 혁신들을 재미 있는 사례들과 함께 설명하고 있는데, 이 책은 '모빌리티' 세상이 가지고 올 거대한 변화의 흐름을 이해하는 데 있어서, 독자들에게 좋은 출발점이 될 수 있을 것이다.

이인구(국립한국교통대학교 경영학과 교수) ─────────────

　　인간의 삶이 야만적인 상태에서 문명화로 진화하는 과정에서 역사적 발전이 이루어진 동인은 사람과 사람, 사회와 사회, 지역과 지역을 연결해주는 모빌리티의 파괴적 혁신에 있다. 혁신이 지속적으로 일어나고 전파되는 일상에서 또 다른 모빌리티의 파괴적 혁신이 시대적으로 요구되고 있는 현 시점에서, 모빌리티 생태계에서 28년간의 실전 경험과 실천적 지식을 쌓은 저자가 깊이 있는 통찰력으로 저술한 본서는 모빌리티 혁신의 구조와 방향성에 대해 네비게이터 역할을 한다.

　　특히, 전 산업에 걸쳐 일어나고 있는 디지털 대전환이 모빌리티 생태계에 어떠한 영향을 미치고 있는지를 현장의 사례를 통해 생생하게 기술하고 있는 것이 본서가 갖는 매력이다.

강성수(LG에너지솔루션 소형전지 상품기획1팀장) ─────────────

　　모빌리티 패러다임이 바뀌고 있는 변곡의 시기. 그 파괴력은 4차 산업혁명과 융합되어 모빌리티 사회 전반에 걸친 변화를 불러오고 있다. 새롭게 정의되는 모빌리티 기준에 따라 선도국가가 구조적으로 혁신되고 기업들은 비즈니스 모델 혁신을 위한 ESG, 디지털 기술 등을 통해 생존과 성장을 모색한다. 〈모빌리티 이노베이션〉이 파괴적 혁신에 대한 방향성을 실전적 관점에서 제시해 줄 것이다.

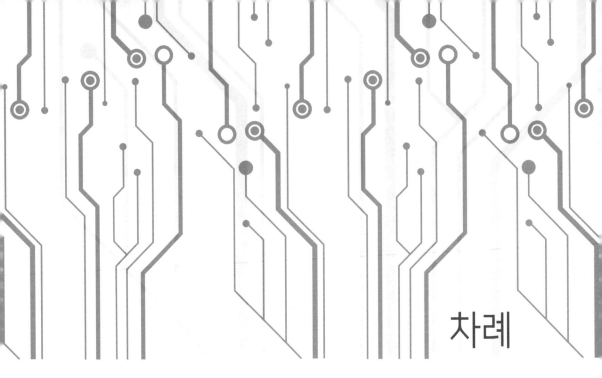

차례

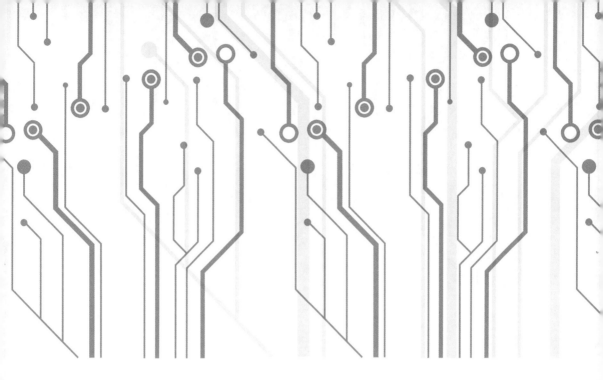

III 다가온 미래 모빌리티 세상   75

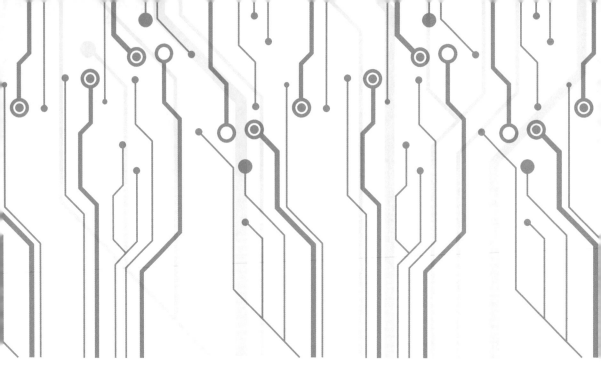

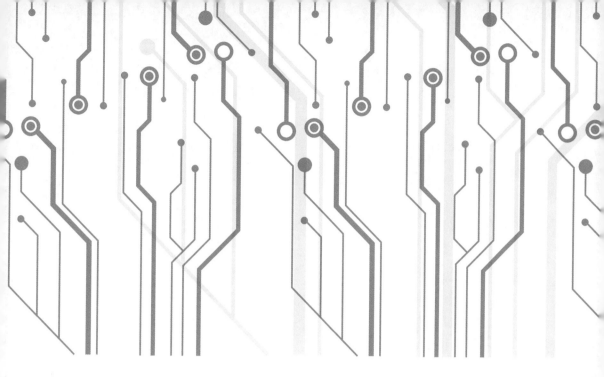

I

프롤로그

1

비즈니스의 성공방식이 바뀌고 있다

전통 산업의 히트 상품,
시장의 판도를 뒤집다

기업의 마케터나 전략기획자들은 누구나 시장의 판도를 뒤집는 메가 히트 상품이나 혁신적인 비즈니스 모델을 꿈꾼다. 시장 점유율(M/S)의 열세가 고착화되어 있거나 기업이 위기 상황일 땐 더더욱 역전드라마를 기획하게 된다. 역사적으로 보면 AdAge 선정(1999) 역사상 최고의 광고캠페인 8위에 랭크된 밀러(1974)의 밀러 라이트 캠페인 'Tastes great, less filling' 역시 그러했다. 당시 압도적인 1위 버드와이저에 대응한 추격자(Market Follower) 밀러는 미국 최초로 포만감이 적은 저칼로리 맥주 '밀러 라이트'를 출시하면서 경쟁사와 유사한 맥주 고유의 맛(Tastes Great = POP)을 내지만 저칼로리(Less Filling = POD)라는 차별화된 포지셔닝에 성공함으로써 시장점유율을 33%까지 끌어 올렸다. 우리나라의 하이트맥주는 더욱더 드라마틱하다. 1990년대 초까지만 해도 맥주 시장은 OB 맥주의 독무대였고 조선맥주의 크라운은 격차가 큰 만년 2위였다. 역전의 기회는 1991년 OB 맥주의 두산 계열사(두산전자)가 낙동강에 페놀을 유출한 사건으로 OB 맥주까지 불매운동이 일어나 물의 중요성이 부각되면서 찾아왔다. 이때 크라운 맥주는 기존 시장에서의 소비자의 선택기준을 새로운 선택기준으로 대체시키는 De-positioning Your Competitors(경쟁자의 포지셔닝 제거) 전략을 들고 나왔다. 즉 크라운을 대체한 신제품 하이트 맥주는 기존 맥주 시장의 기준이었던 '시원한'에서 새로운 선택기준 '깨끗한 물(지하 150미터 천연 암반수)'로 대체하는 데 성공한 것이다. 하이트 맥주는 초유의 히트 상품이 되었고, 1996년에는 마침내 만년 2위에서 업계 1위에 올랐으며 사명까지도 조선맥주에서 하이트 맥주(1998)로 변경하기에 이르렀다.

출처: 밀러 맥주, 하이트 맥주

2010년 국내 타이어 시장에서도 판도를 뒤집는 움직임이 시작되었다. 필자가 상해 주재원에서 금호타이어의 상품전략팀장으로 새로 부임한 해이다. 당시 불과 2~3년 전까지만 해도 금호아시아나 그룹의 주력 계열사로 성장을 구가하던 금호타이어는 그룹의 유동성 위기와 함께 국내 Top2 브랜드에서 이탈하여 3위 넥센타이어에도 쫓기는 신세가 되었고, 사내 분위기는 점점 패배의식에 젖어 들고 있었다. 기존의 대체 상품 수준으로는 어림도 없는, 인천상륙작전과도 같은 판세를 뒤집는 대 역전 전략이 절실하였다. 이때 케이블 사상 최고 시청률(18.6%)로 전국민을 오디션에 열광하게 만든 엠넷의 슈퍼스타 K(시즌2)가 가슴을 때렸다.

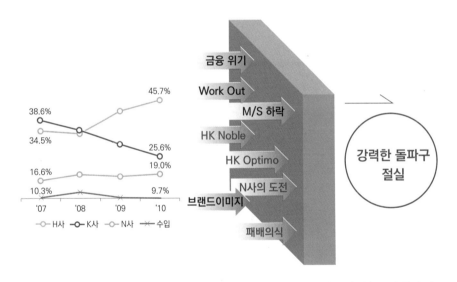

출처: 국내 시장점유율(M/S), 각사 추정 자료

　　당시 홍대 싱어송라이터였던 장재인의 맛깔나는 노래와 환풍기 설비공으로 행사 가수로 있던 허각의 남다른 가창력, 아메리칸 스타일의 무대 매너로 끝내 우승을 차지한 존박, 이들의 열정적인 무대에 열광하면서 전국민의 슈퍼스타 'K'를 타이어 시장의 판도를 뒤집는 슈퍼스타 'KUMHO'로 만들어 보고 싶었다. 슈퍼스타 K의 흥행은 논픽션과 픽션을 넘나드는 흥미적 요소와 국민들이 스스로 투표로 동참하여 주인공들의 성장과정과 스토리텔링에 빠져드는 매력에 있었다.

2011년, 영업/마케팅/연구/생산/품질 등 전사를 아우르는 핵심 인력으로 히트상품 C.F.T(Cross Functional Team)가 '슈퍼스타 K(KUMHO)'라는 프로젝트명으로 탄생하였다. 슈퍼스타 K의 흥행 요소에 착안하여, 슈퍼스타 K(KUMHO)는 개발 단계부터 전사 조직뿐만 아니라 유통점-고객-외부 전문업체 등 주요 이해관계자를 아우르는 조직 및 참여를 통한 스토리텔링을 만들어 나갔다. 신제품은 역대 단일 제품 최고 매출 수준인 연 50만 개를 판매 목표로 하였고, '대중성+프리미엄 이미지+차별화'를 기본 컨셉으로 삼았다.

슈퍼스타 K팀은 히트상품의 컨셉을 잡기 위해 원점에서 스터디를 시작했다. 매주 브레인스토밍(Brainstorming)을 통해 아이디어를 추출하였고, 역대 타이어 시장의 성공스토리를 분석하였으며, 시장조사 기관 및 유통점 조사를 통해 고객의 니즈와 구매 행동 등을 찾아 내었다. 연구소에서는 삼성전자의 제품비교 전시회를 벤치마킹하고 국내외 주요 경쟁사 제품을 완전히 분해하여 히트 상품의 성능과 디자인 요소를 발굴하였다. 특히 히트 상품의 디자인 차별화를 위해 아이리버 디자인으로 명성이 높은 이노디자인을 외부 전문업체로 참여시켜 사이드월부(타이어 옆면) 디자인 아이덴티티를 체계화하였다. 즉 미쉐린, 피렐리, 컨티넨탈 등 주요 선진 브랜드의 제품과 같이 멀리서도 디자인 고유의 특징만으로도 '차의 디자인을 드레스업 해주는 금호타이어'로 각인시키고자 1년여를 이노디자인과 연구소, 마케팅 전문가들이 타이어 옆면 디자인에만 몰두하였다.

〈슈퍼스타 K 조직도〉

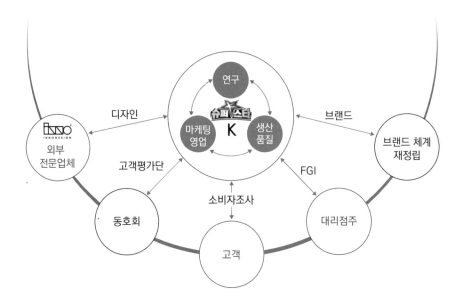

무엇보다 슈퍼스타 K의 성공요인으로 꼽혔던 고객과의 스토리텔링을 위해 전국 방방곡곡의 자동차 동호회를 찾아 나섰고, 이들을 고객평가단으로 위촉하여 제품개발부터 참여하는 프로슈머(Prosumer)의 역할을 부여하였다. 특히 타이어 판매 일선에서 도소매 고객들에게 제품 추천의 막강한 영향력을 가졌으나 신제품 개발과정에서 의도치 않게 소외되었던 유통점주님들의 목소리(VOC)를 경청하였고, 개발 컨셉부터 성능 타겟, 가격, 판촉 등 마케팅 4P관점에서 이 분들의 리얼한 니즈를 반영하였다. 놀랍게도 고객 및 유통점주들의 니즈는 간단하면서도 상반되었다. 고객들은 '내 차에 맞는 맞춤형 제품'을 원했고, 유통점주들은 '전 차종을 아우르는 대표 1개 제품으로 풀라인업(Full line-up)'이 필요했으며, 공통적으로 '컴포트(조용하고 부드러운 승차감)' 성능을 선호했다.

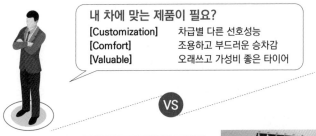

　　슈퍼스타 K팀은 고객과 유통점 간 상반되나 공통된 니즈를 반영하기 위해 고민에 빠졌다. 원점에서 고객 세그먼트를 다시 그려 보면서, 그동안 '우리는 고객 관점이 아닌 제조사 입장에서 고객을 구분한 것은 아닐까'란 의문이 들기 시작하였다. 타이어는 저관여 제품(구매 시점에는 고관여)인데, 제조사에서 과도한 시장 세분화를 하여 왔고, 경쟁사와의 일대일 매칭 제품을 당연시해왔던 것이다. 또한 시장점유율이 이미 고착화된 시장에서 경쟁사의 볼륨 제품과 동일한 포지셔닝에서의 경쟁은 열세 시장을 뒤집기 힘들다고 판단하여 과감하게 중저가 프리미엄을 통합 대체하는 메가 볼륨존을 만들기로 하였다.

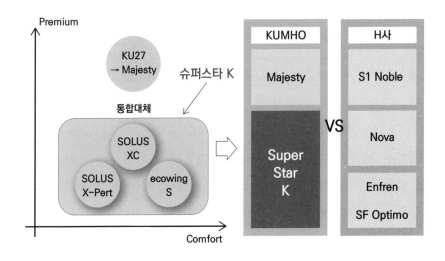

일종의 De-positioning Your Competitors(경쟁자의 포지셔닝 제거) 전략이었다. 슈퍼스타 K는 '프리미엄의 새로운 시작(표준)'을 제시하였고, 이는 상품화 당시 광고 슬로건으로도 쓰였다. 프리미엄의 새로운 표준은 '합리적 가격의 맞춤형 메가라인 제품'이었다. 즉 그동안 불문율처럼 여겼던 RE(Replacement Equipment) 프리미엄 시장의 고가-중가-저가 구도를 고가-중고가로 단순화 통합하였으며, 업계에선 통상적으로 신차에 공급되는 OE(Original Equipment) 타이어를 흑테 제품으로 구분하였으나 과감하게 RE와 OE제품을 통합하는 결단을 내렸다. 제품의 컨셉과 포지셔닝을 정했으니, 이제 남은 관건은 고객과 유통점 간의 상반되고 공통된 니즈를 부합시키는 제품력을 갖추는 것이다.

제품의 개발사이드에서도 특단의 시도를 하였다. 동일한 제품 브랜드로 전 차종을 아우르는 풀라인업(유통점 니즈)을 하되, 차급별 성능을 3개 그룹으로 세분화하여 고객의 차종에 적합한 성능(고객 니즈)을 맞추는 대량 개별화(Mass Customization)를 구현한 것이다. 일련의

혁신과도 같은 새로운 시도에 영업, 연구, 품질 등에서 적잖은 저항감이 있었으나 위기는 오히려 CFT 내 협심을 이끌어 내었고, 슈퍼스타 K팀에 의해 마케팅 전략은 차곡차곡 기획되고 준비되었다. 업계 판도를 바꿀 수 있는 제품력(컴포트 & 차급별 차별화 성능, 1개 제품 전 차종 풀라인업), 매력적인 가격 포지셔닝(신제품 가격인상 룰 파괴 및 중가 침투 가격), 전국 타이어프로 전매장 사전 재고 확보, 국내 최초 마모수명 보증제(TV CF) 및 판촉이벤트와 고객체험단 운영 등 마케팅 4P Mix를 실행하였다.

Product		Place
• 컴포트 & 차급별 차별화 성능 • 동급 최고수준 내마모 성능 • 1개 제품 전차종 Full Line up • 브랜드/Suffix Identity 재정립 • 차별화 디자인(이노디자인)	**Super Star K**	• 런칭 1개월전 양산 재고 확보 • 전국 거점 Tire Pro 사전 공급을 통한 초기 붐업 조성
Price		**Promotion**

• Mid. 대비 -10%, Entry 대비 +5%
  Affordable 가격 책정
• 경쟁사 주력 enfren대비 -5%
  ▶ Competitive Pricing
  ▶ 신제품 고가 Rule에 대한 파괴적 가격대
		• 국내 최초 마모수명 보증제 (TV광고)
		• 고객 체험단 / SNS 마케팅
		• CGV 비상대피도 안내 광고
		• 신제품 구매고객 등산복 이벤트

2013년 5월, 드디어 3년여의 준비 끝에 슈퍼스타 K 프로젝트의 신제품 '솔루스 TA31'이 런칭되었다. 결과는 대성공이었다. 신제품 출시 8개월 만에 판매량 60만 개를 돌파하여 연 판매 목표였던 50만 개를 상회하였으며, 2015년부터는 연간 100만 개 이상 판매되는 메가히트 상품이 되었다. 내수용으로 출시된 솔루스 TA31은 북미 등 세계 각지로 팔려나갔고, 현대기아를 비롯한 각종 신차용 OE타이어 공급뿐만 아니라 크라이슬러의 CUV 닷지 저니(Dodge Journey)에도

러브콜을 받는 제품이 되었다. 지금까지도 매년 수백만 개가 판매되는 스테디셀러 제품으로, 그야말로 금호타이어의 슈퍼스타가 된 것이다. 슈퍼스타 K의 성공은 브랜드 지수 제고에도 기여하였고, 금호타이어 전 제품의 판매 상승을 견인하였으며, 마침내 2017년 말에는 내수 시장점유율 1위에 등극하여 그 꿈을 이루게 되었다.

출처: 금호타이어 리플렛, GFK 자료 참조(시장점유율, M/S)

사실 슈퍼스타 K 프로젝트는 하나의 히트 상품 출시에만 국한된 것은 아니었다. 앞서 설명한대로 전체 제품에 대한 디자인 아이덴티티를 구축한 것 이외에도 제품 브랜드 네임 체계(Suffix)를 재정립하여 제품 코드만으로도 용도와 지역 및 제품 포지셔닝을 알 수 있게 체계화하였으며, 제품 스티커 디자인 일원화 및 제품 보증체계 등을 포함한 대대적인 개선 활동을 동반하였다. 특히 회사의 위기 속에서 전사적인 '슈퍼스타 K' 만들기에 협업을 한 경험은 이후 유럽, 미국 등 열세 시장에서 히트 상품 프로젝트의 모본이 되었다. 슈퍼스타 K 프로젝트를 통해 얻은 시사점은 '고객(소비자, 유통점)의 문제 해결'을 위한 전사 협업 프로젝트의 성과로 요약되며, 세부 내용은 다음과 같다.

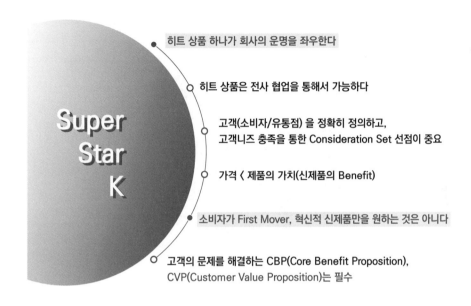

Super Star K

- 히트 상품 하나가 회사의 운명을 좌우한다
- 히트 상품은 전사 협업을 통해서 가능하다
- 고객(소비자/유통점) 을 정확히 정의하고, 고객니즈 충족을 통한 Consideration Set 선점이 중요
- 가격 〈 제품의 가치(신제품의 Benefit)
- 소비자가 First Mover, 혁신적 신제품만을 원하는 것은 아니다
- 고객의 문제를 해결하는 CBP(Core Benefit Proposition), CVP(Customer Value Proposition)는 필수

슈퍼스타 K(솔루스 TA31)가 런칭된지 어언 10년이 흘렀다. 10년이면 강산이 변한다고 하지만, 그 사이 자동차 산업은 130여 년만의 모빌리티 패러다임으로 급격히 변혁되고 있다. 고객의 니즈는 점점 더 세분화되고 있고, 유럽은 ESG의 결에 따라 비관세 장벽을 높이고 있으며, 미국은 관세 장벽 및 지정학적 리스크 등으로 공급망 재편을 촉구함에 따라 기업은 더욱더 복잡 다변화된 상황에 놓여 있다. 기업 전략과 마케팅 전략의 기본은 불변하겠지만, 적어도 시장의 판을 뒤집는 히트 상품이나 비즈니스 모델은 기존의 방식으로는 어려워 보인다. 향후 AI기술을 활용한 연구개발, 생산, 영업, 마케팅 등 전사적인 생산성 혁신이 수반된 비즈니스 모델 혁신을 통해 고객의 문제를 해결하는 기업이 생존하고 성장할 것이다.

한국야쿠르트(hy)는
왜 전동형 모빌리티를 만들까?

출처: 전동 모빌리티 코코(HY MOTORS)

*"모빌리티는 업의 본질을 재해석하면서 디지털 트랜스포메이션을
통해 새로운 비즈니스 기회를 창출하는 혁신적 도구가 될 수 있다."*

우리나라 골목 곳곳을 누비며 야쿠르트를 운반하는 소형 전동 모
빌리티 코코는 한국 야쿠르트(hy)의 자회사 hy 모터스에서 생산한다.
전통 산업에서 모빌리티 및 ICT 기술을 통해 생산성을 혁신함으로써
플랫폼 비즈니스로의 전환 및 이종 산업으로의 확장성을 가져온 주
인공이 바로 코코(Cold & Cool)다.

'야쿠르트 아줌마'로 친숙한 한국 야쿠르트의 전통적인 방판채널
은 1971년 47명으로 시작해 현재 11,000여 명이 전국 골목 곳곳을 누
비는 '프레시 매니저'(Fresh Manager)로 변모하였다. 50년 전통의 한
국 야쿠르트 방판채널은 신개념 전동 모빌리티를 활용한 디지털 트

랜스포메이션(Digital Transformation)을 통해 혁신적인 비즈니스 모델로 기업 성장의 원동력이 된 것이다.

대형 할인점에 이어 2010년대 들어 온라인 쇼핑몰 등 새로운 유통 채널이 성장하면서 전통의 방판채널 기반의 디지털 트랜스포메이션은 생존과 성장을 위한 불가피한 선택이었다. 2014년 12월, 기존 야쿠르트 아줌마의 손가방이나 수동식 카트에서 '탈 수 있는 카트'로 변신한 냉장 전동카트 코코(Cold & Cool)가 출시되면서 자칫 좌초 자산이 될 뻔한 방판 자산을 차별화된 라스트마일(last mile) 식품 배송의 최강자로 등극시켰다. 이 작은 모빌리티 코코는 한국야쿠르트의 업의 본질을 유지하되 디지털 트랜스포메이션을 통해 디지털 유통 기업으로 혁신하는 구심점 역할을 하였다. 코코를 실제 이용하는 야쿠르트 아줌마 설문조사에 따르면 사용 이후 변화로 '제품 관리가 편해졌다'(37.9%), '체력 소모가 크게 줄었다'(22.5%)는 점을 장점으로 꼽았으며, 코코 도입 이후 매출이 월평균 30만 원 이상 증가했다는 답변이 전체의 33.9%로 나타났다.[1]

코코는 중대형 리튬이온 2차전지를 채택해 하루 한 번 충전(10시간)으로 12시간 사용이 가능하며, 최대 시속 8km(야쿠르트 아줌마들의 빠른 보폭 속도 2배), 5℃ 24시간 냉장시스템, 260L 용량의 냉장고에는 야쿠르트를 5,000개(코코 3.0)까지 탑재할 수 있다. 이 조그만 전동 모빌리티의 도입을 통한 긍정적인 시너지는 다음과 같다. 첫째, 이러한 코코 덕분에 야쿠르트 유제품 위주 판매에서 2016년 국내 최초로 대량생산한 '콜드브루(cold brew)' 커피, 2017년 가정간편식 '잇츠온'을 출시하였고, 자사가 보유한 콜드체인 배송 인프라를 타사에 제공하는 '프레딧 배송서비스'를 통해 밀키트, 생활용품, 건강식품뿐만 아니라 진단키트까지 배달하고 있다. 둘째, 매출구조 측면에서 아날로그 기업이 디지털 플랫폼 기업으로 변신하고 있다. 즉 디지털 부문

매출이 2020년 520억 원(전년비 +88%), 2021년에는 두 배 이상 증가한 1,000억 원으로 총매출액의 10%까지 성장했다. 2020년 12월 프레딧(fredit)으로 확대 개편한 온라인 쇼핑몰 회원수는 2023년 160만 명을 돌파했으며, 이는 GPS, 인공지능(AI) 같은 디지털 기능을 장착한 '코코'를 통해 전국 방방곡곡 찾아가는 라스트마일 서비스의 영역을 확대하게 된 것이다. 즉 코코를 통해 제품 카테고리를 확대할 뿐만 아니라 오프라인 라스트마일 배송조직인 프레시매니저(과거 야쿠르트 아줌마)와 결합해 신선 식품 무료 배송 체계를 구축한 결과 온라인 쇼핑몰 회원 수를 견인하는 선순환 구조를 구축하게 되었다. 한국 야쿠르트는 지난 2021년 52년 만에 사명(社名)을 'hy(에치와이)'로 바꾸었다. 셋째, hy는 디지털 트랜스포메이션을 통해 장·노년층 고객 중심에서 MZ세대로 확장했다. 발효 유제품 위주 제품 카테고리를 콜드브루, 밀키트(meal kit), 유기농·친환경 생활용품 등 MZ세대가 선호하는 1,500여 개의 품목으로 늘리고 프레딧 모바일 앱을 통해 접근성을 높여 2030세대 회원 수가 절반에 달한다.

소형 모빌리티 '코코'는 hy의 디지털 트랜스포메이션을 주도하는 도구로서의 역할뿐만 아니라 사업영역을 전동카트를 직접 제조하는 모빌리티 제조사(hy 모터스)로까지 사업영역을 확장시켰다. 총 12,000여 대에 달하는 '코코'를 직접 제조 및 유지, 보수 서비스를 하고 있으며, 2023년부터는 캄보디아에 수출까지 하고 있다. 이처럼 모빌리티는 업의 본질을 재해석하면서 디지털 트랜스포메이션을 통해 새로운 비즈니스 기회를 창출하는 혁신적 도구가 될 수 있다. 즉, 코코는 hy가 가지고 있던 가장 중요한 자산인 방문판매 네트워크를 무력화시키는 대신 가장 강력한 라스트마일(Last Mile) 식품 배송 네트워크로 재탄생하게 함으로써 hy를 디지털 유통 기업으로 변신시키는 데 성공한 것이다.

2

들어가는 말

모빌리티 기업은
무엇으로 생존하는가?

모빌리티(이동)는 인간 생활의 3대 요소인 의식주에 더하여 생활을 위한 필수적인 수단으로 동반 발전해 왔다. 기원전 3500년경 메소포타미아 지역에서 인류 최초의 바퀴가 발명되면서 무거운 물건을 효율적으로 운반하게 되었으며, 이후 사람의 운송 수단뿐만 아니라 경주(전차)에도 활용되면서 오늘날 자동차로 발전하여 왔다. 이러한 자동차 시장에 모빌리티 패러다임 변화는 파괴적 혁신으로 산업 전반을 변혁해 나가고 있다. 최근 130여 년 전통의 내연기관 중심의 자동차 산업이 CASE(Connected, Autonomous, Sharing, Electrification)로 대표되는 모빌리티 시장으로 재편되고 있다. 미래 자동차 산업의 키워드는 커넥티드카(Connected), 자율주행(Autonomous), 공유(Sharing), 전기차(Electrification)를 함축한 'CASE'

다. CASE 시대의 도래는 전통적 카메이커의 핵심 경쟁력이자 진입장벽의 아성이었던 엔진, 기계장치에 대한 노하우가 유명무실화된다.

모빌리티 패러다임의 핵심인 자율주행EV는 기존 시장을 무력화시키는 혁신으로 내연기관 중심의 제품, 생태계, 시장 전반을 무력화시킨다. 첫째 자율주행 EV는 부품의 구조를 배터리 및 모터, ICT 중심으로 재편한다. 둘째, 전통적 내연기관 자동차 메이커의 강력한 무기로 고객 가치를 제공하였던 브랜드 가치, 엔진/기계 기술, 성능 등은 모빌리티 시대에서는 오히려 좌초 자산이 되며, 차량 세그먼트 및 편의사양 등에 따른 가격 및 구매결정요인은 완전히 무력화된다. 셋째, 자율주행이 레벨 3부터는 운전의 주체가 인간으로부터 시스템으로 전환되면서 자동차는 더 이상 'Driver Focusing'가 아닌 'V2X 및 Space Focusing'으로 달라진다. 즉 모빌리티 시장에서는 고객, 경쟁구도, 핵심 기술, 경쟁력의 기준 등에서 새로운 게임의 법칙에 어떻게 대응하느냐에 따라 생존과 직결된다. 이에 자율주행 EV는 스마트폰과 같이 파괴되는 시장의 수가 여럿이며, 기존 내연기관 완성차뿐만 아니라 부품 시장, IT, 서비스 시장 등 모빌리티 산업 생태계 전반에 대한 여러 시장을 완전히 파괴하는 혁신이므로 새로운 경쟁의 근간에 대한 핵심 역량을 확보해야 된다.

한편 자율주행 EV 시대를 전환점으로 선도 국가가 되고자 하는 신흥국들이 있다. 세계 최대 자동차 시장인 중국, 그리고 역설적이게도 화석연료 시대의 최대 수혜 산유국 사우디아라비아이다. 중국은 전기차를 통해 기존 내수 시장 중심에서 유럽을 포함한 글로벌 전역으로 수출을 확대하고 있으며, BAT(Baidu, Alibaba, Tencent)를 필두로 자율주행 및 커넥티드 카에 대한 AI 기술 및 소프트웨어 기술 투자에 주력하고 있다. 전통적인 제조강국도 아니고 자동차 밸류체인도 구축되지 않은 사우디 같은 나라도 거대 자본과 기술이 결합되는 새로운 생태계를 통해 모빌리티 시장이 열리게 되어 사우디 국부펀드(PIF)는 폭스콘(Foxconn)과 전기차 합작사 시어(Ceer)社 설립을 발표하였고, 루시드와 현대자동차는 생산 공장 설립을 추진하는 등 모빌리티 시장에 출사표를 던졌다. 또한 모빌리티 시대에서는 디지털 트윈 기술 고도화 역량이 매우 중요해 진다. 또한 메타버스 트렌드에 따라 모빌리티의 컨셉을 확장하고, 물리적 현실 세계와 가상 공간 사이의 연계성 강화에 집중해야 한다.

　이러한 모빌리티 시대 기업의 생존과 성장을 위한 3대 법칙은 대량 개별화(Mass Customization) 전략, AI · 디지털 트랜스포메이션(Digital Transformation)을 통한 비즈니스 모델 혁신, ESG 경영 등 이다. 또한 성장을 위한 또 다른 성공 조건으로 시장진입 타이밍(Timing of Entry), 지정학적 리스크에 대응한 컴플라이언스 체계 구축, 디지털 변혁을 위한 리더십, 자율주행 자동차와 법적 이슈 등을 제시하였다.

　첫째, 대량 개별화(Mass Customization) 전략이다. 이는 고객의 니즈가 다양화되고 복잡성이 높아지는 환경 하에서 맞춤화된 상품과 서비스를 대량생산을 통해 비용을 낮춰 경쟁력을 창출하는 새로운 생산, 마케팅 방식을 의미한다. 대량 개별화(Gilmore, 1997)는 제품 자체의 변화 여부와 고객이 식별하는 제품의 변화여부에 따라 ① Collaborative (협업적 개별화), ② Adaptive (적응적 개별화), ③ Cosmetic(외관적 개별화), ④ Transparent(투영적 개별화) 등 4가지 타입으로 구분되며, 이는 맞춤형 고객 서비스가 제한적인 할리데이비슨 같은 제조업부터 넷플릭스 같은 OTT플랫폼 기업까지 적용이 가능하다.

　둘째, AI · 디지털 트랜스포메이션(Digital Transformation)을 통한 비즈니스 모델 혁신이다. 비즈니스 모델은 고객가치제안(CVP; Customer Value Proposition), 이익 공식, 핵심자원, 핵심 프로세스 등 4가지 요소로 구성되며, 이때 가장 중요한 고객가치제안(CVP)은 타겟 고객의 문제를 해결하는 차별화된 솔루션이 필수적이다(Mark W. John-son, 2008). 이때 디지털 트랜스포메이션은 개별화된 고객의 문제를 해결하는 솔루션을 제공하면서도 원가를 낮춤으로써 가치-원가 딜레마를 해결한다(김용진, 2020). 새로운 테크놀로지와 시장의 요구를 연결하는 비즈니스 모델이 있어야 대변혁이 가능하며, 기존 시장을 뒤흔드는 혁신적 비즈니스모델은 다음과 같은 6가지 특징이 있다(Stelios Kavadias, 2016). 즉 ① 맞춤형 제품/서비스, ② 폐쇄형 루프 프로세스, ③ 자산공유, ④ 사용량 기반 가격결정, ⑤ 협력적인 생태계, ⑥ 높은 민첩성과 적응성 등이다. 차량 공유 비즈니스 모델의 선도 기업 우버(Uber)는 자동차 자산 공유(③), 자동차 제공 운전자와 협력(⑤), 실시간 수요변화 대응에 따른 민첩성(⑥), 사용량 기반 가격 결정(④), 맞춤형 서비스 제공(①) 등 총 5가지 특성을 갖는 대표적인 혁신적 비즈니스 모델로 꼽힌다. 피렐리(Pirelli)는 McLaren Artura 하이브리드 슈퍼카에 Cyber™ Tire 공급을 통해 타이어 온도, 공기압, 주행기록, 동적 부하 및 노면의 잠재적 위험뿐만 아니라 운전 스타일에 따른 최적의 드라이빙 퍼포먼스 코칭 역할까지 수행하고 있다. 이처럼 자동차 산업의 패러다임 변화는 대표적인 부품사 타이어 회사로 하여금 새로운 업의 본질을 정의하고, 다양한 고객들의 개별화된 문제를 해결해 주기 위한 온디맨드 타이어 비즈니스 모델을 통해 혁신을 가속하게 만든다.

셋째, 모빌리티 기업에게 ESG경영은 생존과 성장관점에서 Risk Management 및 Value Creation을 위한 필연적 전략이 된다. 우선 첫 번째로 기업이 성장하기 위해서는 고객이 제품이나 서비스로부터 얻는 가치가 반드시 자신이 지불하는 가격보다는 높아야 하는 데, 앞으로는 이러한 가치-원가 딜레마의 체인 속에 ESG 전략이 포함되어야 한다. 특히 ESG가 강조되는 가치 소비 흐름은 MZ 세대의 등장과 궤를 같이 하는데, MZ세대는 자사가 만드는 제품과 서비스가 사회에 기여하길 바라며, '미닝 아웃(Mining Out)'소비 성향에 따라 ESG는 가치 소비에 부합한다(전성률, 신현암, 2022). 두 번째로, ESG 리스크관리 측면에서 모빌리티 산업 생태계 내 B2B 비즈니스의 지속가능성을 위한 ESG 대응 체계를 구축해야 한다. 세 번째로, 새로운 가치 창출(Value Creation) 측면에서 ESG 대응을 통한 지속가능성을 고려한 비즈니스 모델 혁신의 기회로 삼아 미래 성장 전략을 수립한다. 네 번째로, ESG 대응을 통한 지속가능경영을 위해서는 동종 산업 및 이종 업계 간 다양한 전략적 제휴를 통한 경쟁력을 제고하는 것이다. 다섯 번째로, ESG라는 공동의 목표 달성을 위한 동종 산업의 지속가능성 이니셔티브를 통한 협력 대응이 필요하다. 여섯 번째로, ESG의 성공적인 안착을 위한 ESG 경영 거버넌스 체계를 구축하고 ESG 워킹그룹, ESG 플랫폼을 통한 실행 관리가 필요하다. 기존의 ESG 경영이 전략 방향과 목표 설정을 통해 KPI와 연결하는 수준이었다면, 향후 ESG경영은 ESG 경영 프레임 구체화 시스템 기반 ESG 운영이 필요하고, 디지털 트랜스포메이션을 통한 ESG 전문 솔루션 도입을 확대하는 방향으로 추진함으로써 체계적인 밸류체인(Value Chain) 관리로 레벨업해야 한다.

또한 성장을 위한 또 다른 성공 조건으로 다음 4가지 이슈 역시 주목할 필요가 있다. 첫 번째는 시장진입 타이밍(Timing of Entry)으로, 혁신 기술에 기반한 혁신적인 비즈니스 모델의 성공에는 주변 인프라의 구축 수준 및 진입 타이밍 또한 중요한 요소가 된다. 기업의 C-Level에서는 혁신 기술이나 패러다임 변화에 대해 남다른 관점 및 통찰력을 갖고 진입 타이밍을 결단하는 것이 기업의 운명을 가르게 된다. 두 번째는 배터리 및 자율주행 기반의 모빌리티 산업은 새롭게 부상하고 있는 미·중 전략적 경쟁관계 및 글로벌 지정학적 리스크에 대응하는 컴플라이언스 체계 구축이 반드시 대응 전략에 포함되어야 한다. 즉 세계는 경제적 관점에서의 글로벌 밸류체인

(Globalization) 시대에서 안보적 관점에서의 우방 중심의 새로운 공급망 재편(Deglobalization) 시대로 전환되고 있으며, 이제 우리 기업들은 중국을 디리스킹(De-risking) 관점에서 새 판을 짜야 하며, 미국의 IRA뿐만 아니라 프랑스판, 일본판 IRA 등 지정학적 리스크에 유기적으로 대응 가능한 전략 수립 및 컴플라이언스 체계를 갖춰야 한다. 세 번째는 디지털 변혁을 위한 리더십이 필요하다. 트랜스포메이션을 실행하는 주체는 결국 사람이며, 디지털 시대의 리더십은 '사람'이 중심이 되어야 한다. 즉 CEO는 디지털 이해도를 높이고 디지털 특성에 맞는 조직을 운영하면서 비전 공유를 통해 직원의 자율성을 유도해야 한다. 사티아 나델라가 마이크로소프트의 문화를 새롭게 바꾸고 대담한 도전을 이어나갈 수 있는 원동력은 바로 디지털에 대한 통찰력, 그리고 사람과 시장, 미래에 대한 '공감(Empathy)'에 있다는 점에 주목할 필요가 있다. 마지막으로 모빌리티 기술의 상용화는 윤리적 딜레마에 대한 사회적 합의 과정과 법률, 제도적 측면에서의 정립이 수반되어야 가능하게 된다. 특히 인간 운전자에서 시스템으로 운전의 주체가 변경되는 완전 자율주행 자동차는 안전에 대한 기술적 진보와 함께 법률 측면의 쟁점을 해결해야만 상용화 및 대중화의 길로 나아갈 수 있게 될 것이다.

이 책에서는 모빌리티 패러다임에 따른 사회 전반에 걸친 변화, 파괴적 혁신에 대한 이론적 접근을 통해 모빌리티 기업의 생존과 성장을 위한 비즈니스 모델 혁신 방향성을 보다 실전적 관점에서 제시하고자 하였다. 이와 같은 3대 비즈니스 모델 혁신 방안 및 성공 조건 4가지 등 총 7개 솔루션에 대한 이론적 프레임워크와 다년간 현장에서 경험한 실무가 융합된 지식의 산물을 통해 파괴적 혁신의 중심에 서 있는 모빌리티 기업 현장에서 미력하나마 참고가 될 수 있는 실전 전략의 디딤돌이 되길 기대한다.

II

모빌리티의
파괴적 혁신

[Case Study]
테슬라, 모빌리티 혁신의 아이콘이 되다

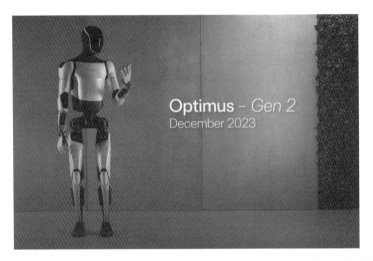

테슬라는 모빌리티의 다가온 미래를 보여 주고 있다. 생산성 혁신(기가프레스), 수직통합(기가팩토리), AI기술 기반(도조)의 자율주행 기술 (FSD) 및 로봇(옵티머스), 에너지 및 스타링크 네크워크, Model S-3-X-Y & 사이버트럭, 그야말로 그들의 미션 '지속 가능한 에너지로의 세계적 전환을 가속화하는 것'을 향해 비즈니스 모델 혁신을 가속화하고 있다.

테슬라는 2023년 11월 24일, End-to-End를 기반으로 하는 자율주행 FSD V12를 내부 직원들에게 배포하기 시작했다. End-to-End 자율주행은 운전의 전 과정을 통째로 학습하는 딥러닝 방식으로, AI

스스로 학습하고 알고리즘을 생성, 판단함으로써 0.01초 이내의 신속한 판단이 특징이다. 이러한 자율주행기술(FSD)과 같은 AI 딥러닝 기능을 AI 로봇에 탑재한 옵티머스 2세대(Gen2)도 같은 달 공개했다. 마치 혼다(Honda)가 핵심 역량인 '엔진기술'을 공유하여, 혼다자동차-혼다오토바이-혼다제초기 같이 기술이나 속성, 편익으로 브랜드를 확장(Feature-Benefit based Extension)하는 것과 같은 전략이다.

한편 2023년 11월 30일, 일론 머스크는 미국 텍사스주 오스틴 소재 본사에서 사이버트럭 출고식을 통해 첫 고객들에게 10대를 인도했다. 미국 Big3 자동차 메이커의 마지막 자존심 픽업트럭 시장, 난공불락으로 여겨졌던 포드 F150/GM RAM/쉐보레 실버라도의 아성에 도전장을 내민 것이다. 스페이스X의 로켓 제작에 사용되는 스테인리스 스틸을 소재로 한 차체에는 도장마저 생략하고 방탄성능을 자랑하며, 2024년에 출시하는 사륜구동 모델은 7만 9990달러에 가격을 책정했다. 사이버트럭을 직접 운전하고 등장한 일론 머스크는 '사이버트럭은 기존 픽업트럭들보다 더 강하고 실용적이며 스포츠카보다 더 빠르다. 사이버트럭이 도로의 모습을 완전히 바꿀 것이다. 마침내 미래가 미래처럼 보인다'고 말했다.

테슬라(Tesla)는 전기공학자 Nikola Tesla의 이름을 딴 것으로, 2003년 에버하드(Martin Eberhard)에 의해 설립된 이후 2004년 일론 머스크(Elon Musk)가 650만 달러를 투자하면서 회장으로 등극, 오늘날 EV시장을 선도하는 기업으로 급성장하게 되었다. 최초 출시된 로드스터(Roadster)는 고성능 친환경 고급자동차에 대한 틈새시장을 타겟으로 포르쉐911만큼이나 빠르고 1회 충전으로 220마일 주행이 가능한 2인승 컨버터블로, 2008년 양산출시 되자마자 헐리웃 연예인들이 앞다투어 구매하면서 열광적인 반응을 불러 모았다. 2012년 출시된 두번째 모델은 BMW5와 같은 프리미엄 세단형 Model S로 본체가 알루미늄, 1회 충전으로 300마일까지 주행가능하고 슈퍼차저를 도입, 충전속도를 대폭 향상시켰다. 이후 2015년에는 7인승 최고급 SUV Model X를 출시했으며, 보급형 모델로 2016년 Model 3 및 2020년 소형 SUV Model Y까지 출시하여 2022년에는 131만 대를 판매하면서 글로벌 EV시장의 선두 메이커가 되었다.

1920년대 이후 북미에서 성공한 신생 카메이커가 없었던 점을 감안하면, 테슬라의 성공은 가히 놀랄만하다. 테슬라는 기존 친환경에 주력한 소형 EV와 달리, 부유하나 친환경적으로 보이고 싶어하는 고객층의 지적 우월감을 충족시키고자 차별화된 고성능 친환경 EV를 출시하였고, Model S부터 S, E, X, Y라인업의 완성에 이어 사이버트럭 및 반값 EV 출시(예정)를 통해 본격적인 고성능 EV시장의 대중화를 선도하고 있다.

테슬라는 일반 자동차 메이커와 비즈니스의 스케일이 떡잎부터 다르다. 테슬라의 미션은 '지속 가능한 에너지로의 세계적 전환을 가속화하는 것(Tesla's mission is to accelerate the world's transition to sustainable energy)'이다. Impact Report(2021~2022)에 따르면 테슬라는 차량, 에너지 저장소, 태양광 전지판으로 840만 톤의 이산화 탄소를 감축했고, 기가 팩토리는 지속적인 효율성을 갱신하고 차량 생산시 물 사용량을 15% 줄였으며, 제조 폐기물의 90% 이상을 재활용한다. 모델 Y는 프리우스보다 에너지 효율적이고, 포르쉐보다 더 성능이 좋은 SUV이며, 2018년 이후로 차량 제작 비용을 50% 절감하였고, 다음 세대의 차량은 추가로 50%를 절감할 것이다. 미국 자동차의 평균 사고율은 100만 마일당 1.53건인데 반해, 오토파일럿(고속도로 주행)은 100만 마일당 0.18건의 사고율이고 FSD Beta(시내 주행)는 100만 마일당 0.31건의 사고율을 기록했다. 테슬라는 OTA(Over the Air)를 통해 펌웨어의 업데이트만으로도 차량 성능을 지속적으로 업그레이드하고 있다.

　테슬라는 배터리, 충전 인프라, 자율주행 기술, 생산성 등 모빌리티 산업의 거의 모든 영역을 혁신하며 수직통합을 이뤄가고 있다. '슈퍼차저(Supercharger)'는 업계의 표준 충전 네트워크로 확대되고 있고, 저궤도 위성 '스타링크(Starlink)'를 통해 사각지대 없는 전세계 통신 네트워크를 장악하고 있으며, 휴머노이드 로봇 '옵티머스(Tesla Optimus)'는 조만간 제조 현장에서, 로보택시(Robotaxi)는 자율주행 우버를 통해 인간 노동자를 대체할 수도 있을 것이다.

1

모빌리티 패러다임의 특징

모빌리티의 정의와 범위

세계 3대 모터쇼로 지난 70년간 프랑크푸르트에서 열리던 IAA PKW[2](일명 프랑크푸르트 모터쇼)가 2021년부터 개최 장소를 뮌헨으로 옮기면서 IAA Mobility로 변경되었다. 이 전시회의 주제는 "What will move us next"로 모빌리티를 구현하는 최신 아이디어를 알아보고, 자동차, 자전거, 디지털 및 기후에 이르기까지 모든 것을 탐색할 것을 통해 모빌리티와 기존 자동차 및 그 산업과의 차별성을 시사해 준다. 매년 1월 초 미국 라스베이거스에서 열리는 세계 최대 ICT 전시회 CES(Consumer Electronics Show)는 2012년 CES에서 메르세데스 벤츠그룹 회장 디터 제체의 '자동차는 이제 기름이 아니라 소프트웨어로 달린다'는 선언 이후 어느새 가전제품보다 모빌리티 기업의 격전장으로 탈바꿈하였으며, 소니 같은 ICT 회사가 전기차 모델을 발표하기에 이르렀다.

자동차는 1886년 독일의 고트리프 다임러와 칼 벤츠에 의한 가솔린 엔진 자동차의 등장으로부터 130여 년간 내연기관을 중심으로 발전해 왔다. 포드의 '모델 T(1908)'와 할부금융 도입(1921) 및 GM의 다양한 모델 라인업, 1938년 독일 아우토반의 등장, 1989년 일본의 럭셔리 브랜드 런칭, 2001년 중국의 WTO 가입을 통한 본격적인 자동차 시장 성장, 2015년 폭스바겐의 디젤게이트로 촉발된 내연기관 자동차의 한계 등 테슬라가 이끄는 전기차 시대의 도래이전까지는 변혁에 가까운 패러다임의 변화는 없었다.

자동차 산업은 정보통신기술(ICT)과의 융합으로 모빌리티 패러다임이 혁신적으로 변화되고 있다. 사전적 의미로 모빌리티(Mobility)는 이동성(移動性)으로 번역되며, 물리적인 이동 과정의 수월성 내지는 편의성의 정도를 의미하는 것으로 알려져 있다. 그리고 여기서 이동이란 주로 사람의 물리적인 이동을 의미하고 화물이나 정보의 이동은 운송 또는 전송 등의 용어로 구분하여 사용하고 있다(윤신희·노시학, 2015). 보다 포괄적인 의미로는 사람뿐만 아니라 물건의 이동과 정보의 전송, 그리고 이를 가능하게 해주는 각종 장치와 인프라, 제도들까지 모두 모빌리티에 포함시키기도 한다(John Urry, 2007). 또한 기차, 자동차, 비행기, 인터넷, 모바일 기기 등과 같이 테크놀로지를 바탕으로 해서 사람, 사물, 정보 등의 이동을 가능하게 하는 포괄적인 기술을 의미하며, 이는 현재 편리한 이동을 제공하는 서비스를 포함하는 용어로 사용되고 있다(구상, 2020).

지배적 기술과 경쟁구도의 생태계에 따라 모빌리티 패러다임은 다음과 같이 진화해 왔다.[3] 먼저 모빌리티 1.0은 수직 계열화된 자동차 산업의 성격을 띠면서, 낮은 수준의 주행기술로 대량생산을 추구한 단계이다. 모빌리티 2.0은 주요 자동차 부품회사가 등장하며, 거대 연관사업의 성격을 띠고 대량생산과 운영 효율화를 특징으로 한다. 모빌리티 3.0은 글로벌화된 자동차 제조사(OEM)와 부품 제조사가 발전되며 시스템 전장화 및 안전성과 효율성을 강화한 단계이다. 모빌리티 4.0은 ICT와 자동차 산업의 융합이 실현되면서 실현기술로 자율주행, 연결성, 공유 모빌리티 등이 자리매김하는 단계로 정의된다〈표 2.1〉.

표 2.1. 모빌리티의 역사

구분	특징
모빌리티 1.0	산업혁명 시대 낮은 수준의 주행 기술로 대량생산 추구
모빌리티 2.0	주요 자동차 부품 회사의 등장으로 분업화된 대량생산과 운영 효율화 개선
모빌리티 3.0	글로벌화된 자동차 제조사(OEM)와 부품 제조가 발전하여 시스템이 전장화 되면서 차량의 안전성과 효율성 제고
모빌리티 4.0	4차 산업혁명으로 인해 ICT와 자동차 산업의 융합이 실현되면서 연결성, 자율주행, 카셰어링, EV 등의 시장으로 혁신

이상에서와 같이 모빌리티 4.0은 일반적으로 기존 자동차 산업(모빌리티 1.0~3.0)과는 구분되며, 전통적인 교통 수단에 4차 산업혁명의 ICT를 융합해 효율과 편의성을 높였다는 점에서 차별화된다. 최근 국토교통부는 '모빌리티 혁신 로드맵'을 통해 '수송(Transport)에서 모빌리티(Mobility) 시대로의 전환'을 발표하면서 모빌리티에 대해 일반적으로 이동의 용이성, 즉 이동성 그 자체를 의미하며 첨단 기술 결합 및 이동 수단 간 연계성 강화 등을 통한 이동성 증진을 통칭하는 용어로 정의하였다.[4] 따라서 이 책에서 언급하는 모빌리티란 모빌리티 4.0의 개념으로 '전통적인 교통 수단에 4차 산업혁명의 ICT를 융합해 인간과 사물 등의 물리적 이동과 생활공간을 편의성과 효율을 높여 연결하는 모든 수단으로, 모빌리티 산업은 모빌리티와 연계

된 관련 산업을 통칭'하고자 한다.

이러한 정의에 부합되는 모빌리티 범주는 전기차, 자율주행차, PBV(Purpose Built Vehicle), 로보택시, 마이크로 모빌리티, 도심항공 모빌리티(UAM; Urban Air Mobility), 드론 등 이동 수단과 함께 MaaS (Mobility as a Service), 카셰어링, 차량호출, 승차공유, 지능형 교통 체계(C-ITS) 등 다양한 서비스 및 관련 부품/인프라 등이 포함된다 〈그림2.1〉.

그림 2.1. 모빌리티의 범주

모빌리티	전기차 (EV)	자율주행차
	PBV	로보 택시
	MaaS	마이크로 모빌리티
	UAM (eVTOL)	드론
	카셰어링	차량 호출
	C-ITS	부품/인프라

모빌리티 패러다임의
등장 배경

130여 년 전통의 내연기관 중심의 자동차 산업은 탄소중립이라는 법적, 제도적 측면과 디지털 변혁(Digital Transformation) 이라는 새로운 메가 트렌드에 따라 자발적이면서 강제적인 변화에 직면하고 있다. 즉, 자동차 산업과 정보통신기술(ICT)과의 융합뿐만 아니라 정치, 경제, 사회 환경적 변화(PEST)가 혁신적인 '모빌리티' 패러다임을 촉발하였다〈표 2.2 참조〉.

표 2.2. 모빌리티 패러다임의 환경 분석(PEST)

Political	Economic
• P1. EU WLTP법 시행→ CO_2 배출 과징금 부과 • P2. 내연기관 자동차 생산 중단 계획 발표 • P3. EU공급망 실사법 등 ESG관련 국내외 법제화 • P4. 미·중 전략 경쟁 시대 도래 • P5. 전기충전시스템, 배터리 등 표준화 경쟁	• E1. 인플레이션 심화로 유가 급등 • E2. 공유경제(Gig Economy) 활성화 • E3. 효율적 SOC 투자 필요 • E4. 교통사고 증가로 인한 높은 사회적 비용 • E5. 경기 침체로 인한 자동차 피크아웃 리스크

Social	Technological
• S1. 친환경, 가치소비 Digital 세대(MZ) 등장 • S2. 언택트 소비에 따른 온디맨드 서비스 확대 • S3. 라스트 마일 딜리버리 모빌리티 수단 창출 • S4. 고령화에 따른 운전 보조 기술 수요 증가 • S5. 1인 가구 증가로 마이크로 모빌리티 증가	• T1. 4차 산업혁명으로 AI 등 정보통신 기술 발전 • T2. 기술융합을 축으로 수평적 산업 생태계 형성 • T3. 전기차 배터리 성능 향상 및 가격 경쟁력↑ • T4. 자동차 부품의 전장화 가속 • T5. AI 기반 로봇 기술 발전

먼저 정치환경(Political) 측면에서 유럽을 중심으로 비관세 장벽에 가까운 탄소국경세[5], WLTP법[6], EU공급망 실사법[7] 등 친환경 관련 법제화 속도가 가파르다. 즉, 자동차 메이커들은 이러한 법규에 따라 탄소배출량을 감축하지 않을 경우 유럽 내 천문학적인 과징금을 부과받게 되므로 급격한 전동화는 선택이 아닌 필수가 되었다. 이와 더불어 글로벌 국가별 카메이커별 내연기관 자동차의 생산 중단이 경쟁적으로 가속화되고 있으며 자율주행, 전기충전시스템, 배터리 등 지배적 디자인 경쟁 및 기술 선점을 통한 주도권 경쟁이 치열하다.또한 미.중 전략경쟁 시대 도래로 모빌리티 기술 패권 경쟁이 더욱 가속화되고 있다. 중국은 EV굴기를 통해 모빌리티 산업 주도권을 범국

가적 차원에서 확보하려 하지만, 미국은 반덤핑/상계관세(AD/CVD), IRA법안 등 관세 장벽 및 각종 해외 규제를 통해 인위적 공급망 재편을 주도하고 있다.

경제환경(Economic) 측면에서는 인플레이션 심화로 유가 급등, 공유경제(Gig Economy)의 활성화, 효율적 SOC 투자, 교통사고 증가로 인한 높은 사회적 비용 이슈, 경기 침체로 인한 자동차 피크아웃 리스크 등이 새로운 이동 수단 및 서비스, 교통 인프라, 시스템으로서의 모빌리티가 대안으로 등장하게 된 것이다.

사회환경(Social) 측면에서는 친환경, 가치소비를 중시하는 Dig-ital세대(MZ)가 사회 주역으로 등장하였고, 코로나19로 촉발된 언택트 소비에 따른 온디맨드 서비스가 산업 전방위로 확대되고 있다. 이는 제조업의 서비스 산업 전환을 촉발할 뿐만 아니라 라스트 마일 딜리버리에 대한 새로운 모빌리티 수단을 창출하게 된다. 또한 인구통계적으로 고령화 사회 진입 및 여성 운전자 증가에 따른 운전 보조기술(자율주행) 수요가 급격히 증가하고 있으며, 1인 가구 증가로 인한 다양한 형태의 모빌리티 수요가 필요하게 되었다.

기술환경(Technological) 측면에서는 4차 산업혁명으로 5G, 인공지능(AI), 사물 인터넷(IoT), 센서 등 핵심 기술이 기존 자동차 산업과 융합되어 새로운 모빌리티 패러다임을 촉발하였으며, 이는 기술 융합을 축으로 수직적 산업 생태계를 수평적으로 변화시켰다. 또한 전기차 배터리 성능 향상 및 가격 경쟁력 확보, 자동차 부품의 전장화 가속, AI 기반 로봇 기술 발전 등은 내연기관 자동차 산업을 파괴적으로 혁신하게 되었다.

모빌리티 패러다임의
특징

글로벌 신차 판매는 대중교통 발달과 도시화 등으로 자동차 수요가 정점을 지나 정체 혹은 감소할 것이라는 '피크 카(Peak Car)' 이론이 대두되고 있다. 향후 글로벌 자동차 판매는 공유카 및 자율주행차의 확산, 다양한 모빌리티 형태의 등장으로 인해 연 1억 대 판매를 넘기 힘들 것으로 전망되고 있는 것이다. 특히 COVID-19 팬데믹 시기를 거치면서 글로벌 공급망 이슈와 함께 판매의 정체뿐만 아니라 대전환기를 맞이하고 있다. 먼저 카이스트의 미래예측방법론 STEPPER의 틀로 살펴본 미래 모빌리티 트렌드는 다음과 같다. 첫째, 사회(Society) 측면에서는 비대면(언택트) 및 개인 모빌리티 선호도 상승이다. 폭스바겐은 제네바 모터쇼 취소에 따라 신모델 온라인 모터쇼를 개최하는 등 앞으로 디지털쇼룸이 활성화되고 온라인 자동차 판매는 2025년 45억달러(2011년 대비 8배 증가), 미영 선진국 자동차 시장의 25%로 급성장할 전망이다. 또한 혼잡한 대중교통보다는 개인 소유 자가용과 퍼스널 모빌리티에 대한 수요가 증가 예상된다. 둘째, 기술(Technology) 측면에서는 VR을 활용한 디자인/설계검증 및 무인 자율주행 기술이 가속화될 전망이다. 셋째, 환경(Environment) 측면에서는 재정적 측면을 고려, 당분간 환경 및 연비 규제의 속도조절이 나타날 수 있으나 전기차의 완성도는 더욱 높아질 것이다. 넷째, 인구(Population) 측면에서는 우버(Uber)와 리프트(Lyft) 등 대표적인 공유경제 업체들에 대한 엇갈린 전망 및 AI 기반 스마트 팩토리 가속화가 전망된다. 벤츠는 2020년 가동 예정인 독일 진뎅핑겔의 신공장 팩토리56을 통해 친환경, 사람중심, 5G 인공지능, 디지털 품질관리 등 스마트 팩토리를 구축한다. 다섯째, 정치(Politics) 측면에서는 글로벌 공급망 재조정 및 리쇼어링이 진행되고 있으며, 여섯째, 경제(Economy)적으로는 자동차업계의 리스트럭처링을 통한 구조 재편의 계기가 될 것이다. 마지막으로 자원(Resources) 측면에서는 유가 변동으로 자동차 교체 주기가 지연될 수 있고, 전기차의 전환 속도에 대한 도전적 상황이 전개될 것으로 전망된다(이상현, 2020).

2016년 9월, 메르세데스벤츠의 디터 제체(Dieter Zetsche) 회장은 파리모터쇼에서 '이제는 기계의 시대가 아닌 전기전자의 시대가 왔다'고 선언하면서 'CASE 전략'을 발표했다. 130여년 전통의 내연기관 중심의 자동차 산업이 CASE(Connected, Autonomous, Sharing & Service, Electrification)로 대표되는 모빌리티 시장으로 재편되는 서막을 알린 것이다. 즉, 미래 자동차 산업의 키워드는 커넥티드카(Connectivity), 자율주행(Autonomous), 공유(Sharing&Service), 전기차(Electrification)를 함축한 'CASE'다. CASE 시대의 도래는 전통적 카메이커의 핵심 경쟁력이자 진입장벽의 아성이었던 엔진제어장치에 대한 노하우가 유명무실화 된다. 이에 자동차는 하나의 모빌리티 디바이스가 되고, 이로 인해 구글, 바이두, 삼성전자 등 IT 업체에도 진입 기회가 되며, 기존 카메이커 중심의 생태계에서 이종 산업 간의 합종연횡이 필요한 전혀 다른 생태계로 변화된다.

Connected
커넥티드카

CASE의 첫번째 키워드 Connected, 즉 커넥티드카란 자동차에 통신 기능이 장착되어 차량–외부 인프라–스마트 디바이스 간 실시간 커뮤니케이션을 통해 안전하고 편안한 운전 경험을 제공하는 차량을 의미한다. 즉, 자동차는 기계장치에서 커넥티드 디바이스(Connected Device)화 되어 통신과 차량 소프트웨어의 기술 고도화로 인해 IoT가 차량에도 적용되기 시작했으며, 다른 차량, 도로 인프라 등 모든 것과 연결할 수 있는 V2X(Vehicle-to-Everything) 개념이 도입되고 있다. V2X의 핵심은 무선 통신을 이용해 양방향의 데이터 공유가 가능하다는 것으로, V2V(Vehicle)를 통해 차량과 차량 간 주행 정보를 연결하여 근거리 차량의 속도, 급정거, 방향 등을 파악하여 충돌을 회피하는 데 사용 가능하며, V2I(Infrastructure)는 도로, 주차장 등 인프라와 차량을 연결하여 전반적인 상황을 공유, 자율주차, 도로 상황 안내 등에 사용 가능하게 된다. V2X가 합쳐지면 사람의 눈으로 인지할 수 있는 범위 이상의 데이터 공유가 가능해지고 협력 주행으로 연결되어 자율주행으로 가기 위한 선행 기술이 된다.

2017년부터 미국은 V2V 서비스 탑재를 의무화했고, 유럽도 2018년부터 eCall 시스템을 의무화했다. 이에 대해 BMW는 커넥티드 드라이브, 메르세데스 벤츠는 메르세데스 미 커넥트(Mercedes me con-net), GM은 온스타(On Star) 등의 커넥티드 서비스를 운영하고 있다. 특히 BMW는 커넥티드 드라이브 서비스를 통해 약 1,000만 대의 자동차에 대해 응급콜센터를 운영하고 있으며, 고장 발생에서부터 대응영역까지, 보험에서 통신사 등과 다양한 영역에서 데이터를 활용한 서비스를 제공하고 있다.

그림 2.2. BMW 커넥티드카 서비스 개념도

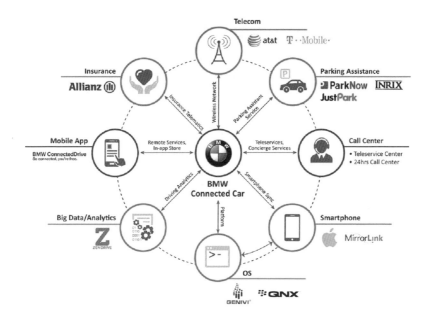

출처: BMW ConnectedDrive 홈페이지

커넥티드카는 초기 텔레매틱스 단계에서 디바이스와 차량 간 (D2C; Device to Vehicle), 디지털 라이프스타일 융합, 나아가 차량 간 인터넷(IoC; Internet of Cars) 기술로까지 발전될 전망이다. ICT 기술과 자동차용 소프트웨어의 발전에 따라 2014년 테슬라(Tesla)의 Model S부터 차량에 OTA[8](Over The Air)가 적용되어 소프트웨어로 하드웨어를 제어하는 것이 가능해지면서, 데이터를 양방향으로 공유하는 V2X로 소프트웨어의 고도화가 진행되고 있다. 특히 기존 소프트웨어를 업데이트하는 수준의 TCU[9](Telematics Control Unit) 개선에 그치는 Software OTA(SOTA)와는 달리 테슬라는 하드웨어를 제어하는 Firmware OTA(FOTA)로 ECU[10](Electronic Control Unit)를 개선하는 차별 우위를 가진다. 예를 들어 테슬라는 마치 아이폰의 iOS를 업데이트하여 성능을 개선하듯이 OTA를 통해 ABS 알고리즘을 수정하여 제동거리를 개선하거나 항속거리와 배터리 충전 등 다양한 무선 업데이트 제공한다. 전통적인 자동차의 성능 업그레이드를 위해서는 정비소에 가거나 신모델을 출시해야만 했으나 OTA는 물리적 이동이나 하드웨어적 개선 없이 운전자가 원하는 시간에 원하는 장소에서 편리한 온디맨드 업데이트가 가능해진 것이다.

또한 테슬라는 Starlink를 통해 전 세계의 차량을 연결하고자 한다. 일런 머스크는 Space X가 지상 500km~1200㎞의 지구 저궤도에 위성 12,000기를 쏘아 올려 지구 어디에서든 초고속 인터넷을 이용할 수 있게 하겠다고 밝힌 바 있다. Starlink[11] 프로젝트를 현실화함에 따라 지상의 안테나가 필요 없는 N2N(Network-To-Network)을 구축함으로써 전 세계를 뒤덮은 Starlink의 위성 인터넷이 테슬라의 V2X에 적용될 가능성이 높다. 2022년 기준 스타링크는 이미 말레이시아, 필리핀 등 60여개 국가에 진출하였고, 최근에는 러시아-우크라이나 전쟁, 이스라엘 가자지구 등 전쟁으로 기존 통신망이 끊긴 지역에서 그 진가를 발휘하고 있다.

Autonomous
자율주행

CASE의 두 번째 키워드 Autonomous, 즉, 항공기 조종에 사용되던 자율주행은 2016년부터 본격적으로 자동차에 상용화되기 시작했다. 자율주행의 3요소는 인지-판단-제어이다. 즉 주변 상황을 보는 인지(=눈), 상황을 보고 주행 방식을 결정하고 실행하는 판단(=머리), 제어(=손과 발)를 통해 시스템이 운전자를 대체하는 기술이다. 구체적으로는 센서를 통해 데이터를 수집하고, AI를 통해 물체를 인지하며 GPS와 정밀 지도를 통해 전반적인 상황과 위치에 대해 인지하고, 주행 경로를 계산하고 주행 방식을 판단하는 데, 데이터 수집을 통한 빅데이터가 기존의 알고리즘을 더 고도화하며, 제어는 개별 ECU와 연결해 차량의 액츄에이터를 가동하게 된다. 현재 운전자를 보조하는 수준의 Level 2 기술이 상용화되어 있으며, 운전 주체가 사람에서 시스템으로 전환되는 Level 3 기술이 점점 가시화 되고 있다.

미국자동차공학회(SAE)가 발표한 자율주행 단계별 정의(J3016 최신판)는 주행 제어 및 운전의 주체에 따라 레벨 0~레벨 5까지 구분된다. 레벨 0(Hands on)은 운전 자동화가 없는 단계로 운전자가 차량 내 자동화 기술 없이 모든 주행 상황에 대해 직접 제어하는 것이다. 레벨 1(Hands on)은 부분 보조 주행 단계로 주행 제어를 인간 및 시스템이 하며, 운행주체 및 변수감지는 운전자의 몫이다. 즉 첨단 운전자 보조 시스템(ADAS)을 통한 운전자의 차량 제어를 보조하며, 운전자 개입 없이 전방 차량과 차량 사이의 안전한 추종거리를 유지한다. 단 이때 차선 중심 지원 또는 차선 추종 지원 기능이 동시에 작동하면 레벨 2에 해당한다. 레벨 2(Hands off)는 보조주행 단계로 ADAS를 통해 특정 주행모드에서 시스템이 조향 및 감속, 가속 모두 수행한다. 단, 이때 운전자는 주행 환경을 주시하며 온전히 주행에 집중해야 하며, 포드의 BlueCruise 기능과 테슬라의 FSD(Full Self-Driving) 기능도 레벨 2에 해당된다. 레벨 3(Eyes off)은 부분 자율주행으로 주행 제어뿐만 아니라 변수감지의 주체가 인간에서 시스템으로 변환되는 단계로 자율주행 시스템을 통해 특정 상황에서 주행의 모든 부분 수행이 가능하다. 즉 고속도로와 같은 조건에서 자율주행이 가능하며 필요시 운전자는 언제든지 주행 통제를 위한 준비가 되어 있어야 한다. 혼다는 교통 체증 지원 프로그램으로 세계 최초의 레벨 3 차량 제조 업체가 되었으며, 사고 시 귀책 사유가 OEM업체에게 전가되기 시작한다. 레벨 4(Mind off)는 고도 자율주행 단계로 주행 제어, 변수 감지뿐만 아니라 운행 주체까지 인간에서 시스템으로 변환되어 지정지역에서 완전한 자율주행이 가능하다. 즉 스스로 모든 주행 과제를 수행함으로써 향후 로보택시 및 무인 대중교통에 적용될 수 있다. 레벨 5(Drivers off)는 완전자율주행 단계로 모든 상황에서 자율 주행이 가능하며, 인간 운전자는 운전에 관여할 필요가 없게 된다〈그림 2.3〉. 자율 주행의 현 주소는 대부분 레벨 2 단계에 머무르고 있으며 기술 및 윤리적 이슈로 인해 특정 구간을 일정하게 왕복하는 셔틀형 모빌리티나 로봇에 우선 적용되고 있다. 2025년 이후 완전자율주행 레벨 4에 도달할 것으로 전망되며 완전한 자율주행의 전제조건은 교통시스템의 혁신적 인프라 구축이 필수적으로, 이 경우 교통 효율성이 극단적으로 개선되어 시간당 주행 차량은 급증하게 될 것이다. 한편, 미국의 싱크탱크 랜드연구소는 자율주행차를 통한 안전 운행이 10% 증가할 경우 미국 도로에서 2020년~2070년까지 약 50년간 110만 명의 생명을 지킬 수 있다고 밝혔다.

그림 2.3. 미국 자동차공학회(SAE) 자율주행 단계별 정의

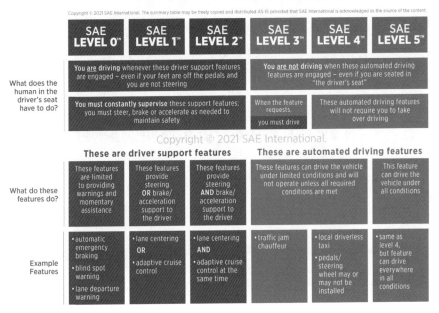

출처: 미국자동차공학회(SAE) 홈페이지, 자율주행 단계별 정의

차량공유 회사 리프트(Lyft)가 퍼킨스앤드윌(Perkins+Will) 및 넬슨/니가드(Nelson/Nygaard)에 의뢰한 교통문제 솔루션 연구 결과, 현재 자동차가 다니는 도로에 나무를 심고 차선을 줄이는 것부터 시작해야 된다고 주장했다. 오늘날 LA에서는 68%의 사람들이 나홀로 운전하며 교통 체증에 앉아 연간 100시간 이상을 낭비한다. 공동 연구팀은 자동차 중심 도시로 악명 높은 LA의 Wilshire Boulevard에 대한 도로 컨셉을 다음과 같이 재구상했다. 현재 Wilshire Boulevard에는 버스가 차량과 공유하는 2개의 차선을 포함하여 10개의 차량 차선이 있는데, Lyft의 새로운 설계에는 나무가 있는 보행로, 자전거 도로, 승차 공유 차량용 탑승구역을 배치하고, 일반 차로 3개 및 자율

주행 버스 전용 2개 차로를 제안하였다. 이렇게 되면 공유 자율주행
카로 인해 차량 차선은 이전보다 4배 더 많은 사람들을 수송할 수 있
게 되고, 자동차 및 자전거 운전자가 2배 더 많은 교통량으로 재설계
된 도로를 사용할 수 있다는 것이다. 즉 재설계된 Wilshire Boule-
vard의 수송능력은 시간당 29,600명에서 77,000명으로 늘어날 것으
로 추정한다.

그림 2.4. 미국 LA 자율주행 차선 운영에 따른 시뮬레이션

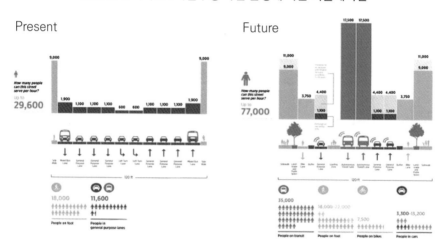

출처: Perkins+Will & Nelson/Nygaard(2017), 교통문제 솔루션 연구 결과

테슬라는 2022년 말까지 자율주행(FSD 베타버전) 주행거리가 1
억 마일에 달할 정도로 자율주행 상용화의 선두주자이다. 여기에 슈
퍼컴퓨터 도조에 의해 학습이 본격화되면서 레벨 4 이상의 자율주
행 시스템을 기반으로 로보택시 상용화를 지향하고 있다. 테슬라의
자율주행기술(FSD)은 사람의 대체를 꿈꾸며 플랫폼 기반의 새로운
비즈니스 모델을 선보이고 있다. 즉 2019년 3월부터 차선 변경, 고
속도로 자율주행 등 더 높은 수준의 자율주행을 제공하는 FSD(Full

Self-Driving) 옵션을 별도로 판매함으로써 차량의 가격은 유지 또는 낮추면서 소프트웨어 (FSD)의 가격은 최근 15,000달러까지 인상하였다. FSD 옵션을 구매한 고객들에게만 고도의 자율주행을 선별적으로 제공하되, 지속적인 가격 인상을 통해 선제적 구매를 유도하고 2021년 7월부터는 구독형태의 서비스를 선보였다. 자율주행의 핵심은 딥러닝 소프트웨어로 테슬라는 실주행 FSD를 통해 수집된 데이터를 기반으로 알고리즘을 고도화시키고, 이를 통해 고도화된 FSD를 고가의 가격으로 판매 또는 구독서비스화함으로써 완벽한 선순환 비즈니스모델을 구축하고 있다.

한편 자율주행이 바꾸는 자동차의 가치[12]는 다음과 같다〈표 2.3〉. 첫째, 이동 수단으로서의 자동차의 진화로 교통사고 경감을 통한 안정성 향상, 특히 노약자나 여성 운전자들의 운행 편의성이 극단적으로 개선된다. 나아가 고장이나 사고가 감소되면서 자동차의 유지, 보수 및 보험 비용 등이 크게 절감된다. 둘째, 이동 시간 및 자동차 공간의 가치 향상으로 자동차는 새로운 공간 가치를 창출하게 된다. 즉 이동 중 운전자의 필요에 따라 사무실, 엔터테인먼트 등 다양한 부가가치 활동이 가능해지며, 로봇 택배 및 자율주행 로보택시 등 더욱 저렴하고 편리한 온디맨드 서비스가 가능해 진다. 셋째, 사회 시스템으로서의 가치 향상으로 자동차와 교통시스템이 결합되어 최적의 교통 흐름 및 에너지관리 최적화, 교통사고 감소, 사회 보안 기능 등의 가치를 향상시키게 된다.

표 2.3. 자율주행 시대의 실현 가치 변화

1. 이동 수단으로서의 자동차 진화	• 안정성 향상, 사고경감 • 배기 시스템 및 내열소재 비용 저감 • 환경저감 장치 제거 및 친환경 에너지 사용 • 운전자–탑승자 개념 탈피 • TCO의 저감 (유지 보수/수리/보험/보안)
2. 이동시간, 자동차 공간의 가치 향상	• 목적지로의 이동 행동 최소화 • 차량 인포테인먼트&엔터테이먼트 기능 고도화 • 제2의 거주공간, 사무공간으로 활용 가치 증대

3. 사회 시스템으로서의 가치 향상	• 자동차 + 사회 시스템의 디지털 PF구축
	  – 최적 교통류 제어 → 교통 혼잡 손실 비용 최소화
	  – 자율주행 공유에 따른 TCO 및 환경 부하 저감
	  – 에너지 저장/충전 스테이션 시스템화
	    → 석유계 저장 창고/물류 이동 비효율 감소
	  – 차량용 센서의 원격 감시 기능을 사용한 지역 보안

출처: 엑센츄어(2021), 모빌리티 3.0 참조

Shared
카셰어링

CASE의 세번째 키워드 Sharing/Service, 즉 차량 공유 서비스는 자동차의 소유권을 가지고 있는 주체가 서비스에 가입된 회원에게 시간 단위로 차량의 이용 권한을 제공하는 것이다.[13] 과거 고객은 원하는 시간에 원하는 장소에서 원하는 목적지까지 이동하기 위해서 자신이 자동차를 소유했으나 사회 인식의 변화(소유에서 공유로)와 함께 플랫폼 비즈니스의 등장으로 공유 서비스가 가능해진 것이다. 지난 2020년 5월 100여 년 역사의 대표적인 미국 렌터카

업체 Hertz는 COVID-19로 인한 실적 악화로 파산 신청하면서 렌터카 업계의 전환점을 맞이하게 되었다. 차량공유는 1984년 스위스의 한 협동조합에서 조합원이 공용자동차를 사용한 것에서부터 시작되었으며, 2000년에 미국의 집카(Zipcar)가 여러 사람이 한 대의 자동차를 공동으로 소유하여 시간단위로 나눠 쓰는 서비스를 제공하며 오늘날의 차량 공유 개념이 완성되었다(안미소, 2020). 모빌리티 서비스를 소유와 이용 관점에서 구분하면 아래와 같다〈그림 2.5〉.

그림 2.5. 소유와 이용에 따른 모빌리티 서비스 형태

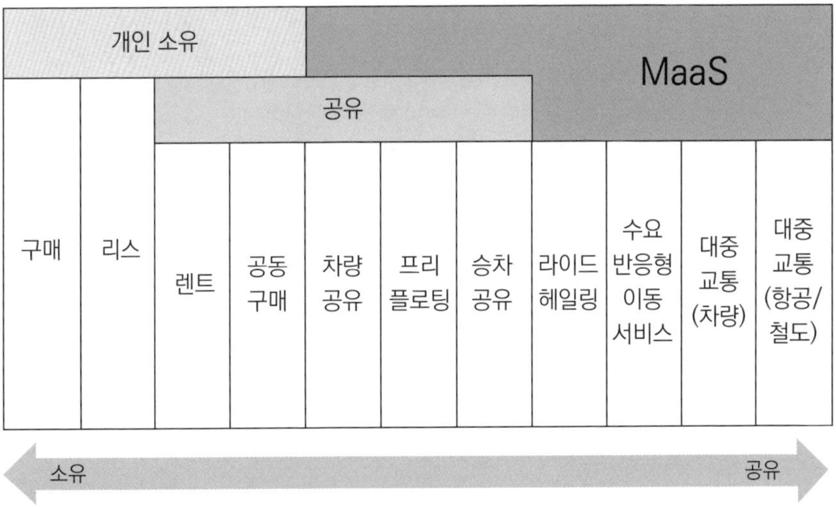

출처: 엑센츄어(2021), 모빌리티 3.0 참조

차량 공유는 플랫폼을 통한 소유자와 이용자 간 편리하게 차량을 대여해 주는 '카셰어링(Car-Sharing)', 카풀 같이 자동차를 함께 타는 '라이드 셰어링(Ride-Sharing)', 원하는 시간에 원하는 장소에서 원하는 차량을 실시간 온디맨드 이동 서비스로 제공하는 '카헤일링(Car-Hailing)' 등으로 구분된다〈표 2.4〉.

표 2.4. 차량 공유 서비스의 종류 및 현황

차량공유 종류		차량공유 방식	주요기업
카셰어링 (Car Sharing)	Peer-to-peer car sharing (P2P)	기존 자동차 소유자가 이용자에게 짧은 시간 동안 차량을 대여해주는 서비스 방식	스냅카(SnappCar)
	Stationary car sharing (B2C)	이용자가 서비스 지점으로 이동하여 차를 대여 및 이용 후 다시 해당 지점으로 반납하는 방식	집카(Zipcar) 플링크스터(Flinkster) 쏘카
	Free-floating car sharing (B2C)	이용자가 주변에 이용가능한 차량을 검색하여 대여 및 이용 후 반납장소(노상주차장 내 전용주 차구역)를 검색하여 반납. 단방향(Oneway) 이 용 가능	셰어나우(Share Now) 윗카(Witcar)
라이드셰어링 (Ride Sharing)		카풀과 유사한 개념으로 이동을 원하는 소비자와 목적지 방향이 비슷한 개인을 실시간으로 연결해 주는 서비스	우버(Uber) 리프트(Lyft) 디디(Didi Chuxing) 그랩(Grab) 카카오택시
카헤일링 (Car Hailing)		이동을 희망하는 고객과 차량을 보유한 사업자를 직접 연결해 주는 서비스로 원하는 위치와 시간에 승차 서비스를 이용할 수 있는 호출형 승차공유 서비스(Ride Hailing)와 공유 자동차 를 원하는 위치로 부르는 호출형 차량공유 서비 스(Car Hailing)가 있음. 기존의 라이드 셰어링이 라이드헤일링으로 변화되는 추세	

출처: KPMG(2021), 미래 자동차 혁명과 산업 생태계의 변화

공유경제는 유휴자원을 활용한 새로운 부가가치를 창출할 수 있다는 의미에서 소유 중심의 대량생산, 대량소비를 추구해온 전통적 비즈니스 모델을 보완 또는 대체할 수 있으며 숙박의 에어비앤비, 차량공유의 우버, 인력 조달의 태스크래빗 등 다양한 분야에서 공유서비스가 출현해서 성장하고 있다(김지예 et al., 2020). 특히 공유자동차는 다음과 같은 새로운 가치를 창출한다. 첫째, 자동차를 소유하지 않아도 원하는 차종을 원하는 시간에 자유롭게 이용할 수 있다. 기존 자동차를 소유한 사람들에게도 다양한 차종의 차량을 편리하게 선택할 수도 있다. 둘째, 소유 차량 감소로 주차 공간이 대폭 감소되고

차량 사용률을 높이게 되어 자산 회전율이 증가하게 된다. 셋째, 자동차 소유에 따른 세금, 유지관리비, 감가상각비 등을 절감할 수 있다. 넷째, 카셰어링은 전통적 렌터카와 달리 분 단위의 대여 요금, 스마트폰 앱을 통한 예약 및 결제, 내 주변 주차장에서 편리한 픽업 및 반납 등 고객 편의성이 대폭 개선된다(김지예 et al., 2020). 이러한 장점에 힘입은 공유 트렌드에 따라 GM, BMW, Daimler 등 주요 카메이커들도 차량공유 플랫폼 서비스에 진출하였다. BMW와 Daimler는 10억 유로를 공동 투자하여 ShareNow를 설립하였고, GM은 차량공유 서비스 Maven을 미시간주에서 시작해서 미국 내 17개 도시에 진출했다.

그러나 카메이커의 차량공유 사업은 코로나19를 전후로 사업을 철수하였다. 우버, 리프트 등과 달리 차량 선택의 폭이 좁고, 플랫폼 비즈니스에 대한 이해도가 낮아 자금력 분산에 버티기 힘들었기 때문이다. 차량 공유 사업 전반적으로도 코로나19에 의한 비대면 선호 문화를 계기로 차량공유 서비스 수요가 급감하면서 존립에 대한 위기가 찾아왔다. 이에 대한 반대급부로 음식배달 수요가 급격히 성장하면서 우버이츠(Uber Eats), 그랩푸드(GrabFood) 등을 통해 차량공유 플랫폼은 종합 플랫폼을 지향하는 슈퍼앱(Super App)으로 진화하고 있다. 결국 차량공유 서비스는 비대면 문제와 함께 긱이코노미(Gig Economy) 이슈 해결을 위해 궁극적으로 인간 드라이버를 배제하고 로보택시 도입을 지향할 것으로 전망된다.

Electrification
전기차

　　CASE의 마지막 키워드 Electrification(전동화), 즉 전기차는 130여 년 만에 내연기관 자동차를 파괴적 혁신으로 대체하는 핵심 키워드이다. 사실 전기차는 놀랍게도 내연기관 자동차보다 먼저 상용화되어 각광받았던 역사를 가지고 있다. 세계 최초의 전기차는 1881년 프랑스의 발명가 귀스타브 트루베(Gustave Trouvé)가 발명한 삼륜 전기차였으며, 1884년 영국의 토머스 파커(Thomas Parker)는 세계 최초의 4륜 전기차를 양산 개발하는 데 성공했다. 초기 전기차는 1890년대 후반부터 1900년대 초반까지 미국을 중심으로 내연기관 자동차보다 빠르게 확산되었다. 내연기관 자동차보다 전기차가 선호된 이유는 당시에는 도로시스템의 미비로 대부분의 운행이 단거리였기 때문에 배터리 성능 요구치가 낮았으며, 시동을 걸기 위해 수동식이었던 내연기관에 비해 전기차는 간편했던 점도 장점이었다.

　　그러나 1900년대 중반부터 장거리 도로 인프라가 확충되고 포드의 대량 생산 내연기관 자동차가 양산되면서 짧은 주행거리의 값비싼 EV는 역사의 뒤안길로 사라졌다. 이후 EV는 1990년 캘리포니아주가 입법화한 '배기가스 제로법'[14]이 제정되면서 다시 등장하게 된다. 이에 1996년 GM의 EV1이 최초의 대량생산 전기차로 출시되었다. EV1은 최고 출력 137마력, 최고 속도 130km/h, 1회 충전 주행거리가 160km까지 달릴 수 있었으며 정부 보조금을 받을 경우 약 27,500달러의 가격이었다. 당시 EV1은 헐리우드 스타 톰행크스와 멜 깁슨이 구매할 정도로 반향이 좋았으나 고객 1,000여 명에게 테스트 마케팅을 한 후 곧바로 전부 회수 회수되었으며, 판매는 중단되었다. 이는 크리스페인 감독의 다큐멘터리 'Who killed the Electric CAR?'

를 통해 당시 자동차 제조업체, 석유 회사, 미국 연방정부, 캘리포니아 주정부 간의 암묵적 공조에 의해 단종되었음을 알 수 있다.

2012년 테슬라의 모델S는 다시 전기차의 시대가 도래했음을 알렸다. Tesla는 전기공학자 Nikola Tesla의 이름을 딴 것으로, 2003년 Eberhard에 의해 설립된 이후 2004년 Elon Musk가 650만달러를 투자하면서 회장으로 등극, 오늘날 Tesla Motors가 탄생하게 된 것이다. 2006년 첫 번째 시제품 Roadster는 포르쉐911만큼이나 빠르고 1회 충전으로 220마일 주행이 가능한 2인승 컨버터블로, 2008년 양산 출시되자마자 레오나르도 디카프리오 등 헐리웃 연예인들이 앞다투어 구매하면서 열광적인 반응을 불러 모았다. 2012년 출시된 두 번째 모델은 BMW5와 같은 프리미엄 세단형 Model S로 본체가 알루미늄, 1회 충전으로 300마일까지 주행가능하고 슈퍼차저(Super Charger)를 도입, 충전속도를 대폭 향상시켰다. 2013년 Model S는 Consumer Report 최고 평가 및 판매 호조로 Tesla의 첫 분기 이익(1,120만달러)을 기록하기에 이르렀다. 2014년에는 Model S의 듀얼모터 4륜구동 버전(60D), 2015년은 SUV Model X를 출시했으며, 2017년 7월 출시된 보급형 Model 3, 2020년 Model Y 출시 이후 전기차 대중화를 선도하고 있다. 1920년대 이후 북미에서 성공한 신생 카메이커가 없었던 점을 감안하면, Tesla의 10년 만의 성공은 가히 놀랄만하다. Tesla는 기존 친환경에 주력한 소형 EV와 달리, 부유하나 친환경적으로 보이고 싶어하는 고객층의 지적 우월감을 충족시키고자 차별화된 고성능 친환경 EV를 출시하였고, Model3를 통해 기존 Niche Market에 그쳤던 EV를 내연기관 자동차를 대체하는 파괴적 혁신을 주도하고 있다. 2023년 11월 30일, 미국 Big3 자동차 메이커의 마지막 자존심 픽업트럭 시장에 출사표를 던진 사이버트럭에 이어 반값 전기차 Model-2까지 출시된다면, 2030년 테슬라의 전기차 판매 목표인

2천만대가 현실화될 수도 있을 것이다.

2050년까지 탄소중립을 선언한 많은 국가들은 2035년을 기점으로 내연기관 판매를 중단하는 계획을 발표함에 따라 EV로의 전환은 카메이커의 생존이자 인류 공생을 위한 숙명과도 같이 빠르게 진행되고 있다. 특히 EU는 2050년 탄소중립 달성을 목표로 지난 2022년 7월, 2030년까지 신차의 탄소 배출량을 2021년 대비 55%를 감축하는 내용을 포함하여 완성차 업체가 2035년 이후에는 판매 신차의 CO_2 배출량을 100%까지 감축해야 한다는 내용의 법안을 시행하기로 하였다.

이에 발맞춰 자동차 메이커들도 내연기관 신차를 단계적으로 중단 선언을 하고 있다. 벤츠는 2030년부터 전 차종에 대해 EV로 대체하고, BEV 부문에만 400억유로를 투자할 계획이다. 폭스바겐은 2030년까지 신차의 절반을 전기차로 판매하고, 2035년까지 EU에서 내연기관 자동차 판매를 중단한다. BMW는 2030년까지 BEV 1천만 대를 공급할 계획이며, 포드는 2030년부터 EU에서 EV만 판매하겠다고 발표했다. GM은 2035년 이후 내연기관 생산, 판매의 중단을 선언하면서 2025년까지 30종의 전기차를 출시하고, 향후 5년간 연구개발에 270억 달러를 투입할 계획이다.

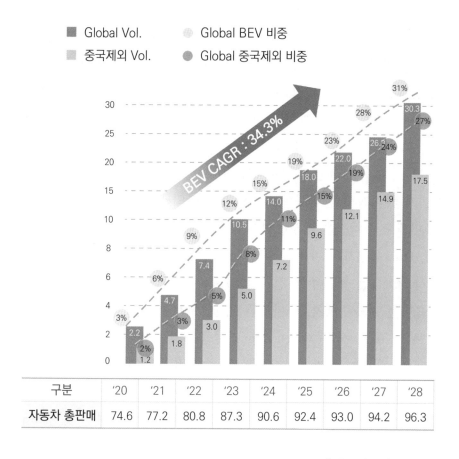

그림 2.6. 글로벌 연도별 BEV 생산 전망(단위: 백만 대)

구분	'20	'21	'22	'23	'24	'25	'26	'27	'28
자동차 총판매	74.6	77.2	80.8	87.3	90.6	92.4	93.0	94.2	96.3

출처: IHS(2022), IHS Markit

볼보는 2024년까지 전세계 자동차 판매의 50%는 BEV, HEV로 50%를 판매할 계획이며, 2030년까지 전 차종을 EV로 대체할 계획이다. 혼다는 2040년까지 전기차와 연료전지차만 판매한다는 계획을 발표했다. 현대 제네시스는 2025년부터 모든 신차에 대해 수소 및 BEV로만 출시하고, 2030년부터는 8개의 수소 및 BEV 모델만을 생산할 계획으로, 당해 연도에 40만 대 판매를 목표로 하고 있다. 이러한 EV시장(HIS 통계기준)은 2022년 약 740만 대로 침투율 9% 수준에서 2028년에는 연평균 34.3% 성장하여 약 3천만 대로 EV침투율이 31%에 달할 것으로 전망된다〈그림 2.6〉.

CES2020에서 모빌리티는 가장 핵심 분야로, 자동차 및 IT업계까지 모빌리티를 중심으로 새로운 기술과 함께 새로운 생태계를 선보였다. 이미 자동차 시장은 CASE로 대표되는 모빌리티로 재편되고 있으나 Next CASE로까지 진화되고 있다. Next CASE는 Collapse(붕괴), Air(항공), Safety(안전), User Experience(사용자 경험)를 의미한다. 특히 주목할 것은 Collapse(붕괴)로 산업과 공간의 붕괴를 의미한다. 자동차 회사 현대자동차는 인간 중심의 모빌리티 라이프가 이뤄질 미래도시 비전을 제시하면서 우버와 함께 UAM(항공), PBV(지상셔틀), Hub 등 3가지 미래 모빌리티로 이루어진 솔루션을 선보였다. IT 회사 SONY는 자율주행 전기차 비전-S를 공개하였고, 자동차 회사 도요타는 자율주행차, 스마트홈 기술, 로봇공학 등이 가능한 모빌리티 시티 '우븐 시티(Woven City)'건설을 선언하였다. 이에 따라 자동차 산업 생태계는 카메이커 중심의 수직적 생태계에서 특화 기술을 가진 업체간 합종연횡과 함께 동종 간-이종 간 새로운 수평적 모빌리티 생태계가 구축되고 있으며, 이 생태계 내 존재 여부 및 주도권은 향후 기업의 생존과 직결될 것으로 예상된다.

파괴적 혁신 이론

파괴적 혁신은 기존의 기업이 간과한 저가 기반 시장(Low-end Footholds)이나 비소비자 시장(New-market Footholds)에서 출발하며, 기존 기업이 수익성 및 요구 수준이 높은 고객층에게 개선된 제품 개발에 지속적인 노력을 기울이면서 요구 수준이 낮은 고객층에는 관심을 덜 갖기 때문에 '충분히 쓸 만한 제품 공급에 집중'하는 파괴적 혁신 기업에게 문이 열리게 된다(클레이튼 M. 크리스텐슨, 2015). 파괴적 혁신의 필요조건은 기업 간 경쟁이 이루어지는 가치기준들을 바꿈으로써 경쟁의 근간을 바꾸는 혁신을 의미하며, 충분조건으로는 기존 기술, 제품, BM, 시장 등을 무력화시키는 혁신(기술)으로 파괴적 제품, 서비스, 비즈니스 모델 등도 포함된다.

레모네이드(Lemonade) 사례를 통해 파괴적 혁신(Disruptive Inno-vation)의 개념을 기업 간 경쟁, 제품/서비스의 속성, 그리고 소비자 니즈 관점에서 살펴보자. 2015년 설립된 인슈어테크 (Insurance+Tech) 기업, 레모네이드는 보험 가입부터 심사, 청구 등 보험 밸류체인 (Value chain) 전반에 걸쳐 인공지능(AI) 기술을 도입, 저렴한 보험료로 쉽고 빠르게 보험에 가입하려는 밀레니얼 세대를 중심으로 보험시장의 파괴적 혁신을 선도하는 기업으로 세가지 측면에서 파괴적 혁신으로 분석된다.

기업 경쟁의 관점에서는 새로운 혁신이 경쟁의 근간을 어떻게 바꾸었는가를 통해 파괴적 혁신을 분석, 설명할 수 있다. 1) 분석하고자 하는 제품/서비스 카테고리에서 기존의 기업들 간의 주요 경쟁의 근간을 살펴봐야 한다. 전통 보험시장에서 기존 기업들 간의 경쟁의 근간은 '보장성' 즉 보험 회사의 명성(역사), 지급보증능력, 보험 보장의 내용(항목)과 범위(커버리지) 등이었다. 2) 새로운 기술/혁신이 그 경쟁의 근간을 어떻게 바꿀 것이라 생각하는지, 다시 말해 새로운 기술/혁신으로 인해 해당 시장의 경쟁의 근간이 바뀌거나 새로운 경쟁의 근간이 기준이 되는 새로운 시장이 열릴 것인가를 분석해야 한다. 인슈어테크는 보험 가입부터 심사, 청구 등 보험 밸류체인(Value chain) 전반에 걸쳐 인공지능(AI) 기술을 도입함으로써, 보험업의 경쟁의 근간을 '속도(가입/지급)와 공정성(보상)'으로 전환시킨다. 공정가치를 중시하고 저렴한 보험료로 쉽고 빠르게 보험에 가입하려는 밀레니얼 세대를 중심으로 보험시장의 파괴적 혁신을 주도하고 있는 것이다. 즉 레모네이드는 보험시장의 핵심 가치인 '보장성'에 대해서는 재보험사를 통해 전통적 보험회사의 경쟁력은 무력화(충족)시키면서, 전통 보험사들이 기존 관행과 시스템으로는 따라올 수 없는 AI 기반의 '보험계약 90초, 보험금 지급 3분'이라는 속도와 보상에 대한 공정성, 그리고 합리적 가격으로 경쟁의 근간을 바꾸고 있다.

제품/서비스의 속성 관점에서는 기존 제품시장으로의 진입 지점, 즉 기존 속성과 새로운 속성은 무엇이며, 기존 시장의 어떤 지점으로 진입을 시도하는 것이 적절한 것인가에 대한 접근 개념이다. 이는 기존 시장에서의 부차적 속성이 파괴적 혁신의 새로운 기준이 되어 초기에는 개미, 바퀴벌레처럼 기존 시장의 빈틈을 찾아 진입한 후 시장을 잠식해 나가는 Encroachment Strategy이다. Orden, Rhee & Schmidt(2011)은 파괴적 혁신의 유형을 부차적 속성 성능(Ancillary Attribute Performance, ≒ 파괴적 혁신의 새로운 기준이 됨)과 핵심 속성 성능(Core Attribute Performance, ≒ 기존 시장 기준 핵심 속성)을 기준으로 파괴적 혁신을 분류하였으며, 이는 신제품이 새로운 시장을 개척하고 원래 제품을 대체, 잠식하는 6가지 방법을 식별하는 개념적 프레임워크이다. 즉 ① 즉각적인 Low-end 파괴, ② 틈새 시장 Low-end 파괴, ③ 독립 시장 Low-end 파괴, ④ 즉각적인 High-end 파괴, ⑤ 新속성 High-end 파괴, ⑥ 신 시장 High-end 파괴 등이다.

이 중 High-end 침투(Encroachment)는 차별화된 고객에게 높은 가격으로 제품을 판매하고 저가 시장으로 침투하는 유형으로 즉각적인 High-end 파괴, 新속성 High-end 파괴, 신 시장 High-end 파괴 등이 이에 해당된다. 또한 Low-end 침투(Encroachment)는 처음엔 낮은 가격에 제품을 팔고 시간이 흐르면서 제품을 업그레이드 하여 고가 시장으로 침투하는 유형으로 즉각적인 Low-end 파괴, 틈새 시장 Low-end 파괴, 독립 시장 Low-end 파괴 등이 이에 속한다. 레모네이드는 독립 시장 Low-end 파괴 유형으로, 기존 보험시장의 핵심 속성인 '보장성(전통적 명성, 재무안정성)'은 아직 구축 수준이 낮지만 현재의 부차적 속성이 되는 '속도(가입/지급)와 공정성(보상)'을 새로운 경쟁의 근간으로 새로운 Low-end 시장에 침투하여 파괴적 혁신을 이끌고 있다.

소비자 니즈 관점에서는 6가지 측면에서 파괴적 혁신에 대한 개념을 살펴본다. 첫째, 분석하고자 하는 새로운 기술/제품/사업모델은 무엇인가? 인슈어테크는 보험(Insurance)과 기술(Technology)의 합성어로 AI(인공지능)를 기반으로 보험 가입, 상담, 심사, 청구 등 밸류체인(Value chain) 전반에 걸쳐 기존 보험 산업을 혁신하는 서비스 모델이다. 둘째, 가장 핵심 질문으로 분석하고자 하는 기술/제품/사업모델이 누구를 (고객층) 대상으로 하는가? 레모네이드의 사업 초기 고객은 모바일에 익숙하고 공정성 가치를 중시하는 35세 미만의 젊은 밀레니얼 세대, 보험상품을 처음 가입해 본 고객 등이 주요 타겟이며, 이들의 생애주기, 사회적 인식, 딥러닝 기술의 진보와 함께 대상 고객의 연령과 보험 상품은 점차 확대될 전망이다.

셋째, 분석하고자 하는 기술/제품/사업모델이 무엇(고객의 니즈; jobs to be done)을 만족시키는가? 보험은 장래 우발적으로 발생하는 일정한 위험(사고)에서 생기는 경제적 타격이나 부담을 덜어주기 위해 가입하는 것이지만, 정보의 비대칭성이 비교적 높아 보험회사 주도적 산업이었다. 기존 보험사가 보험 본래의 목적성(보장성)에는 부합하고 있지만, 고객 관점에서의 가입/보상 편의성이나 공정성 측면에서는 한계를 가지고 있다. 인슈어테크는 보험 가입부터 심사, 청구까지 인공지능(AI) 기반 서비스를 통해 이러한 '속도(가입/지급)와 공정성(보상)' 측면에서의 고객니즈를 만족시켜 준다. 넷째, 해당 고객은 자신의 니즈를 지금까지 어떻게 만족 (또는 불만족) 시켜왔는가? 지금까지 보험은 돈을 지급해야 하는 회사와 타내려는 고객, 정말 필요한 사람과 모럴해저드가 난립하는 시장이었다. 보험상품 또한 복잡하고 어려워 약관을 꼼꼼히 읽어보기도 어려우며, 어쩔 수 없이 보험설계사에게 의존해야 하지만 불완전 판매가 태반이고 월납 보험료에는 과다한 사업비(설계사 수수료 포함)로 인해 실제 효용가치는 낮다는 인식이 팽배하다. 또한 전통적 보험회사들은 가입뿐만 아니라 보험금 청구에서 지급까지 까다로운 절차와 통상 30일 이상이 걸린다. 특히 보험을 처음 가입하거나 젊은 밀레니얼 세대에게 보험은 어렵고 불편하였다.

다섯째, 새로운 기술/제품/사업모델이 어떻게 고객의 니즈를 만족시키는가? 인슈어테크의 기반이 되는 AI는 대면 상담, 설문지 작성, 가입, 계약 등 복잡한 절차로 이루어지는 전통 보험과 달리 가입부터 액수 산정, 지급에 이르기까지 전 과정에 이용된다. 여성형 챗봇 마야(Maya)는 13개의 자동화된 질문을 통해 보험가입에 걸리는 시간을 90초로 단축하며, 남성형 챗봇 짐(Jim)을 이용하면 알고리즘을 활용한 초고속 결정을 통해 보험금 지급도 3분이면 충분하다. 현재 전체 청구 건의 약 96%가 챗봇을 통해 접수되고 있으며, 이 중 30%는 사람의 개입없이 AI를 통해 지급까지 완벽히 완료되고 있다. 또한 AI 기술은 행동경제학과 빅데이터를 결합하여 보험사와 가입자 간의 공정한 보험금 청구와 보상이 이루어지도록 한다. 여섯째, 새로운 기술/제품/사업모델로 인해 새로운 고객층이 생겨났는가? 기존 제품 시장은 전부 또는 부분 대체되었는가? '21년 1분기 기준, 레모네이드의 가입자는 약 110만 명으로, 전체 고객 중 약 70%가 35세 미만의 젊은 밀레니얼 세대로 구성되어 있으며, 이 중 90%는 보험상품을 처음 가입해 본 고객이다. 보험 밸류체인에서의 AI개입 증가는 심사, 보상 직원의 인건비, 판매 수수료 등 관련 사업비가 획기적으로 단축되기 때문에 전통 보험사 대비 월납액이 평균 68% 저렴하다. 즉 인슈어테크는 기본적으로 '충분히 쓸 만한 제품 공급에 집중'하는 레모네이드 같은 파괴적 혁신 기업의 진입 기술이 되며, 보험 가입 새내기들의 고객층을 확대하면서 전체 보험시장 중 젊은 밀레니얼 세그먼트를 우선적으로 (부분)대체한다. 그러나 모빌리티 시대의 자율주행 트렌드 같이 모든 것이 연결되는 4차산업혁명 시대에서의 인슈어테크는 보험 산업 전반에 확산될 것이다.

3
자율주행 EV의 기술 S-Curve 및
파괴적 혁신

자율주행 EV의
기술 S-Curve

　　　기술의 S-Curve는 기술의 발전 궤도가 장기적으로 볼 때 S자의 형태를 띄며 발전한다는 이론으로써, S-Curve를 그리기 위해서 x축에는 시간 또는 노력/시간을 사용하고, y축에는 분석하고자 하는 산업의 (시장지향적) 기술 속성을 잘 나타낼 수 있는 구체적인 지표를 사용하는 것이 일반적이다. 예를 들어 자동차 산업에서는 연비, 반도체 산업에서는 단위면적당 저장 가능한 데이터 용량, 배터리 산업에서는 단위 무게당 저장 가능한 전기에너지의 양 등을 표시한다.

　그렇다면 자동차 산업은 모빌리티 패러다임으로 변환됨에 따라 기술의 S-Curve는 어떻게 그릴 수 있을까? 먼저 자동차의 성능 기준(경쟁의 근간)은 내연기관에서 대표되는 '연비'가 아닌, 전기차(EV)의 핵심 성능인 '1회 충전 주행거리(AER, All Electric Range)'가 될 것이다.

즉 전기차의 1회 충전 주행거리는 EV기술 중 시장지향적 기술 속성을 대표하며, 전기차 산업을 대상으로 S-Curve를 그린다고 할 때 y축에 사용하는 기술 지표로 꼽힌다. 실제 전기차 이용 시 운전자의 편의성에 직결되기 때문이다. 1회 충전 주행거리가 길어야 운전자의 충전에 대한 시간적 스트레스를 줄여 줄 뿐만 아니라, 중장거리 운행도 가능하기 때문에 내연기관 자동차를 대체하여 전기차를 선택하기 위한 필수적 기술 속성이다. EV 트렌드 코리아(2019, EV구매 대상자)의 설문 응답자 중 45%가 전기차 구매 시 가장 중요한 선택 요소로 주행거리를 꼽았다. 또한 SK엔카닷컴이 운영하는 EV랩스의 설문 조사(2019)에서도 전기차를 살 때 우선순위 1위로 '배터리 완충 주행 가능 거리(49.5%)'를 꼽았으며, 가격(19.4%), 충전소 위치(15.5%), 배터리 충전 시간(9.9%), 차종(2.8%) 등의 순으로 나타났다.

그림 2.7. EV의 주행거리 기술 S-Curve

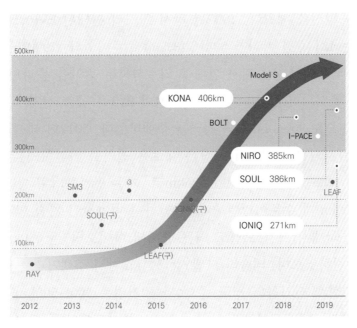

출처: HMG저널

전기차의 1회 충전 주행거리를 늘리기 위해서는 배터리 기술이 가장 핵심요소이지만 다양한 부품 기술 발전이 필요하다. 첫째, 전기에너지를 동력으로 변환하는 e-파워트레인의 진화다. 1세대 EV의 e-파워트레인은 부품이 분리된 형태였으나, 2세대 e-파워트레인은 부품을 일체화시켜 무게와 부피를 줄이고, 고효율, 고출력 구동 모터도 적용된다. 둘째, 고효율 배터리 시스템을 개선하는 것이다. 전기차의 장거리 주행 확보를 위해서는 배터리의 용량을 늘리는 것이 필수이나 무작정 부피를 늘릴 수 없기 때문에 정해진 공간에 배터리 탑재량을 극대화하기 위해 기존 공랭식에서 수랭식 냉각 방식을 채택하고, 배터리의 에너지 밀도를 최대한 증가시킨다. 셋째, 계절, 특히 온도에 따라 달라지는 전기차의 1회 충전 주행거리를 높이는 기술로 고효율 히트펌프 시스템을 통해 난방 시스템의 전력 소모를 최소화시켜 겨울철 주행가능거리를 개선시킨다.

전기차의 1회 충전 주행거리는 기술의 S-커브를 그리면서 꾸준히 기술 발전을 해왔다. 1907년 당시 인기리 판매된 EV(Baker Imperial)는 1회 충전 거리가 50마일(80km) 수준이었다. 1990년 캘리포니아에 의회에서 무공해차 판매를 의무화하는 법안을 통과시키면서 1996년 출시되어 3년만에 단종된 GM의 EV1은 납축 전지가 탑재돼 1회 충전으로 96~144km의 거리를 주행하였다. 2012년 테슬라의 모델S가 출시되면서 전기차 시장은 새로운 전기를 마련하게 된다. 출시 당시 1회 충전 주행거리가 426km로, 기존 전기차의 주행 가능 거리가 100km대 수준이었던 것을 감안하면 비약적인 기술 발전을 선보였다. 국내 전기차 모델도 최근 출시된 아이오닉5는 430km 수준으로 발전하였으며, 테슬라 모델Y는 511km까지 주행거리를 늘렸다. 2021년 현재 전기차의 평균 주행 가능 거리는 400~500km 수준이며, 테슬라 모델S(롱레인지+), 벤츠 EQS, 루시드에어 등 고사양 모델은 700~800km까지 나온다. 내연기관 자동차의 통상적인 1회 주유 시 주행가능 거리를 연비 기준 약 600~700km(최대 1,000km)정도라고 볼 때, 전기차의 평균 주행 가능 거리가 약 700km 수준 이상이면 내연기관 이상의 경쟁력(충전인프라 전제조건)을 가질 것으로 보이며 기술 S커브의 성숙수준으로 근접해 갈 것으로 전망된다.

자율주행 EV의
파괴적 혁신

자율주행 EV는 기존 전통적인 내연기관 자동차 시장을 대체함과 동시에 새로운 모빌리티 시장을 창출하는 파괴적 혁신을 보여 주고 있다.

먼저 파괴적 혁신의 필요조건, 즉 기업 간 경쟁이 이루어지는 가치기준들을 바꿈으로써 경쟁의 근간을 바꾸는 혁신에 해당된다. 앞서 살펴 본 바와 같이 먼저 자동차 산업 내 경쟁의 근간은 내연기관의 '연비'에서 '충전거리'가 기술 S-Curve의 y축에 사용하는 기술지표가 된다. 내연기관 차량(ICE)에서 EV로 전환되면서 핵심 부품은 완전히 바뀌게 된다. 즉 내연기관 차량은 엔진, 변속기, 동력전달장치, 배기 후처리 부품 중심의 약 30,000개로 구성되는 반면, 전기차 (EV)는 배터리, 모터, 전기변환기 등 직접 동력 전자부품 중심의 약 19,000개로 단순화 전환된다〈표 2.5〉.

내연기관 차량은 주로 기계장치 위주로 구성되며 폭발에너지를 운동에너지로 전환하기 위해 열 효율이 관건이며, 이에 따라 고온 대응, 처리가 필요해 내열소재가 필수적이다. 반면 EV는 전기장치 위주로 구성되며 전기에너지를 운동에너지로 전환하는 과정에서 전기 충전량이 관건이며 배터리 및 실내 난방을 위한 열관리 시스템이 필수적이다.

표 2.5. 내연기관 차량과 EV의 주요 특성 비교

내연기관차 [Internal Combustion Engine Vehicle; ICEV]	VS	전기차 [Battery Electric Vehicle; BEV]
• 약 3만개 부품 • 기계장치 위주 구성 • 폭발에너지 → 운동에너지 전환 (열 효율 관건) • 내열소재 필수 (고온 대응, 처리)	부품수	• 약 1.9만개 부품 • 전기장치 위주 구성 • 전기에너지 → 운동에너지 전환 (전기 충전량 관건) • 열관리 시스템 필수 (배터리, 실내난방)

• 엔진과 변속기의 조합을 통해 힘을 냄
  – 엔진에서 연료를 연소시켜 동력을 발생시킴
  – 폭발에 의한 상하 운동 → 회전 운전 변환 → 변속기
    회전력 제어
  → 드라이브 샤프트를 통한 2륜 혹은 4륜 축으로 전달
	동력
	기관
		• 전기에너지를 통해 만들어진 힘을 모터가 각 바퀴에 배분
		• 모터를 1~4개로 차량특성에 맞게 확대 가능
		• 이론상 회전 시점부터 최대 회전력 → 감속기를 통한
		  토크 제어

• 엔진·미션오일 등 각종 오일류 필요 • 엔진의 열을 식혀줄 냉각수와 라디에이터 그릴 필요	엔진 부속	• 각종 소모/교체 오일류 불필요 or 최소화 • 열이 발생 제한적, 각종 냉각 부품 최소화
• 휘발유, 경유, LPG 저장탱크 및 주입구 • 연료펌프, 연료필터 등 연료관리 부품 필요	연료 장치	• 배터리팩이 연료 저장 역할 수행 • 충전 단자, 인버터, LDC(고전압→ 저전압 변환 장치), 배터리 히팅

• 폭발연소 후, 배기가스 처리 장치 필요 (매니폴더,
  배기관 등)
• 친환경 이슈에 따른 EGR, DPF, SCR 등 고가 후처리
  장치 필요
	배기가스
	후처리
	장치
		• 자동차 자체에서는 배기가스 Zero
		• 내열성의 각종 부품, 매연 후처리 장치 필요없음

• 내열성으로 인한 철강소재 중심 사용 (경량화 한계)
• 타이어: 엔진 Spec. 차체 사이즈 기반 성능 포커싱
	샤시	• 주행거리 향상, 내부 공간 확장을 위한 플라스틱,
		  탄소섬유 확대
		• 타이어: 주행거리 향상 & 고토크 대응의 LRR &
		  내마모성 중요

한편 내연기관 자동차는 시동과 함께 마모가 진행되며 각종 부품과 오일류를 정기적으로 교환해 주어야 마찰이 최소화되면서 수명을 유지하게 된다. 그러나 EV는 엔진 대신 모터를 통해 구동되고 변속기 대신 감속기가 적용되기 때문에 감속기 오일, 브레이크 오일 등으로 단순화되어 교환 부품이 극단적으로 감소하게 된다.

표 2.6. 내연기관과 전기차의 주요 부품교환 리스트

내연기관 교환 부품	전기차 교환 부품
오일류	**오일류**
• 엔진 오일 (매년) • 변속기 오일 (3~5년) • 브레이크 오일 (2~4년) • 디퍼런셜 오일 (5년) • 오일 누유 (수시) • 냉각수 (수시)	• 감속기 오일 (5년) • 냉각수 (수시) • 브레이크 오일 (4년)
소모품류	**소모품류**
• 구동벨트 세트(5년) • 점화 플러그&연결선(5년) • 연료호스(수시) • 에어/오일필터(매년) • 워터펌프(5년) • 스타트모터(7년) • 납축배터리(4년) • 브레이크 디스크/패드(4년) • 타이어(3년)	• 브레이크 디스크/패드 (4년) • 타이어 (3년)

파괴적 혁신의 충분조건으로는 기존 시장을 무력화시키는 혁신으로 자율주행 EV는 내연기관 중심의 제품, 생태계, 시장 전반을 무력화시킨다. 첫째, 자율주행 EV는 부품의 구조를 배터리 및 모터, ICT 중심으로 재편한다. 특히 전기차(EV)에서의 배터리 비중은 약 43%로 원가, 성능 측면에서 절대적 비중을 차지하며, 이는 곧 충전 속도 및 충전 주행거리와 같은 전기차의 핵심 성능(기술) 지표로 연결된다. 기존 내연기관차량(GM)은 엔진, 변속기, 동력전달장치, 배기 후처리 부품 중심의 Tier1 부품이 68%에 달한다〈그림 2.8〉.

그림 2.8. 내연기관 차량(GM)의 부품 구성 현황

ICEV (Internal Combustion Engine Vehicle)

- 엔진, 변속기, 동력전달장치 배기후처리 부품 중심
- 각종 오일류 원재료
- 수직계열화 OEM회사 관리

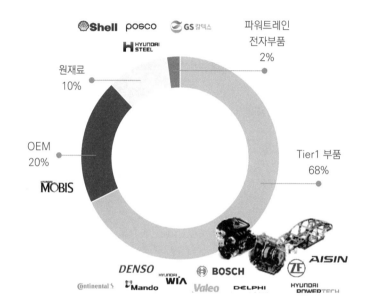

반면 EV(GM의 볼트 기준)는 배터리 비중이 43%로 절대적이며 모터, 전기변환기 등 직접동력 및 전자부품 비중이 높다. 또한 부품 수의 급격한 감소로 OEM 부품사가 크게 축소된다.

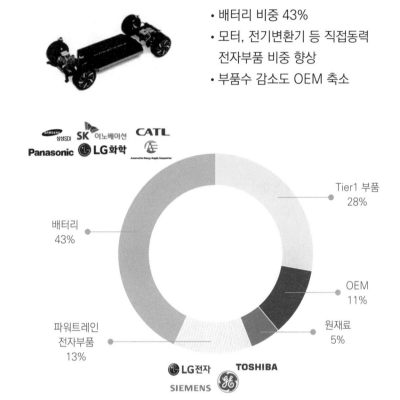

그림 2.9. EV(GM의 볼트기준)의 부품 구성 현황

BEV (Battery Electric Vehicle

- 배터리 비중 43%
- 모터, 전기변환기 등 직접동력
  전자부품 비중 향상
- 부품수 감소도 OEM 축소

Tier1 부품 28%

배터리 43%

OEM 11%

원재료 5%

파워트레인 전자부품 13%

둘째, 전통적 내연기관 자동차 메이커의 강력한 무기로 고객 가치를 제공하였던 브랜드 가치, 엔진/기계 기술, 성능 등은 모빌리티 시대에서는 오히려 좌초 자산이 될 수 있으며, 차량 세그먼트 및 편의사양 등에 따른 가격 및 구매결정 요인은 완전히 무력화된다. 기존 내연기관(ICEV)의 소비자의 선택 기준은 다음과 같다〈그림 2.10〉.

그림 2.10. 내연기관(ICEV)의 구매결정 요인

가격 (소비자 가격구간 이해)

차체 사이즈
세그먼트

마력/토크, 연비, 가속력
엔진 Spec.

럭셔리 or 대중차
브랜드 가치

사용 편의성, 신기술
부가 옵션 기능

디자인 (운전자 중심/성능 중심)

- 느린 발전 속도, 예상 가능 제품, 목적 대비 과도한 Spec.
- 대형 카메이커 중심의 시장, 원가절감/OEM 관리 중심 운영

반면, 자율주행 EV는 기존 차종의 배기량기준 세그먼트로 구분되지 않으며(2023년 현재, 국내 EV자동차세는 차량가격과 상관없이 연 13만 원으로 동일), 배터리 성능(충전속도, 충전후 거리) 및 안정성, OTA 수준, 자율주행 레벨 등 전혀 다른 구매 결정 동인이 나타나게 된다 〈그림 2.11〉.

그림 2.11. EV의 구매 결정 요인

향후 BEV 구매 기준 (예상)

- 자기 사용목적에 따른 차량 구매 결정
- 이동 편의성, 안정감, 향후 업그레이드 유무는 효율적 구매형태 증가

가격 (새로운 가격범위 설정)

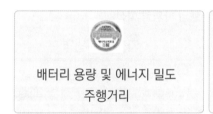

배터리 용량 및 에너지 밀도
주행거리

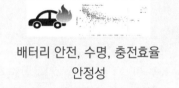

배터리 안전, 수명, 충전효율
안정성

주행 자유도, 사고방지 능력
자율주행 Level

ECU 통합 및 클라우드 서비스
연결성 & 확장성

디자인 (탑승자 중심/공간 활용 중심)

- 전자기기화(발전속도 증대), 새로운 모델, 목적 기반 세분화
- 새로운 카메이커 진입, 고객가치 최우선, 서비스 중요성 향상

셋째, 자율주행이 레벨 3부터는 운전의 주체가 인간으로부터 시스템으로 전환되면서 자동차는 더 이상 'Driver Focusing'이 아닌 'V2X 및 Space Focusing'으로 달라진다. 이때 전통적인 기계 부품 시장은 50% 이상 무력화(쓸모없는 부품)되며 새로운 전동화 부품 및 Space 연계 산업이 창출된다. 즉 자율주행을 위한 차량 전동화가 필

수적으로 진행되면서 자동차 부품은 50%가 감소되고, 이 중 50%가 ICT 부품 및 AI 소프트웨어로 대체된다. 또한 차량정비 산업은 고장 수리보다는 사전 예방 기술이 중시되며 실내 공간 인테리어, 엔터테인먼트 분야가 각광받게 된다. 인간 운전이 필요 없고 고장이나 사고가 거의 발생하지 않게 됨에 따라 운전학원, 의료, 보험 등 관련 서비스 시장이 완전히 재편될 수밖에 없다〈그림 2.12〉.

그림 2.12. 자율주행의 파괴적 혁신

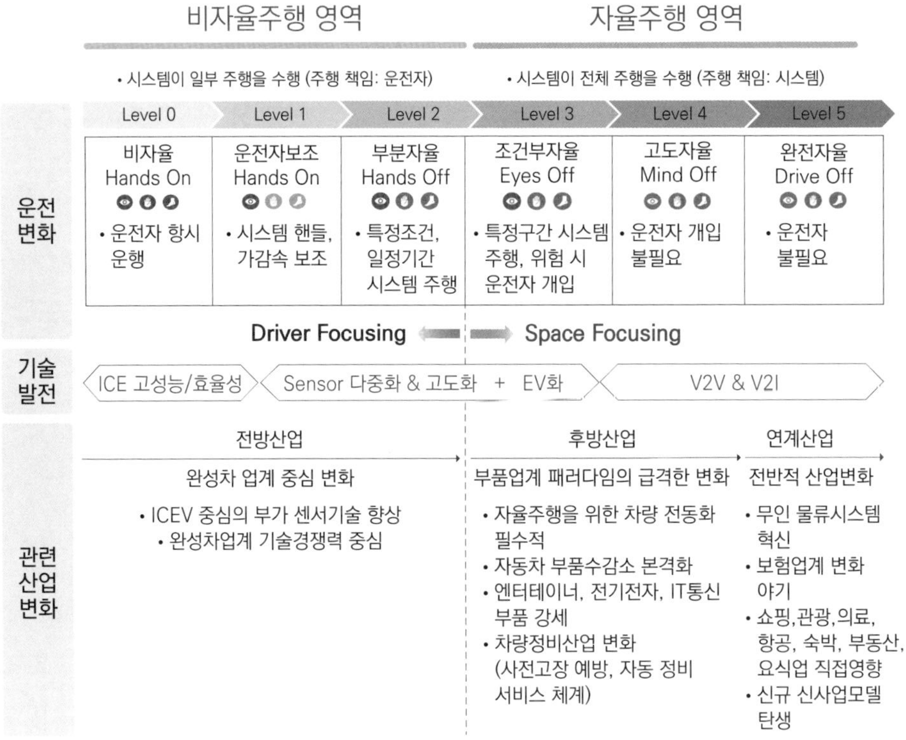

	비자율주행 영역			자율주행 영역		
	• 시스템이 일부 주행을 수행 (주행 책임: 운전자)			• 시스템이 전체 주행을 수행 (주행 책임: 시스템)		
	Level 0	Level 1	Level 2	Level 3	Level 4	Level 5
운전 변화	비자율 Hands On · 운전자 항시 운행	운전자보조 Hands On · 시스템 핸들, 가감속 보조	부분자율 Hands Off · 특정조건, 일정기간 시스템 주행	조건부자율 Eyes Off · 특정구간 시스템 주행, 위험 시 운전자 개입	고도자율 Mind Off · 운전자 개입 불필요	완전자율 Drive Off · 운전자 불필요

Driver Focusing ⟸ ⟹ Space Focusing

기술 발전	ICE 고성능/효율성	Sensor 다중화 & 고도화 + EV화	V2V & V2I

| 관련 산업 변화 | 전방산업 완성차 업계 중심 변화 · ICEV 중심의 부가 센서기술 향상 · 완성차업계 기술경쟁력 중심 | 후방산업 부품업계 패러다임의 급격한 변화 · 자율주행을 위한 차량 전동화 필수적 · 자동차 부품수감소 본격화 · 엔터테이너, 전기전자, IT통신 부품 강세 · 차량정비산업 변화 (사전고장 예방, 자동 정비 서비스 체계) | 연계산업 전반적 산업변화 · 무인 물류시스템 혁신 · 보험업계 변화 야기 · 쇼핑,관광,의료, 항공, 숙박, 부동산, 요식업 직접영향 · 신규 신사업모델 탄생 |

자율주행 EV의 혁신의 유형(Ⅰ)은 완제품 기준으로 급진적 혁신으로 분류된다. 즉 제품의 구조(구성요소들 간의 연결 관계) 측면에서 변화가 있을 뿐만 아니라 구성요소의 핵심 개념 측면에서도 기존을

강화하기보다는 변화가 있기 때문이다. 이때 급진적 혁신은 새로운 지배적 디자인 출현이 필수적으로 나타나며, 현재 자율주행 EV는 배터리 셀 방식, 충전단자, 자율주행 기술의 구성 요소 등 핵심기술에 대한 지배적 디자인 경쟁이 시작되고 있다〈표 2.7〉.

표 2.7. 혁신의 유형 I (완제품 기준)

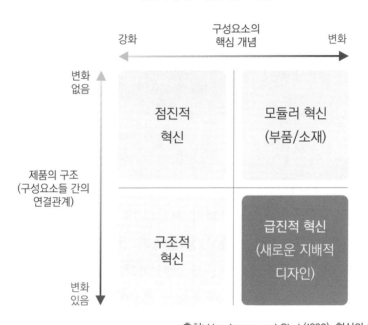

출처: Henderson and Clark(1990), 혁신의 유형 I

혁신의 유형(II), 시장/경쟁의 관점에서는 파괴적이며, 기존 시장의 핵심역량을 약화시키는 혁신으로 분류된다. 즉 자율주행 EV는 기존 내연기관 자동차 시장의 지배 구조를 존속시키기 보다는 파괴적이며, 기존 시장의 핵심 역량이었던 엔진 기술을 약화시키는 혁신이라 할 수 있다.

표 2.8. 혁신의 유형 II : 시장/경쟁의 관점

출처: Henderson and Clark(1990), 혁신의 유형 II

파괴적 혁신(Disruptive Innovation)의 유형은 다음과 같이 두 가지로 구분할 수 있다. 먼저 파괴적 혁신의 유형 분류(Ⅰ) 방법은 파괴되는 시장의 수와 기존 제품 시장의 파괴 정도에 따라 구분할 수 있으며, 자율주행 EV는 스마트폰과 같이 파괴되는 시장의 수가 여럿이며 기존 제품시장을 완전히 파괴하는 혁신이라 할 수 있다. 즉 기존 내연기관 완성차 뿐만 아니라 부품 시장, IT, 서비스 시장 등 모빌리티 생태계 전반에 대한 여러 시장을 완전히 파괴하는 혁신인 것이다.

표 2.9. 파괴적 혁신의 유형 분류(I)

구분		기존 제품시장의 파괴 정도	
		부분	완전
파괴되는 시장의 수	하나	**하나 – 부분** 예) 저가 항공	**하나 – 완전** 예) CRT
	여럿	**여럿 – 부분** 예) 사무용 복합기	**여럿 – 완전** 예) 스마트폰, 자율주행 EV

둘째, Orden, Rhee & Schmidt (2011)은 파괴적 혁신의 유형을 부차적 속성 성능(Ancillary Attribute Performance,≒ 파괴적 혁신의 새로운 기준이 됨)과 핵심 속성 성능(Core Attribute Performance, ≒ 기존 시장 기준 핵심 속성)을 기준으로 파괴적 혁신을 분류(Ⅱ)하였는데, 테슬라는 신제품이 새로운 시장을 개척하고 원래 제품을 대체, 잠식하는 6가지 접근 중 New–market / High–end disruption에 해당된다. Tesla는 파괴적 혁신의 새로운 기준 (EV최적화/자율주행/소프트웨어)을 통해 차별화된 고객에게 높은 가격으로 제품을 판매하고 저가 시장으로 침투하는 New Market / High–End 시장의 파괴적 혁신 선도자라 할 수 있다. Tesla는 기존 친환경 소형차(NEV; Neighbor–hood Electric Vehicle)에 그쳤던 EV와 달리 고성능 EV 'Model–S' 및 'Model–X' 출시를 통해 기존 High–End시장에 진입하는 데 성공하였다. 즉 고성능 EV라는 컨셉의 혁신성에 매료된 Innovator, 프리미엄 세단에 견주어도 완성도가 뛰어난 디자인 및 상품성에 부가적으로 Eco–Friendly 이미지를 추구하는 고객들에게 어필하여 오피니언 리더급의 부유한 친환경 추구 지식인을 먼저 사로잡았다. 이후 보급형 Model–3 및 Model–Y 출시를 통해 내연기관 자동차를 대체하는 파괴적 혁신을 주도하고 있다.

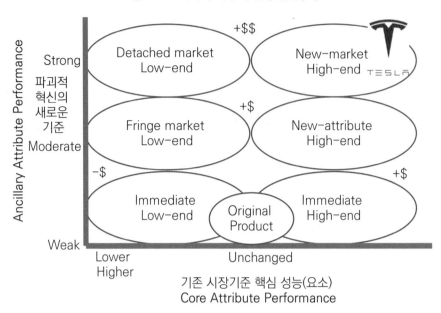

그림 2.13. 파괴적 혁신의 유형 분류(Ⅱ)

III

다가온 미래
모빌리티
세상

[Case Study]
CES2023, 비즈니스의 영역파괴로 본 모빌리티의 미래

그림 3.1. Sony Honda Mobility 'Afeela'

출처: 아필라 홈페이지

소니 혼다 모빌리티는 *CES 2023*에 새로운 전기차 브랜드 '아필라' *(Afeela)*를 발표하였다. 아필라 양산 EV 모델의 소프트웨어 및 시스템 개발은 소니가 담당하고, 차량 생산은 혼다, 차량용 반도체는 퀄컴이 맡게 된다. 모빌리티 생태계는 테슬라와 같이 수직적 통합이 될 수도 있고, 이처럼 이종 산업 간의 새로운 협력 생태계가 출현하게 될 수도 있다.

1967년 뉴욕에서 처음 개최된 CES는 이제 가전 전시회를 뛰어넘어 모빌리티를 중심으로 AI, 로봇, 자율주행과 같이 첨단 기술의 경연장이 되고 있다. 특히 CES 2022에서는 가전업체가 모빌리티 비즈니스를, 모빌리티 기업이 로봇 산업에 진출하는 등 사업영토를 확장하는 움직임이 더욱 확실하게 나타났다. 코로나19 이후 기업들은 파괴적 혁신을 통해 4차 산업혁명을 가속화하고 있으며, 기존의 핵심 기술역량을 기반으로 새로운 비즈니스로 진출하거나 혁신적인 비즈니스 모델을 도입하고 있다.

대표적인 가전/엔터테인먼트 회사 소니는 CES2020에서 EV 'Vision-S01' 컨셉카를 발표한 이래 CES2022에서는 SUV모델 'Vision-S02'를 공개하였고, 6월에는 혼다와 '소니 혼다 모빌리티 주식회사(Sony Honda Mobility)'를 발표하면서 본격적인 EV시장에 출사표를 던졌다. 소니는 기 보유한 사물 인식용 센서, 5G 통신 기술, 전자부품 및 컨텐츠 비즈니스를 기반으로 EV시장 진입이 용이할 뿐만 아니라 혼다와의 합작을 통해 시너지까지 기대할 수 있게 되었다. 즉, 소니는 엔터테인먼트와 인포테인먼트 시스템, 센서 등에서의 강점을 갖고 있으며, 혼다는 축적된 차량 개발 노하우 및 생산능력과 글로벌 판매 유통망을 보유하고 있어 새로운 합작형태 생태계의 가능성을 실현할 것으로 기대된다. 소니 혼다 모빌리티는 CES 2023에 새로운 전기차 브랜드 '아필라(Afeela)'를 발표하였고, 2026년부터 북미 시장에 전기차 양산 판매를 개시할 계획이다. 아필라 양산 EV 모델의 소프트웨어 및 시스템 개발은 소니가 담당하고, 차량 생산은 혼다, 차량용 반도체는 퀄컴이 맡게 된다. 한편 이날 공개된 아필라 컨셉카는 5인승 세단형 EV로, 소니 혼다 모빌리티의 CEO 야스히데 미즈노는 '아필라는 이동성에 대한 새로운 개념을 제시하는 모델이며, 자율성과 증강성, 친화성 등 3가지 주요 테마가 내포된 신개념 EV'

임을 강조했다.

비즈니스 영역의 파괴 움직임은 모빌리티 비즈니스가 구심점이 되어 전방위적으로 나타나고 있다. 자동차 회사 도요타가 스마트 시티를 건설하고, 아마존은 배송 EV 스타트업 죽스(Zoox)를 인수하고, 현대차는 도심형 비행기(UAM)와 로봇을 만든다. 자동차는 하나의 모빌리티 디바이스가 되고, 이로 인해 구글, 바이두, LG전자 등 ICT 업체에도 진입 기회가 되며, 기존 카메이커 중심의 생태계에서 이종 산업 간의 합종연횡이 필요한 전혀 다른 생태계로 변화된다. 모빌리티에 강한 생태계는 카메이커 중심의 위계적 분업화에서 테슬라와 같이 기술과 서비스를 수직으로 통합하는 비즈니스 모델이 될 수도 있고, 구글을 중심으로 하는 플랫폼 생태계도 될 수 있다. 그야말로 살아남는 자가 강한 자가 되는 모빌리티 시장은 연관 산업의 범위를 넓혀 파이가 커짐과 동시에 치열한 격전의 장으로 변모하고 있다.

1

모빌리티 전쟁, 확장되는 전장

맥킨지(2019)에 따르면 글로벌 모빌리티 시장 규모[15]는 2017년 4,400조 원에서 2030년 8,700조 원까지 성장할 전망이며, 이는 반도체(가트너 발표 2021년 731조) 시장의 6배~10배를 능가하는 초거대 규모이다. 특히 연간 1억대 규모의 자동차 판매 및 애프터마켓뿐만 아니라 모빌리티 산업 전반으로 확대할 경우 그 시장 규모는 더욱 커진다. 2014년 기준, 미국 모빌리티 시장은 자동차 판매, 애프터마켓 부품 및 서비스 채널, 운송(차량 대여, 택시), 자동차보험, 자동차금융, 석유 및 주유소, 공공 부문(대중 교통, 면허, 범칙금, 통행료 등), 미디어(라디오, 옥외광고) 등 연관 산업 전반을 합칠 때 약 2조 달러 규모로 미국 GDP의 10%에 달한다〈그림 3.2〉. 2015년 미국 자동차 산업에서는 거의 7백만 명의 사람들이 고용되었으며, 창고 노동자, 공공 업무 직원, 운송 서비스 노동자들과 같은 운송 제공업에 기반한 다른 직업 및 상용 트럭운송 산업(약 7,000억 달러)은 제외된 수치이다.[16] 즉 모빌리티는 인간의 의식주에 버금가는 필수 수단으로 거의 모든 회

사들의 공급사슬에 영향을 미칠 수 있으며, 산업 및 경제활동 전반에
영향을 미치고 있는 것이다.

그림 3.2. 미국 모빌리티 산업의 규모(딜로이트)

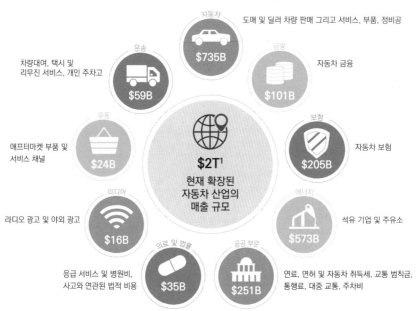

자동차 — 도매 및 딜러 차량 판매 그리고 서비스, 부품, 정비공 — $735B

운송 — 차량대여, 택시 및 리무진 서비스, 개인 주차고 — $59B

금융 — 자동차 금융 — $101B

유통 — 애프터마켓 부품 및 서비스 채널 — $24B

$2T[1] 현재 확장된 자동차 산업의 매출 규모

보험 — 자동차 보험 — $205B

미디어 — 라디오 광고 및 야외 광고 — $16B

에너지 — 석유 기업 및 주유소 — $573B

의료 및 법률 — 응급 서비스 및 병원비, 사고와 연관된 법적 비용 — $35B

공공 부문 — 연료, 면허 및 자동차 취득세, 교통 범칙금, 통행료, 대중 교통, 주차비 — $251B

출처: IBISWorld 인더스트리 보고서, HIS, DOT, 미국 통계국, EIA, 오토 뉴스(Auto News), 테크크런치(TechCrunch)의 자료에 근거한 딜로이트 애널리시스.
이 매출액은 미국에서의 2014년 수치(2014년 데이터가 가용하지 않은 경우 그 이전)를 나타냄.

전통적인 자동차 산업은 주로 자동차 카메이커(OEM) 간의 경
쟁 구도에 수직적인 공급업체(부품업체) 간 비교적 단순한 경쟁 구조
였다. 그러나 모빌리티 패러다임하에서는 새로운 공유 서비스 업체
(Didi, Uber, Lift, Grab), 대형 기술 플랫폼 기업(Apple, Google, Baidu)
및 신흥 OEM(Tesla, Rivian, Nio) 등은 업계 경쟁 구도의 복잡성을 증
가시켰으며, 경쟁 환경의 복잡성 증가로 인해 전통적인 OEM은 다방
면에서 경쟁해야 한다.[17]

그림 3.3. 모빌리티 시장의 경쟁구도 복잡성

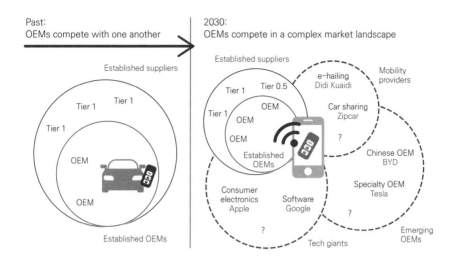

출처: 맥킨지

자율주행, 공유카 및 다양한 모빌리티 형태의 등장으로 향후 글로벌 자동차 판매는 연간 1억 대 이내로 정체될 전망이지만, 자율주행 전기차 및 서비스화에 따른 산업 규모는 커지면서 다양한 경쟁 플레이어들로 인해 경쟁 심화가 불가피하다. 국제 정세 측면에서도 중국은 지난 130여 년간 ICE(내연기관)에서의 경쟁 열위를 EV를 통해 모빌리티 패러다임하에서의 리딩 국가가 되기 위해 범 정부 차원에서 EV굴기에 집중하고 있다. 이에 미국은 중국의 EV굴기에 맞서 IRA(Inflation Reduction Act) 등 우방 중심의 새로운 공급망 재편(Deglobalization)을 추진함에 따라, 이제 우리 기업들은 중국을 디리스킹(De-risking) 관점에서 전략적 대응이 필요하게 되었다. 한편, 모빌리티 시장은 테슬라를 비롯한 IT기술 기반 모빌리티 신생기업, 주문자 개발 방식(ODM) 참여 기업, 전통의 자동차기업 간 경쟁구도하에서 생존할 수 있는 기업과 도태될 기업이 나뉘어질 것으로 전망된다〈그림 3.4〉. 다만 일본은 기존 자동차 메이커들의 기존 생태계 보호(내연기관 부품사) 기조로 내연기관 비즈니스 중심에서 전기차로의 전환이 상대적으로 저조하다.

그림 3.4. 모빌리티 시장의 경쟁자들

출처: 하이투자증권(2021), EV전쟁, 다양한 주체들의 참전, 하이투자증권

이러한 모빌리티 시장의 경쟁자들에 대한 자본시장이 평가하는 현재의 전쟁 양상은 주식시장에서 자동차 업체들의 주가 추이를 통해 엿볼 수 있다.

글로벌 자동차 기업의 시가총액은 전기차 시장의 선도 기업인 테슬라의 독주속에 업계 유일한 배터리와 완성차를 동시에 생산하는 BYD가 3위로 부상하였다. 주로 EV 시장에서 강점을 가진 메이커의 주가는 급등하면서 높은 가치 평가를 받는 반면, 전통의 강호로 군림했던 유럽과 일본 자동차 메이커들의 주가는 정체 또는 하향세를 나타내고 있다. 특히 자본시장에서는 전통적인 자동차 메이커의 강력한 자산이었던 엔진 등 내연기관을 중심으로 하는 기술, 설비, 브랜드까지 모빌리티 패러다임에서는 오히려 좌초자산으로 평가함에 따라 좌초자산 없이 미래 성장 가능한 기업(신생 모빌리티), 좌초자산을 상쇄할 미래 성장성을 갖춘 전통 기업, 미래 성장성보다 좌초자산이 부각되는 전통 기업들의 가치 평가는 갈리게 된다. 그리고 전통적 자동차 제조기업에서 분사 또는 독립한 프리미엄 EV 전용 브랜드도 부상하고 있다. 볼보의 폴스타(Polesta), 길리자동차의 지오메트리(Geometry), 포드 모델e 등이 대표적이다.

표 3.1. 글로벌 자동차 기업의 시가총액 및 판매량

NO.	자동차 메이커	시가 총액 (2023.11.3.)	EV판매량 (2022)	자동차 판매량 (2022)	대당 시가총액 (USD)
1	Tesla	6,870.76억 USD	1,313,851	1,313,851	522,948
2	Toyota	3,070.00억 USD	24,000	9,566,961	32,090
3	BYD	934.24억 USD	911,140	1,802,464	51,832
4	Ferrari	672.01억 USD	–	13,221	5,082,925
5	BMW	630.65억 USD	215,755	2,399,636	26,281
6	Stellantis	617.72억 USD	90,000	6,002,900	10,290
7	Mercedes-Benz	605.76억 USD	117,800	2,043,000	29,638
8	Volkswagen	602.81억 USD	572,000	8,263,104	7,295
9	Ford	412.70억 USD	61,575	4,235,737	9,743
10	GM	398.66억 USD	39,096	5,941,737	6,709

먼저 좌초자산 없이 미래 성장성이 보장된 기업은 테슬라를 필두로 샤오펑, 리오토 등과 같은 신생 모빌리티 기업으로 주가는 최근 5

년새 최고 10배까지 올라간다. 물론 이들 신생 모빌리티 기업 중 코로나19를 거치면서 10배 이상 폭등했던 주가는 고금리 기조와 함께 실체적 성과에 따라 옥석이 가려지면서 차별화되고 있다. 이들 EV 신생 기업의 장점은 모빌리티 패러다임에 가장 적합한 밸류체인을 구축함으로써 최적화된 기술과 비즈니스모델을 민첩(Agile)하게 가져 갈 수 있다는 점이다. 다만 자동차 산업에 대한 축적된 노하우가 없고, 규모의 경제를 통한 원가 경쟁력 확보가 미래 성장의 관건이 될 것이다.

그림 3.5. 좌초자산 없이 미래 성장 가능한 기업들(2019~2023.11)

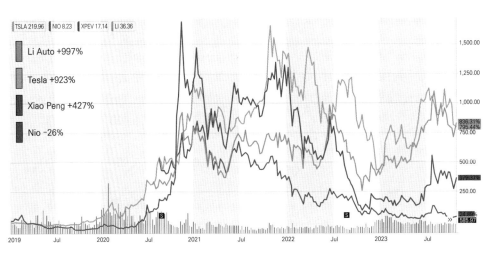

다음으로 전통적인 카메이커 중에서 자율주행 EV로의 빠른 전환을 통해 좌초자산을 상쇄할 미래 성장성을 갖춘 기업으로는 도요타, 현대/기아차, 포드 등이 꼽히며, 주가는 플러스로 상승한 기업이다.
이와 반대로 전통적인 카메이커 중에서 자율주행 EV로의 전환이 느려 미래 성장성보다 좌초 자산이 부각되는 기업으로 닛산 등과 같이 주가는 오히려 역으로 떨어지는 현상이 나타나고 있다.

그림 3.6. 전통적인 카메이커별 미래 성장성에 따라 엇갈리는 가치 평가

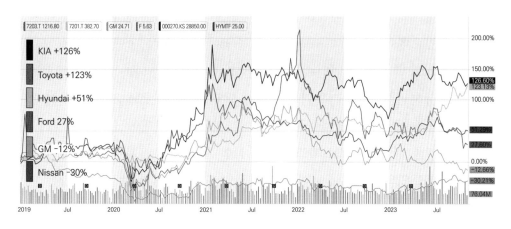

한편, 전통적인 카메이커에서 독립한 프리미엄 EV 전용 브랜드로 운영되는 폴스타, 지오메트리, 포드 모델e 등은 시장에 새로운 가능성을 시사하고 있다. 중국 길리자동차는 리슈푸(李書福) 회장이 오토바이 제조사로 창업한 이래 중국 최초 민영자동차 회사로 성장한 기업이다. 중국 자주(로컬) 브랜드 1위 기업 길리자동차는 2010년 볼보를 인수하면서 성장가도를 달리고 있으며, 지난 2019년 전기차 독립 브랜드 '지오메트리(중국명 지허(几何), Geometry)'의 싱가포르 런칭을 통해 글로벌 및 프리미엄 전기차 시장 진출을 선언하였다. 2022년 3월, 미국 자동차 업계를 대표하는 포드는 전기차 포드 모델e 디비전을 내연기관 자동차(블루 디비전)와의 분리를 발표했다. 포드 모델e 디비전은 EV 플랫폼, 구동 시스템, 배터리 및 충전 시스템, 커넥티드 소프트웨어 등 EV 특화 회사로 2030년까지 전 세계 포드자동차 판매의 절반을 EV로 판매할 계획이다.

폴스타(Polesta)는 1996년 볼보 자동차의 파트너사로 설립되었으나 2005년 볼보 자동차가 인수한 이후 프리미엄 EV 브랜드로 특화되어 운영되고 있다. 2010년 중국의 길리자동차가 볼보를 인수함으로

써 중국계 메이커라고 할 수 있지만 철저히 독립된 경영을 통해 스웨덴 브랜드의 가치를 유지하고 있다. 폴스타의 본사는 스웨덴 예테보리에 있으며, 스웨덴 디자인이지만 중국에서 생산을 담당한다. 폴스타는 2022년 6월 기업인수목적회사(SPAC)와의 합병을 통해 나스닥에 상장하면서 당시 기업가치 230억 달러로 닛산, 르노자동차의 시총을 단숨에 추월하였다. 폴스타의 투자자 프리젠테이션 자료에 따르면 기존 전통의 OEM 제조사의 장점인 개발, 생산, 유통 등의 자산과 스타트업의 민첩(Agile)하고 파괴적인 혁신에 대한 장점을 결합함으로써 시너지를 창출하고 있음을 강조하고 있다〈표 3.2〉. 즉 폴스타는 기존 전통적 카메이커(볼보, 길리)의 강점인 제조를 위탁함으로써 좌초자산을 경량화함과 동시에 활용하는 비즈니스 전략을 채택한 것이다(asset light and scalable set-up with state-of-the art manufacturing facilities)〈그림 3.7〉.[18]

표 3.2. Combining the best of both worlds

Credibility & scalability

Established OEM
- Product development
- Production
- Distribution
- Technology
- Financial strength

Agility & disruption

Start-up
- Innovation
- Unconventional
- Less bureaucracy
- Brand personality
- Team chemistry

Global from day 1
- Asset-light = Growth / scalable
- Already operational with global products and sales
- ~29k vehicles sold in 2021 with 2025E 290k targeted¹
- 23 markets across 3 continents in April 2022
- Sales operations in over 100 cities
- Leveraging Volvo Cars' and Geely Holding's industrial infrastructure

2 award winning cars
- Digitized customer journey
- Differentiated and sustainable design
- Direct to consumer business
- Bespoke technology & innovative service
- Polestar 1 & 2 have won multiple global awards
- 5 launched models targeted by 2024E

출처: Polestar(2022), IR자료

그림 3.7. 볼보-폴스타-길리자동차 간 시너지 구조도

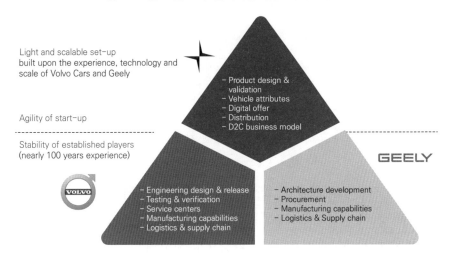

출처: Polestar(2022), IR자료

전통적 카메이커의 EV 브랜드 운영 전략은 브랜드 아키텍쳐(Brand Architecture)를 설계할 때 중요성(Emphasis)과 관련된 전략 대안 네 가지 중 Individual Branding이 좋은 선택지가 될 수 있다. 즉 제품 브랜드 중심적인 브랜드 전략으로, 제품브랜드로만 승부하는 것이다. 이러한 자동차 메이커의 브랜드 전략은 Individual Brand-ing 중 기업브랜드를 완전히 배제시키는 전략(Not Connected)이 아닌 Shadow Endorser Individual Branding(그림자 보증형 개별브랜드 전략), 즉 기업브랜드는 표면적으로는 나타나지 않고 신문기사 등 다른 루트를 통해 어디서 만들었는지 알려 주는 개별 브랜드 전략에 해당된다.

표 3.3. Emphasis: Strategic Alternatives

Branding option	Extension Branding ①		Sub-Branding ②		Endorsed- Branding ③		Individual Branding ④	
	Direct	Linked	Master Brand as Driver	Co-drivers	Strong Endorser	Token Endorser	Shadow Endorser	Not Connected
Modifier	Modifier / No Modifier							

출처: 전성률(2021), 고객기반 브랜드 마케팅 전략

이와 같은 EV 브랜드 확장은 볼보 측면에서의 폴스타는 대체재 기반 확장(Substitution based Extension) 원칙이 적용되었고, 길리자동차 관점에서는 상향적 브랜드 확장으로 도요타의 렉서스(Lexus)브랜드 도입처럼 확장 제품(가격이 축인 경우)이 럭셔리 제품군이어서 모 브랜드의 저가 이미지가 시장 진입에 방해가 되는 경우 신규 브랜드를 도입하게 된다.

2

모빌리티로 인한 사회 변화

자율주행 전기차에 따른 변화

CB INSIGHT(2018)는 '자율주행차가 바꾸는 33가지 산업'[19] 보고서를 통해 자율주행차의 상용화에 따른 산업별 수요의 증감을 다음과 같이 분석하였다. 자율주행으로 인해 수요가 증가하는 산업은 엔터테인먼트, 차량 전자 부품, 배달 음식, 에너지, 피트니스, 데이터 센터 및 인터넷 기반 시설, 사이버 보안, 차량 인테리어, 비영리 작업 및 재난 구호, 노약자 및 어린이 케어, 인터넷 서비스, 긴급 구조, 군사 작전 등 12개 분야이다. 변화 또는 변경되는 산업은 부동산, 주택 개조, 도시 계획, 오프라인 소매점, 엔진오일 교환 및 세차, 소송/법 등 7개 분야를 꼽았다. 반면 수요가 감소하는 산업은 보험, 정비소, 직업 운전 및 트럭, 호텔, 단거리 항공, 승차 공유, 대중교통, 주차장, 패스트푸드, 배송 직업, 자동차 판매, 의료, 운전면허 교습소, 교통 단속 등 14개 분야이다. 완전자율주행에 도달하면 인간 운전이 필요 없고 디바이스화되면서 자동차 산업뿐만 아니라 사회 전반에 변혁이 나타나게 될 전망이다〈표 3.4〉. 예를 들어 인간 운전자가 자율주행으로 대체되면서 운전학원, 교통 범칙금, 자동차 보험, 교통사고 치료 병원 등은 필요 없거나 축소가 불가피하며, 자동차는 공간으로서 내부 인테리어 및 엔터테인먼트 산업이 크게 성장할 것이다. 또한 자율주행 차량은 운전이 두려운 여성 및 실버 세대에게 이동의 즐거움을 전해줄 것이고, 재난 구호, 군사 작전 활용 등 공공 분야에도 활용할 수 있게 된다. 한편 자율 주행을 통해 교통 효율성이 극단적으로 개선되어 운행 차량 및 주차장 면적이 줄어들 수 있을 것이다. 내연기관에서 전기차로 전환되면서 주유소, 차량 정비업은 업종 전환을 해야 되며, 자율주행 택시는 택시 드라이버 및 공유카 운전자를 대체할 것이다.

표 3.4. 자율주행차가 바꾸는 33가지 산업(CB INSIGHT)

자율주행차가 바꾸는 33가지 산업 변화	
수요증가 (12)	엔터테인먼트, 차량 전자부품, 배달음식, 전기 에너지, 피트니스, 데이터 센터 & 인터넷 기반 시설, 사이버 보안, 차량 인테리어, 비영리 작업/재난 구호, 노약자/어린이 케어, 인터넷 서비스, 긴급 구조, 군사 작전
변화 및 변경 (7)	부동산, 주택개조, 도시 계획, 오프라인 소매점, 엔진오일 교환 및 세차, 소송/법
수요감소 (14)	보험, 자동차 정비소, 직업 운전 및 트럭, 숙박업, 단거리 항공, 승차 공유, 대중교통, 주차장, 패스트푸드, 배송 직업, 자동차 판매, 운전 교습, 교통 단속

리씽크엑스(2017)의 'Rethinking Transportation 2020~2030'[20]에서는 자율주행에 따른 자동차 수요 및 경제적 효과에 대해 구체적인 전망을 발표했다. 이 보고서에서 완전자율주행 시행 후 10년이 경과되면, 운행 차량 수가 약 80% 정도가 감소하며 미국의 신차 판매량은 1800만 대에서 560만 대로 감소하며, 이에 따른 운송비 및 운전 시

간 감소 등으로 미국 GDP가 1조 달러 증가할 것으로 예상했다. 현재 개인 소유 차량의 가동률은 4% 수준으로 자율 주행이 되면 가동률은 40%로 증가하며, 2030년에는 운행 차량 중 60%가 공유카가 되어 총 이동 거리의 95%를 차지할 것으로 전망했다. 결국 자율주행 및 공유 카에 따른 차량의 감소는 운송비, 차량 구입비 및 유지 비용, 에너지 비용, 금융과 보험 비용 등의 감소로 이어져 개인이 지불해야 하는 운 송비는 연간 가정당 5,600달러를 줄이게 된다. 자율주행 전기차의 긍 정적인 영향은 운전 약자의 이동성 향상, 소비자 실질 소득 증가, 도 로 사고 감소, 교통 혼잡 감소, 주차장 공간 재사용 등이다. 환경적인 측면은 대기오염과 온실가스를 획기적으로 감축할 수 있다. 현재 운송 분야는 미국 내 CO_2 배출량의 26%를 차지하고 있는데, 자율주행 전 기차는 CO_2 배출량의 90%를 감소시킬 수 있다. 반면, 부정적인 영향 은 일자리 감소 문제, 정부 수입 축소, MaaS 서비스 제공자의 독과점 가능성 등이다. 거대 생태계 내에서 구심점이 되는 MaaS 서비스 제공 자는 막강한 독점적 지위를 가질 것이며, 택시, 버스, 지하철 등 관련 대중교통 서비스 종사자의 일자리가 줄어들며, 이에 따른 정부 수입도 축소될 수 있다〈표 3.5〉.

표 3.5. 자율주행 전기차에 따른 주요 변화(ReThinkX)

구분	긍정적인 변화	부정적인 변화
주요 변화	• 소비자 저축 및 생산력 증가 • 운전 약자의 이동성과 접근성 향상 • 도로 사고, 사망자 감소 • 대기질 개선과 공중 보건 개선 • 인프라 비용 절감 • 교통 혼잡 감소 • 주차 공간 및 인프라의 재활용 • CO_2 배출 저감	• 물류 일자리 감소 • 교통 서비스 독과점 • 유류비 감소로 인한 정부 수입 감소

네덜란드 컨설팅사 ARCADIS(2017)는 'Driverless Future: A Policy Roadmap for City Leaders' 보고서를 통해 미국의 뉴욕, LA, 댈러스 3개 도시를 대상으로 자율주행에 따른 자가용 감소 비율을 다르게 전망했다. 첫째, 뉴욕은 높은 인구 밀도, 낮은 자동차 보유 비율, 대중교통 시스템을 잘 갖춘 도시를 대표한다. 이런 도시에는 이미 승차 공유 등의 서비스가 활성화되어 있으며, 자율주행차가 도입될 2032년에는 2017년 대비 자동차 보유 대수가 240만 대~360만 대가 줄어들어 46%~60%가 감소할 것으로 예상했다. 둘째, LA는 적당한 인구 밀도, 높은 자동차 보유 비율, 급속도로 확장된 대중교통 시스템과 도로 인프라, 적은 보행로 환경을 대표한다. 이런 도시에서는 우버와 같은 승차 공유 서비스와 카풀과 같은 출퇴근용 서비스가 활성화될 것으로 보며, 2032년에는 LA 차량의 36%~44%에 해당하는 약 180만 대~220만 대의 차량이 감소할 것으로 전망했다. 셋째, 댈러스는 인구 밀도가 낮으며, 자동차 보유 비율이 높고, 대중교통 시스템이 발달하지 못하고 보행로는 잘 갖춰진 도시를 대표한다. 댈러스는 자가용으로 출퇴근하는 비율이 높아 2032년 차량 대수는 뉴욕과 LA보다 다소 낮은 21%~31%, 60만 대~90만 대가 감소할 것으로 예측했다. 다만, 자율주행차로의 전환은 댈러스와 같이 자동차 보유 비율이 높은 인구 저밀도 지역에서부터 이루어질 것으로 예상했다. 2032년 자율주행차가 상용화되면, 공간에 대한 변화도 일어나게 된다. 즉, 자율주행차가 상용화될 경우 집, 사무실 근처에 주차장이 없어도 되고, 일부 주차 시설은 저렴한 위치로 이전할 수 있다. 버스와 자율주행차 승차장이 합쳐지고, 보행자를 위한 공간이 넓어진다. 2017년 기준, 미국에는 약 20억 개의 주차공간이 존재하고 있는데 자율주행차가 도시 인프라에 성공적으로 통합될 경우 주차 수요가 최대 90% 줄어들 것으로 예상했다.

한편 도시 계획자, 리더들이 알아야 하는 자율주행차 도입 시 고려해야 할 6가지 정책을 다음과 같이 제시했다. 첫째, 이동성을 향상시키는 기술의 활용으로, 모바일 앱을 통해 대중교통에 대한 요금 지불뿐만 아니라, 예약 및 가격 비교까지 가능하게 해야 한다. 둘째, 대중교통의 변화로 미래에는 도시 간 이동이나 멀리 이동하는 것은 자율주행차가 담당하게 되므로, 대중교통은 퍼스트 마일(First mile)이나 라스트 마일(Last mile)을 책임져야 한다. 셋째, 유동적인 가격 책정으로 출발지, 목적지, 승객 수, 도로교통 상황 등을 고려하여 가변적인 요금제를 고려해야 한다. 넷째, 도시 간 자율주행차 인프라 개발로, 자율주행차가 새로운 교통 수단이 되면 이전에 접근하기 어려웠던 지역들이 발전할 가능성이 높기 때문에 교외 지역에 자율주행차를 위한 인프라 개발이 필요하게 된다. 다섯째, 자율주행차를 통해 주차공간이 줄어들면 나머지 공간을 사무실이나 주택으로 전환할 수 있도록 설계해야 한다. 여섯째, 자율주행차로 인한 실직자들에게 새로운 일자리 및 재정적 지원이다.

인텔(2017)은 '미래로의 가속화: 다가오는 승객 경제의 경제적 영향'[21]을 통해 완전자율주행에 따른 경제 변화를 승객 경제(Passenger Economy)로 정의하고, 이에 따른 변화를 발표했다〈표 3.6〉. 이 보고서는 승객 경제가 가져오는 시장 규모를 2050년 총 7조 달러로 예상했으며, 이 중 개인 승객 대상 모빌리티 서비스 비율이 55%(약 3.7조 달러), B2B 비즈니스 모델의 모빌리티 서비스 비율이 43%(약 3조 달러), 기타 신 등장 서비스 비율이 2%(약 $ 2,030억 달러)를 차지할 것으로 전망했다.

표 3.6. 승객 경제의 새로운 비즈니스 모델(인텔 보고서)

서비스	내 용
주문형 교통	• 통합 교통서비스를 통한 도어투도어 서비스 강화
출퇴근 공유	• 통근 공동 사용자 수에 따른 서비스 가격 및 이동 수단 변화 • 기존 대중교통과의 사업 경쟁 (법적 제한)
모빌리티 서비스 업체로 변신하는 완성차업체	• 모빌리티 서비스 수익성 증대에 따른 경쟁 심화 • 기존 완성차업체과 신규 플랫폼 업체와 경쟁
교통 네트워크 운영자로 변신하는 완성차업체	• 교통 네크워크 플랫폼 신규 사업자 (개인기업, 중앙정부, 지방정부, 공기업) • 전기차에 따라 새로운 경쟁자의 시장 진입
목적기반 차량	• 물류, 의료, 청소, 요식업 등 다양한 분야 특수 목적 차량 개발
숙박형 운송 서비스	• 이동 중 숙박 및 개인 휴식을 위한 자율주행차 역할

승객 경제에서 새롭게 발생하는 서비스 모델로는 온디맨드 운송 서비스를 들 수 있다. 자율주행차를 이용해서 고객이 원하는 시간에 원하는 곳에서 원하는 형태로 이동할 수 있는 서비스이다. 또한, 출퇴근용 카풀 서비스, 콘도, 아파트, 호텔 등에서 사용자 편의성을 위해서 별도의 자율주행 서비스를 제공할 수 있다. 비즈니스 및 B2B 모델의 모빌리티 서비스의 대표적인 사례는 자율주행 트럭에 기반한 운송 서비스이다. 각국의 운송협회에 따르면, 사회의 고령화에 따라서 앞으로 장거리 트럭 운전자가 크게 줄어들 것으로 예상됨에 따라 향후 자율주행 트럭에 기반한 장거리 운송 서비스 시장이 총 2조 6천억 달러에 달할 것으로 전망했다. 자율주행차의 상용화는 출퇴근 시간을 자유시간으로 사용하게 되면서 다양한 사회적 이익을 가져오게 된다. 특히, 맞춤형 미디어와 컨텐츠 개발이 증가할 것으로 예상되며, 광고 시장에도 새로운 기회를 열어 줄 수 있을 것이다.

한편, 자율주행 전기차는 급속히 고령화되고 있는 사회를 활성화 시킬 수 있다. 고령사회의 대표적인 국가, 일본의 인구 및 신차 판매는 감소추세이나, 65세 이상 실버 세대의 운전면허 보유율은 급속히 증가하고 있다. 특히 75세 이상의 운전면허 보유자는 2015년 200만 명대에서 2025년에는 1,200만 명 이상으로 증가하며, 그중 여성의 운전면허 비중은 폭발적으로 증가할 전망이다.

그림 3.8. 2025년 일본의 운전면허 보유 전망

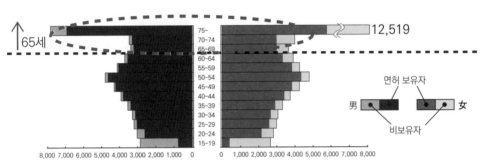

출처: 도요타 자동차(2016), 제5회 ICT 초고령사회 구상회 WG자료

건강한 실버층을 Active Silver로 칭하게 되는데, 이들은 외출하고 싶은 욕구는 높으나 신체 기능이 저하되어 운전 시 유효 시야 각이 협소하고 정보 처리능력이 떨어진다. 이에 따라 실버층의 교통사고 사망자율은 55%에 육박하여 사회적 이슈가 되고 있다. 액티브 실버층은 평소 승차 인원이 2명 이하가 94%, 일 주행거리 20km 이하 근거리 운전이 대다수(80%)이다. 따라서 1인승 또는 2인승으로 근거리 이동할 수 있는 '초소형 자율주행 모바일'은 급속히 진행되는 고령사회에서 실버층에게 자립 생활의 안전한 이동 및 지역 산업 활성화의 수단이 될 수 있다. 실제로 일본은 지자체를 중심으로 초소형 모빌리티를 도입하고 있는데, 츠쿠바시에서는 2014년부터 초소형 모빌리티 사업을 시작하였으며, 다양한 초소형 모빌리티가 출시되고 있

다. 이러한 초소형 모빌리티는 1~2인승의 경차보다 작은 근거리용으로 최고 시속 60km, 30kg 짐을 적재하고 언덕길 주행 가능, 가정에서도 쉽게 충전 가능한 전기차의 특징을 갖고 있다.

이에 발 맞춰 2020년 9월, 일본의 국토교통성은 양산용 초소형 모빌리티가 일반 도로를 주행할 수 있도록 도로운송차량법 시행규칙을 개정했다. 개정법에 따르면 초소형 모빌리티는 이륜 보행 보조기구보다 크고 일반 경차보다는 작은(길이 2.5m, 폭 1.3m, 높이 2m 이하) 이동수단으로, 일반 공도에서 주행할 수 있게 되었다. 다만 최고 시속 60km/h 이하를 표시하는 마크를 후면에 부착해야 하며, 고속도로 운행은 불가능하다. 이러한 법제화에 힘입어 야노경제연구소는 일본의 초소형 모빌리티 시장에 대해 2019년 600대에서 2030년 1만 대 수준까지 지속 증가하여 현 시장 대비 약 17배의 규모로 급성장할 것이라고 전망하였다.

그림 3.9. 일본의 초소형 모빌리티

도심항공 모빌리티
(UAM; Urban Air Mobility)

　　백투더퓨처(1987년), 제5원소(1997년) 등 SF 영화 속의 하늘을 나는 자동차, 일명 플라잉카(Flying Car)가 현실이 될 전망이다. 2022년 9월 국토교통부는 모빌리티 혁신 로드맵을 통해 2025년 도심항공교통(UAM) 서비스 최초 상용화를 시작으로, 다양한 서비스를 통해 교통 체증 없이 이동 시간을 획기적으로 단축하는 한편, 생활 밀착형 드론 서비스를 활성화하여 고부가가치 신산업을 육성한다고 발표했다.[22] 도심항공 모빌리티(Urban Air Mobility=UAM)가 도시의 교통 체증 문제를 획기적으로 개선할 새로운 대안으로 떠오르고 있기 때문이다. 수직이착륙(eVTOL; electric Vertical Take-off and Landing)이 가능한 소형 전기 항공기들의 네트워크가 교외와 도심을 연결하고 궁극적으로 도시들을 연결하는 빠르고 안정적인 교통수단이 될 것이다.

　　UN 자료에 의하면 전 세계 메가시티(Megacity)[23]는 1990년 10개에서 2018년 33개, 2030년 43개로 증가할 것으로 예측되고, 전 세계 도시화율은 2018년 55.3%에서 2050년 68.4%로 증가할 것으로 전망했다. 미래 도시집중화 현상은 교통, 환경, 주택 등에서 여러 도시 문제를 유발하고 있으며, 이로 인한 엄청난 경제적 손실이 증가할 것이다. INRIX(2018)에 따르면 미국 국민들은 교통 체증에 따라 연 평균 97시간을 낭비했으며, 이로 인해 총 870억 달러, 1인당 1,348달러 상당의 손실이 발생한 것으로 추정했다.[24] 이러한 도시교통 문제 해결을 위해 지금까지는 지상 및 지하 공간의 효율성에 집중해 왔으나, 도시 내 3차원 공간(공중) 활용을 통한 획기적인 항공 모빌리티 옵션이 필요하게 된 것이다.

UAM(Urban Air Mobility)은 도시 권역을 수직 이착륙(eVTOL[25])하는 개인용 비행체(PAV[26])로 이동하는 도심항공 교통 체계를 의미하며, 비행체 개발, 제조, 판매, 인프라, 서비스, 유지·보수·운영 등 도심 항공 이동 수단과 관련한 사업을 포괄하는 개념이다.[27] 미국항공우주국(NASA)은 저고도의 공중을 활용해 새롭게 구축하고자 하는 도시의 단거리 항공 운송 생태계를 'UAM'으로 명명하고 있으며, UAM은 도심에서의 이동성에 초점을 맞춰 도심항공 모빌리티로 불리고 있으나, 광의의 개념으로 보면 UAM은 도심과 그 주변 광역권(Intercity)을 모두 아우르는 메가시티의 새로운 이동성 옵션으로 볼 수 있다〈그림 3.10〉.[28]

그림 3.10. UAM을 통한 항공 운송 서비스의 활용범위

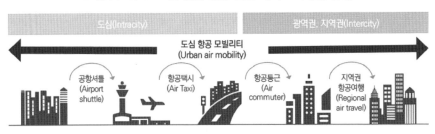

출처: KPMG(2020), 하늘 위에 펼쳐지는 모빌리티 혁명, UAM

초기 UAM 이동 수단은 도로 주행과 비행이 가능한 내연기관 모델이었지만, 최근에는 이착륙 공간 및 환경오염에 대한 단점을 보완한 eVTOL(electric Vertical Take-Off and Landing)이 점차 지배적 모델이 되고 있다. 지금은 조비 에비에이션에 매각된 우버의 에어택시 사업부(Uber Elevate)는 2017년 호출형 항공 운송 서비스인 Uber AIR를 발표하면서 다음과 같은 차별화된 전망을 했다. 첫째, 전기로 추진력을 얻는 방식은 연료 효율이 높고 유지보수가 덜 필요할 것으로 예상했고, 둘째 작은 eVTOL은 헬기착륙장보다 작고 유연한 항공정류소

에 이착륙할 수 있으며, 셋째 초기 운영 요금이 1마일당 5.73달러에서 효율적인 운영 시 1.84달러, 완전자율주행 도달 시에는 1마일당 승객당 44센트까지 낮출 수 있을 것으로 추정했다.

현재 eVTOL 시험 비행을 이끄는 기업은 조비에비에이션(Joby Aviation, 미국), 볼로콥터(Volocopter, 독일), 이항(Ehang, 중국), 릴리움(Lilium, 독일), 키티호크(Kitty Hawk, 미국), 오프너(Opener, 캐나다), 버티컬 에어로스페이스(Vertical Aerospace, 영국) 등 전문 스타트업으로, 2025년에는 상용화를 목표로 한다〈표 3.7〉.

표 3.7. eVTOL 개발 현황(시험 비행 성공)

기업	eVTOL 기종	특징
조비 에비에이션 (Joby Aviation, 미국)	S-4	5인승, 최대 시속 200마일, 비행거리 150마일 '20년 12월 미국 공군의 감항인증 획득(군용) '24년 민간 상용 서비스 런칭 계획
릴리움 (Lilium, 독일)	Lilium Jet	5인승, 최대 시속 300km, 비행거리 300km '19년 이착륙 시운전 성공 '24년 에어택시 상용서비스 런칭 계획
볼로콥터 (Volocopter, 독일)	VoloCity	2인승, 최대 시속 110km, 1회 충전 비행 35분 '19년 싱가포르 시험 비행 유럽항공안전청(EASA)의 허가 절차 진행중
이항 (EHang, 중국)	EHang216	2인승, 최대 시속 100km, 비행거리 35km '20년 1월까지 2000회 이상 동승비행 기록 서울, 암스테르담, 두바이 등에서 시연비행 성공 미 연방항공국(FAA) 승인 진행 중
위스크 에어로 (Wisk Aero, 미국)	Cora	2인승, 최대 시속 180km, 비행거리 100km '18년 시험 비행, '20년 1월 1,000회 이상 현재 키티호크-보잉의 조인트벤쳐 Wisk Aero로 이관

출처: 한국무역협회(2021), UAM, 글로벌 산업 동향과 미래 과제

eVTOL에 대한 시장 참여자는 기존 항공기 제조사(보잉, 에어버스), 자동차 제조사(현대, GM, 도요타), ICT기업(텐센트) 등 다양한 산업에서 투자, 전략적 협력 관계가 나타나고 있다.

표 3.8. 산업별 주요 기업의 UAM 투자 현황

분야	기업명	UAM 사업 추진 현황
항공기	에어버스 (Airbus, 미국)	'19년 5월 시티에어버스(4인승) 무인 시험비행 성공 '35년 수소항공기(제로e) 상용화 프로젝트 추진
	보잉 (Boeing, 미국)	'17년 Aurora Flight Science社 인수 후 자회사 유지 (차세대 항공기 사업 'NeXt'에서 PAV 개발을 추진했으나 재정악화로 '20.9월 중단)
	벨 (Bell, 미국)	CES 2019, 에어택시 '벨 넥서스(Nexus)' 공개 '20년 일본항공, 스미토모 등과 UAM 업무협약
	피피스트렐 (Pipistrel, 슬로베니아)	'20년 화물배송용 무인항공기 '누우바(Nuuva)' 공개
자동차	GM (미국)	CES 2021, VTOL(2인승, 시속 90km) 컨셉 공개
	도요타 (Toyota, 일본)	'20년 미국 Joby Aviation社에 3.9억만 달러 투자
	다임러 (Diamler, 독일)	독일 Volocopter社에 2,500만 유로 투자('17년~)
	지리자동차 (중국)	Terrafusia社 인수('17년), '트랜지션(2인승)', 'TF-2(4인승)' 등 비행체 개발 중 '19년 Volocopter社에 8.7천만 유로 투자
	현대차 (한국)	CES 2020에서 S-A1(5인승) 실물 공개
정보통신	허니웰 인터내셔널 (Honeywell, 미국)	'19년 Jaunt Air Mobility社 투자 (eVTOL 충돌방지 기술 개발)
	텐센트 (Tencent, 중국)	'17년 Lillium에 1천억 원 규모 투자

출처: Ibid. 한국무역협회(2021)

글로벌 UAM시장은 모건스탠리(2019)에서 2040년까지 연평균 30% 이상 성장한 1.47조 달러로 전망하였고, 포르쉐컨설팅(2018)은 여객용 eVTOL이 2035년까지 기본 15,000대에서 최대 43,000대까지 증가할 것으로 예상했다. KPMG(2020)는 UAM 이용객이 2030년부터 글로벌로 연 1,200만 명, 2050년에는 4.5억 명까지 증가할 것으로 전망했다. 향후 UAM은 단계적으로 확대되어, 2030년대에는 도심과 공항을 오가는 셔틀 노선부터 시작하여 2040년대에는 도심의 통근 노선 및 항공 택시까지 확대되고, 2050년부터는 광역권 도시 간 이동도 가능할 것으로 전망했다. UAM 이용객 10대 도시는 도쿄, 상해, 북경, 델리, 뉴욕, 서울, LA, 뭄바이, 오사카, 광저우 등으로 예측했다.[29]

2022년 2월, SK텔레콤은 조비 에비에이션과 전략적 업무협약을 통해 2025년 UAM 서비스를 국내에 선보인다고 밝혔다. 조비 에비에이션 CFO 매트 필드(Matt Field)는 '그들(SK텔레콤)이 생각하는 UAM은 기존 항공업과 달리 지상 교통과 연계할 수 있는 강력한 모빌리티 플랫폼이 핵심이며, 통신·인프라·모빌리티 핵심 역량을 갖춘 SK텔레콤과 티맵 모빌리티가 최적의 파트너라고 봤다'고 밝혔다.[30] 결국 UAM은 지상과 항공이 하나로 통합된 플랫폼 구축을 통해 상호 최적의 경로를 탐색하여 최소 비용과 시간으로, 고객이 원하는 장소에서 원하는 시간에 원하는 형태(이동 수단)의 서비스를 제공하는 온디맨드 서비스를 지향할 것이며, 이를 복합 항공 승차공유(Multimodal Aerial Ridesharing) 서비스로 지칭할 수 있다.

이러한 UAM을 현실로 만들기 위해서는 다음과 같은 다양한 시장 참여 기업의 기술적 협력 및 인프라 확충이 필요하다. 첫째, 항공교통 관제, 조종사 훈련 및 면허, 도시 인프라와의 호환성, 소음 등과 관련한 수많은 법적 문제를 해결하기 위한 막대한 비용과 자원이 투입되어야 한다. 둘째, 경제적인 eVTOL, 효율적인 배터리 기술, 충전 인프라, 이착륙장 인프라, 조종사 등 보완기술 및 보완재가 미성숙된

점이다. 셋째, 소비자의 요구 특성이 무엇인지, 지불용의 가격 등에 대한 상당한 불확실성이 존재하여 소비자를 교육하는 데 많은 노력과 비용이 수반된다. 특히 UAM에 대한 필요성 대비 안전성과 비용에 대한 인식 개선이 필요하다.

그림 3.11. UAM- PBV-허브(Hub) 컨셉

출처: 현대자동차 홈페이지

기술과 긱 경제(Gig Economy)의 가치충돌, 그리고 로보택시

모빌리티가 지향하는 새로운 플랫폼 비즈니스의 성장 이면에는 노동자와 사업자 어느 한쪽에도 완벽히 속하지 못하는 플랫폼 노동자, 즉 긱 노동자에 대한 사회적 이슈가 있다. 긱(Gig)의 어원은 1920년대 미국의 재즈 공연장에서 필요에 따라 즉석으로 연주자를 섭외하는 공연을 긱으로 지칭한 데서 유래하였으며 우버

(Uber), 리프트(Lyft), 그랩(Grab) 등과 같은 디지털 노동 플랫폼을 기반으로 하는 새로운 노동시장 트렌드로서 긱 경제(Gig Economy)를 정의한다(ILO, 2018). 단순 고용 형태를 넘어 사회적 현상이 된 긱 이코노미를 두고 이견이 갈리고 있다.

모빌리티 플랫폼 기반 긱 이코노미의 가치 충돌 이슈는 크게 2가지로 볼 수 있다. 첫 번째는 2021년 4월부터 시행된 타다금지법(여객자동차 운수사업법 개정안) 같이 혁신모델의 시장 진입을 통한 발전 가치와 기존 산업(종사자)을 보호하는 것에 대한 가치 충돌이다. 두 번째 이슈는 플랫폼 기반 긱 경제(Gig Economy)로 인한 노동과 고용의 질에 대한 '고용 이슈'와 관련된 가치 충돌이다. 최근 미국, 영국, 프랑스에서는 긱 경제의 대표적인 기업 우버의 긱 노동자에 대한 엇갈린 판결이 내려질 정도로 국가별, 고용/피고용자 입장 차가 크다. 2020년 11월 Uber, Lyft, Doordash 등 스마트폰 앱 기반의 미국 모빌리티 플랫폼 업계가 캘리포니아주의 Assembly Bill 5(AB5) 적용 대상에서 제외되면서 개인사업자 자격으로 서비스를 제공해왔던 우버 운전자들은 정직원(Employee)으로 전환되지 않게 되었다. 반면 영국과 프랑스에서는 2021년 2월과 3월 각각 우버 근로자를 계약직이 아닌 정규직 근로자로 분류해야 한다는 판결이 나왔다. 프랑스 대법원의 판단은 '우버 기사는 스스로 고객망을 구축하거나 서비스 가격을 결정할 수 없어 회사에 종속돼 있기 때문에 자영업자 자격이 없다'라고 본 것이다.

플랫폼 기반 긱 경제(Gig Economy)로 인한 '고용 이슈'는 다음과 같이 요약된다. 먼저 긱 경제는 디지털 플랫폼을 통해 새로운 일자리의 창출이 가능하고 노동 유연성을 통해서는 비경제 활동인구의 노동 참여를 촉진하는 효과가 기대되며, 이를 통해 고객 맞춤형 서비스(온디맨드)를 제공함에도 가격이 유지된다는 입장이다. 즉, 고객 관점에서 지불하는 가격 대비 높은 가치를 제공(가치〉가격)함과 동시에 플랫폼 기업의 경쟁력 차원에서 긱 노동자들의 지위는 현재와 같이 유지되어야 한다는 것이다. 또한 자율적이고 유연한 근로 여건과 고용의 진입장벽이 낮은 점으로 인해 기존 취업자는 여가시간을 활용해 추가적인 소득을 얻을 수 있으며, 장기실업자, 고령 근로자, 장애인, 지리적 소외계층 등 취약계층에게도 경제활동 참여 기회를 확대할 수 있다는 것이다. 반면 긱 경제가 결국 기존 고용 산업을 대체하는 형태로 발전하면서 고용의 질을 낮추고 안정적 소득을 저해하는 요인으로 작용하기 때문에 정규직화해야 한다는 주장이 있다. 즉, 근로자 입장에서 긱 종사자가 플랫폼에 실제 고용된 관계임에도 독립계약자 또는 개인 사업자로서의 지위를 가짐에 따라 상당수가 임시직 또는 시간제로 참여하여 근로 조건이 취약하다는 것이다. 긱 노동자들은 비전속형 근로 관계 등으로 인해 사회보험, 단체교섭권 등 고용 보호에 취약하며, 2018년 미국 내 30개 노동 플랫폼 업체의 시간당 임금은 평균 21.6달러로 서비스업 전체 평균(27달러) 대비 낮은 수준으로 조사된 바 있다.

4차 산업혁명 시대에서는 기존 전통적인 직업과 고용형태의 변화가 필연적일 것이다. 기존의 고용관계가 성립된 기준의 노동법뿐만 아니라 고용주, 근로자 모두 새로운 관점에서 '고용 이슈'를 바라보고, 그 변화에 걸맞는 법과 사회적 인식이 필요하다. 또한 이로 인한 플랫폼 기업의 사회적 비용 증가에 따른 일정 부분의 가격 상승은 수용할 수도 있겠지만, 이를 전부 소비자나 오프라인 사업자에게 전가되지는 않도록 하는 모니터링도 필요하다.

결국 긱 이코노미 이슈에 대한 Uber, Lyft 등 공유카(Ride Hailing) 업체의 대응은 인간 운전자들을 배제하는 방향으로 선회할 가능성이 높다. 2019년 테슬라는 오토노미 데이를 통해 로보택시 운영 비즈니스 모델을 발표한 바 있다. 테슬라는 자율주행 기능을 갖춘 Model 3를 구입할 경우 App을 통해 네트워크에 등록하면 차량 소유주가 운행하지 않을 때 로보택시로 운영할 수 있다고 제시하였다. 현재 공유카(우버) 서비스 요금이 1마일당 2~3달러인 반면 테슬라의 로보택시는 1마일당 0.18달러로 낮출 수 있으며, Model 3 소유주는 로보택시 운영으로만 연 3만 달러의 순수입(차량 할부금, 보험료 등 월 유지비를 차감한 순수익 기준)을 얻는 시뮬레이션 값을 발표했다.

그림 3.12. 테슬라 로보택시 운행 시뮬레이션(오토노미 데이 발표 화면)

GROSS PROFIT FROM A SINGLE ROBOTAXI

< $0.18	$0.65	90,000	~$30,000	11 years
Price per mile	Gross profit per mile (assuming 50% empty miles)	Annual mileage (16 mph x 16 hrs per day)	Total gross profit per car per year	Vehicle longevity

TESLA

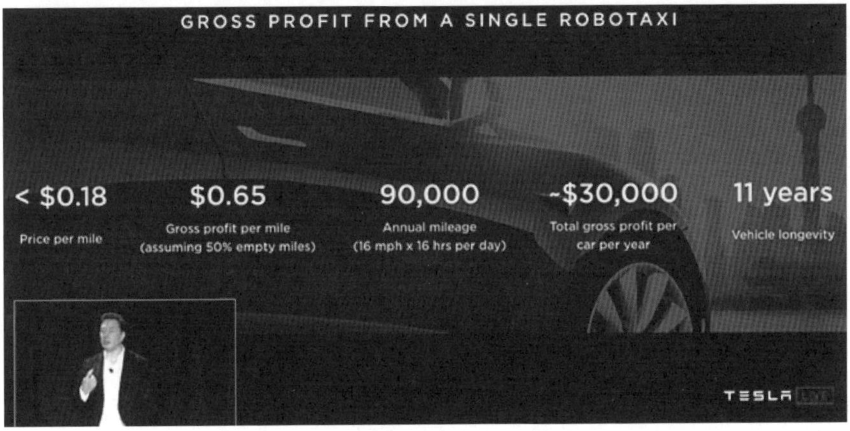

출처: 테슬라 오토노미 데이 발표 화면

로보택시 개발은 커넥티드(V2X), 완전자율주행, 카셰어링, 전기차 등 C.A.S.E의 모든 요소를 아우를 수 있는 모빌리티 패러다임의 집결체라고 할 수 있다. 카셰어링 업체의 자율주행 기반 로보택시로의 플랫폼화 방향은 지속 가능한 이익 창출 수단이 될 것이기 때문에 자율주행 기술 개발 주체 및 자율주행 차량 업체와의 긴밀한 협력 생태계가 불가피하다〈표 3.9〉.

표 3.9. 주요 기업별 로보택시 서비스 개발 현황

기업	완성차	내용
웨이모	크라이슬러, 재규어	2019년부터 애틀란타 피닉스에서 로보택시 테스트 운영 시작 2021년 2월 17일부터 샌프란시스코에서 로보택시 시범 운행 시작
크루즈	GM	2020년 12월부터 샌프란시스코에서 자율주행 차량 테스트 실시 2023년부터 전기 셔틀형 차량 크루즈 오리진 운행 예정
오토X	크라이슬러	중국 심천에서 2021년 1월 27일부터 무인 자율주행 택시 서비스 출시
아마존 (Zoox)	–	현재 라스베가스, 네바다, 포스터 시티, 샌프란시스코에서 시범 운행 진행중
오로라	도요타, 볼보	2020년 12월 우버 자율주행 사업부 ATG 인수
모셔널	현대차	리프트와 2023년 무인 로보택시 서비스 출시 예정 발표
포니.AI	FAW, 도요타, 현대차, SAIC	현재 광저우, 캘리포니아에서 로보택시 파일럿 서비스 진행중
바이두	FAW	2021년 5월 2일부터 베이징에서 로보택시 운영 시작(Apollo Go App)
디디추싱	볼보	2020년 6월부터 상해에서 로보택시 시범 운행 시작

출처: 미래에셋증권(2021), 글로벌 모빌리티 플랫폼 이동을 재정의하다

　　테슬라의 일론 머스크(2022년 4월)는 FSD 고도화를 통한 로보택시를 2024년 출시할 계획이며, 향후 로보택시는 테슬라의 성장 동력이 될 것이라고 발표한 바 있다. 당장의 실현 가능성은 낮아 보이지만, 향후 로보택시의 현실화는 인간 노동시장에 일대 변혁의 기폭제가 될 것으로 전망된다.

3

모빌리티로 인한 새로운 생태계 및 변화

전통적인 자동차 산업은 노동과 자본을 보유한 자동차 메이커 중심의 수직적인 생태계로 구성되어 있었으나, 모빌리티 생태계는 플랫폼 중심으로 혁신과 협력이 공존하는 협력관계로 재구성되는 수평적 구조를 특징으로 한다. 즉, 대기업 중심의 자동차 메이커는 내연기관의 핵심인 엔진 기술력을 통해 자동차 산업의 밸류체인을 수직계열화해 왔으나 자율주행 EV로 대표되는 모빌리티 시장에서는 ICT, 전자, 소프트웨어, 화학 등 타 산업의 기술 융합이 중요해지면서 수평적이고 협력적인 밸류체인 구축이 필수적이다.

그림 3.13. 모빌리티 산업의 밸류체인 변화

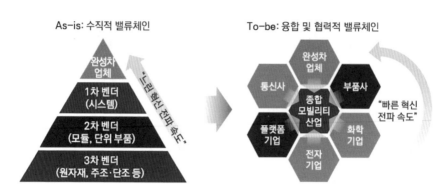

출처: KPMG(2021), 미래 자동차 혁명과 산업 생태계의 변화

특히 수직적 관계에서는 부품사로부터 개발된 혁신 기술과 상품이 완성차에 반영되려면 거쳐야 할 단계가 많아 혁신의 전파속도가 더디지만 수평적 협력체계하에서는 혁신의 전파속도가 보다 빠르게 진행될 수 있다. 또한 기존 자동차 산업의 핵심 비즈니스였던 자동차의 생산 및 판매는 모빌리티 산업의 한 부분으로 국한되며 시장의 공급자들은 생태계내 다양한 협력적 전략 파트너십을 구축할 필요가 있다.

다른 산업과 마찬가지로 모빌리티 생태계는 최종 고객의 요구와 선호를 중심으로 형성되고 있다. 두 당사자 간의 단순한 협력 계약과 달리 오늘날의 모빌리티 환경은 고객 중심의 새로운 모빌리티 기업이 OEM과 사용자 사이에 추가 서비스 계층을 생성하면서 더욱 복잡해졌다〈그림 3.14〉.

그림 3.14. 모빌리티 생태계 예시

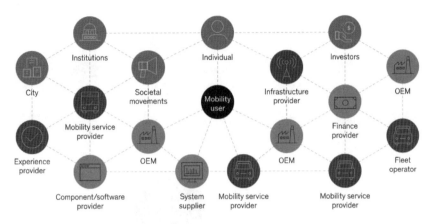

출처: Kersten Heineke et al.(2021), Defining and seizing the mobility ecosystem opportunity,
McKinsey

    모빌리티 서비스 생태계에는 전통적인 자동차 제조, 판매를 훨씬 뛰어 넘는 운송 옵션이 포함되며, 기술 집약적인 영역에는 자율주행 시스템을 차량에 통합하고 다른 혁신을 추구하는 회사도 포함될 것이다. 모빌리티 생태계를 주도하는 두 가지 기업 유형을 통해 출현 가능한 생태계의 구조는 완전히 달라질 수 있다. 먼저, 자동차를 공급하는 기존 OEM이 주도하는 생태계를 생각해 볼 수 있다〈그림 3.15〉.

그림 3.15. 전통적 카메이커(OEM) 주도의 모빌리티 생태계

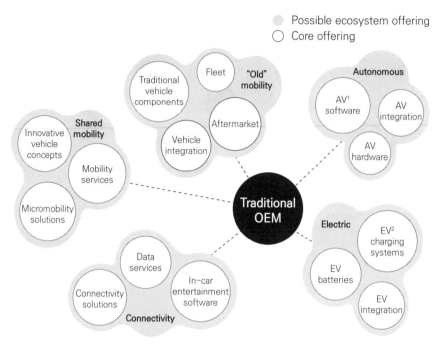

출처: Ibid. Kersten Heineke et al.(2021)

　이러한 플레이어는 이미 에코시스템을 사용하여 점점 더 광범위한 모빌리티 비즈니스 기회로 확장하고 있다. 이러한 생태계 내의 회사는 범위와 규모가 상대적으로 좁은 합작 투자에 초점을 맞추는 경우가 많다. 즉 전통적인 모빌리티 공간에서 애프터마켓과 차량 통합이라는 두 가지 핵심 제품만 지원한다.

　둘째, 주로 연결성과 미래 지향적인 서비스에서 활동하는 기술 기업이 주도하는 모빌리티 생태계를 생각할 수 있다〈그림 3.16〉.

그림 3.16. 기술기업 주도의 모빌리티 생태계

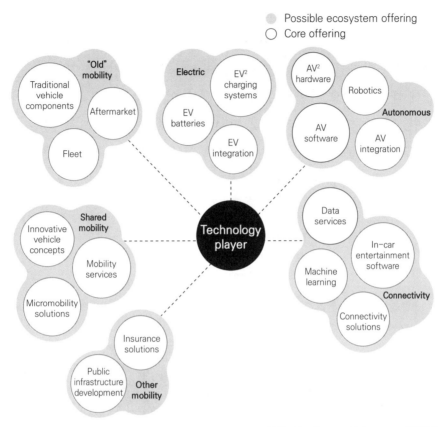

기술 플레이어와 모빌리티 서비스 제공 업체는 기술 중심의 위치와 최종 고객과의 근접성을 활용하고 보다 정교한 에코시스템 접근 방식을 취할 수 있다. 따라서 기술 주도 모빌리티 생태계는 참여자들이 가치사슬 전반에 걸쳐 종단에서 종단까지 활동하기 때문에 더욱 파괴적이 된다. 우버 같은 많은 기술 주도 모빌리티 생태계는 모빌리티를 초월하고 음식 및 식료품 배달을 포함한 다른 부문에서 활발하게 비즈니스 활동을 확장한다. 이러한 생태계에서는 다중 파트너십이 일반적이며, 자율주행 하드웨어 및 소프트웨어 또는 데이터 서비

스와 같은 자율주행 및 연결을 위한 핵심 제품에 중점을 두게 된다.

이러한 생태계 변화에 따라 전통적 자동차 산업의 가치사슬에 속해 있는 글로벌 부품 공급업체는 미래 모빌리티와의 연관성에 따라 리스크가 달라진다. 즉 ICE 부품 클러스터의 경우 전동화 및 탄소 중립에 대한 압력으로 인해 통제 불가능한 외부 리스크에 특히 취약한 반면, 전기 구동계, 배터리 및 ADAS 및 센서는 상대적으로 외부 리스크가 낮게 분석된다. 다만 신기술 부품 클러스트도 부품 업종에 따라 내부 리스크는 존재한다.

그림 3.17. 자동차 부품 클러스터 분류

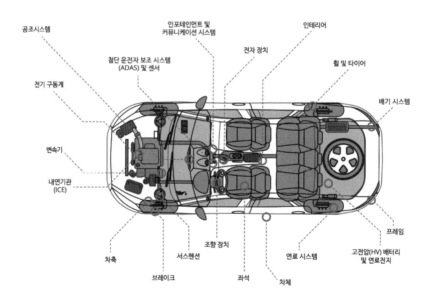

출처: Daniel Montanus, Philipp Obenland(2021), 자동차 산업 가치사슬의 미래, Deloitte

시장 압력 측면에서는 공조 시스템, 연료 및 배기 시스템이 가장 리스크가 높은 부품으로 꼽힌 반면 휠, 타이어는 리스크가 가장 낮은 부품 클러스터로 분류 된다. ADAS센서, 전기 구동계 등 신(新) 구동계 및 커넥티드 주행/전자 장치 부품은 M&A 대상 매력도가 높은 편이며 이종 산업 생태계인 ICT 산업 같은 대형 산업에 속한 기업들과의 경쟁이 불가피하다.

EBIT 마진 변동 측면에서는 전통적인 자동차 부품의 수익성이 전반적으로 악화되고 있는 반면 전기 구동계, 전자장치 등은 수익성이 높으며 미래 도전자로 등장할 기업으로 분류되었다〈그림 3.18〉. ICE, 변속기, 배기 시스템, 좌석 등의 부품 클러스터는 수익성이 지속 낮아지고 시장 파괴적 혁신에 희생된 기업으로 분석되었다. 한편 HV 배터리 및 연료전지는 견고한 EBIT 마진이 창출되고 있지만, 규모의 경제 및 주도권 경쟁을 하는 과정에서 막대한 자금이 소요되어 지속적인 성장을 위해서는 투자를 통한 외부 자금 조달이 필요한 상황이다.

그림 3.18. 부품 클러스터별 EBIT 마진 변동

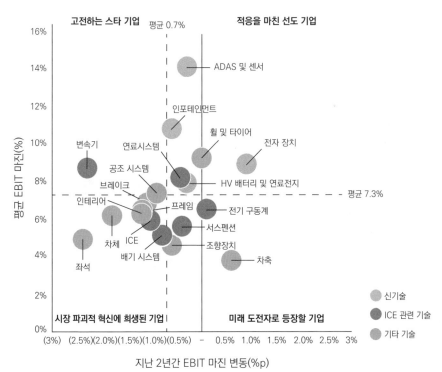

출처: Ibid, Daniel Montanus, Philipp Obenland(2021)

새로운 모빌리티 생태계는 ① 완성차 업체, ② 신생 전기차 업체, ③ 자율주행 기술을 중심으로 한 빅테크 기업, ④ 자동차 부품 공급사 Tier1, ⑤ 차량용 반도체 및 자동차 OS(Operating system) 기업, ⑥ 배터리 제조사 등 6대 기업군으로 구성되어 있다.[31] 이러한 6대 기업군은 완성차-빅테크-반도체 등 이종 업종 간 협력 생태계를 형성하며 선점 경쟁을 벌이고 있다. 예를 들어 북미 완성차 GM, 포드, 스텔란티스는 전기차 배터리 역량 제고 및 수급 불안정성 해소를 위해 LG에너지솔루션, 삼성SDI 등 배터리 업체와 협업하고 있다. 한편 자율주행 서비스 조기 상용화를 위해 GM은 혼다, 마이크로소프트와 함께 자율주행서비스를 고도화하고 있다.

그림 3.24. 모빌리티 생태계 내 기업 간 협업 사례

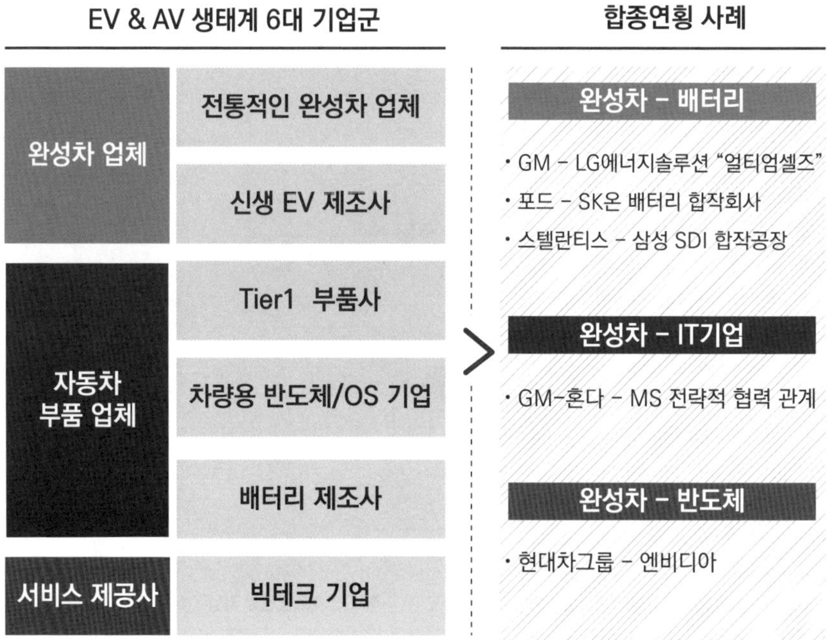

EV & AV 생태계 6대 기업군

완성차 업체	전통적인 완성차 업체
	신생 EV 제조사
자동차 부품 업체	Tier1 부품사
	차량용 반도체/OS 기업
	배터리 제조사
서비스 제공사	빅테크 기업

합종연횡 사례

완성차 - 배터리
- GM - LG에너지솔루션 "얼티엄셀즈"
- 포드 - SK온 배터리 합작회사
- 스텔란티스 - 삼성 SDI 합작공장

완성차 - IT기업
- GM-혼다 - MS 전략적 협력 관계

완성차 - 반도체
- 현대차그룹 - 엔비디아

출처: KPMG(2022). 글로벌 M&A로 본 전기차 · 자율주행차 생태계

이들 6대 기업군은 전기차-자율주행 생태계를 선점하기 위해 다양한 방식으로 합종연횡하고 있으며 크게 9가지의 대응 방향으로 도출된다. 즉 ① 내연기관 중심의 비즈니스 구조에서 탈피하여 전기차 제조로 비즈니스 전환, ② 전기차 가격경쟁력 확보를 위한 배터리 역량 확보, ③ 전기차 및 자율주행차량 인프라 확충을 위한 인프라 시장 진입, ④ 전기차 배터리 교환 서비스 등 애프터마켓 조성, ⑤ 자율주행 수준 고도화를 위한 기술 역량 확보, ⑥ 자율주행 서비스 관련 소비자 안전성 이슈 해소, ⑦ 지연되고 있는 자율주행서비스 부문 조기 수행을 위한 자율주행 상용차 및 로보택시 서비스 제공, ⑧ 반도체 수급 리스크를 해소하고 경쟁력을 강화하기 위한 차량용 반도체 고도화 및 포트폴리오 확대, ⑨ 차량용 소프트웨어 시장 선점을 위한 커넥티비티 등 차량용 소프트웨어 관련 니즈 적극 대응 등이다[32]〈표 3.10〉.

모빌리티 생태계를 선점하기 위해 기업들은 새로운 역량들을 지속적으로 내재화할 필요가 있는데, 이러한 새로운 역량들은 단기간에 하나의 기업이 개발하여 내재화하는 것이 어렵다. 따라서 새로운 경쟁력을 단시간 내 확보하기 위해 기업들은 인수합병(M&A)을 비롯하여, 지분 투자, 현금 투자, 합작회사(JV) 설립, 벤처캐피털 펀딩 참여 등을 선택하게 되는 것이다.

표 3.10. 모빌리티 생태계 선점을 위한 대응 방향

EV & AV 생태계 주요 이슈	EV & AV 생태계 선점 전략 방향
내연기관 중심	전기차 중심으로 비즈니스 전환
전기차 수익 한계(내연기관 설비 기반 생산)	EV 원가절감을 위한 배터리 역량 확보
인력/설비 인프라 부족	전기차, 자율주행 인프라 비즈니스 진출
전기차 수리 시설 부족	전기차 관련 애프터 마켓 조성
자율주행 기술 고도화	자율주행 고도화 위한 기술역량 확보
배터리 및 소프트웨어 안전성	EV 플랫폼, 전고체 배터리, 통합OS체계
자율주행 상용화 지연	상용화/정부-교통공기업과 협업, 법개정
반도체 수급 불안전성	차량용 반도체 고도화/포트폴리오 확대
차량용 소프트웨어 경쟁 치열	오픈API 기반 OS생태계 선점

출처: Ibid, KPMG(2022) 참조

4

자율주행 EV, 새로운 선도국가 경쟁 구도

미국은 트럼프 대통령 재임 시 2020년 7월 NAFTA(North Amer-ican Free Trade Agreement)를 대체하는 USMCA(United States-Mexi-co-Canada Agreement)를 통해 역내 원산지 기준을 강화하였으며, 바이든 정부는 2022년 8월 IRA(Inflation Reduction Act)를 통과시킴으로써 전기차 및 배터리 산업의 공급망을 미국 중심으로 재편하려는 움직임을 본격화하였다. 이는 중장기적으로는 미국 내 신재생 에너지 및 전기차 등 친환경 산업 관련 제조 역량을 확보하는 것이지만, 미국 중심의 우방국 간 공급망 체계를 공고히 하면서 중국을 배제하려는 목적이다. 또한 미국은 테슬라, 웨이모(구글), 크루즈(GM) 등 빅테크 및 다양한 완성차 업체들이 글로벌 자율주행 기술을 선도하고 있다. 따라서 미국 정부의 대 중국 견제 정책과 빅테크 기업들의 기술력을 통해 다시 미국 중심의 자동차 강국, 즉 자율주행 EV 선도국가를 꿈꾸고 있다.

한편 전통적인 내연기관 자동차는 130여 년 동안 유럽, 일본, 미국 등 기존 선진국이 주도하는 시장이었으나, 자율주행 EV 시대를 전환점으로 선도 국가가 되고자 하는 신흥국들이 있다. 세계 최대 자동차 시장인 중국, 그리고 역설적이게도 화석연료 시대의 최대 수혜 산유국 사우디아라비아이다.

중국의 자동차 산업은 외자기업(특히 폭스바겐)을 중심으로 발전해 왔으며, 지금은 연간 2,800만 대 규모의 글로벌 1위 자동차 시장으로 성장하였다. 그러나 세계 1위 시장임에도 중국 자동차 시장의 주도권은 유럽, 일본계 등 합자 기업이며 자국 브랜드의 해외 수출도 제한적이었다. 이러한 상황에서 자율주행 EV로의 변곡점은 새로운 자동차(EV) 굴기를 통한 자동차 선도 국가가 될 수 있는 절호의 기회가 되고 있다. 중국은 전기자동차의 핵심 부품인 배터리 시장 글로벌 1위(M/S 55%), 신재생 에너지 발전 규모 1위, 자율주행의 핵심 기술에서도 미국과 대등한 수준이 되기 위해 맹추격하고 있는 등 자율주행 EV의 최강자가 되기 위한 만반의 준비가 진행되고 있다. 2020년 맥킨지가 발표한 EVI(Electric Vehicle Index)에서도 산업 경쟁력 1위 국가에 랭크된 바 있다.

그림 3.20. Electric Vehicle Index(맥킨지, 2020)

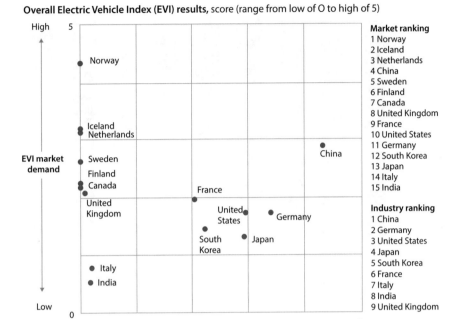

글로벌 자동차 판매 전망(IHS Markit, 2022)에 따르면 전 세계 EV 판매는 2022년 7,439천 대로, 이 중 중국은 4,456천 대를 판매하여 전체 EV 시장의 60% 비중이며, 중장기적으로도 중국은 전 세계 EV 시장의 40% 이상을 차지하는 리딩 생산 국가가 될 전망이다.

그림 3.21. 글로벌 지역별 BEV 생산 비중(IHS Markit, 2022)

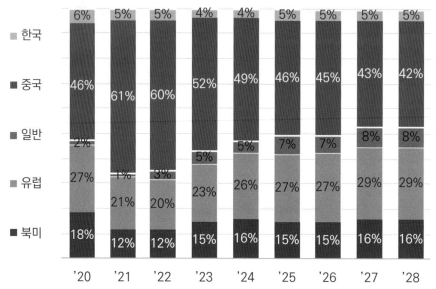

또한 전통적 자동차 산업에서 중국은 연간 2천만 대 이상의 신차를 대부분 내수에 판매해 왔으나, EV를 기반으로 2023년부터는 일본을 제치고 세계 1위 자동차 수출 국가로 등극하였다. SNE리서치(2023)에 따르면 글로벌 톱10 EV 카메이커에 중국계가 BYD(1위), 상하이자동차(3위), 길리자동차(5위), 광저우자동차(8위) 등 4개나 포진되어 있다. 여기에 더하여 테슬라는 상하이 기가팩토리를 통해 내수뿐만 아니라 주변국에 수출을 개시하는 등 다국적 자동차 메이커의 수출량도 증가하고 있다. 중국 자동차 수출은 2016년 102만 대로 생산량의 3.7% 수준이었으나 2022년 300만 대 돌파 이후 생산량의 10% 이상을 초과하면서 꾸준히 증가할 것으로 전망된다.

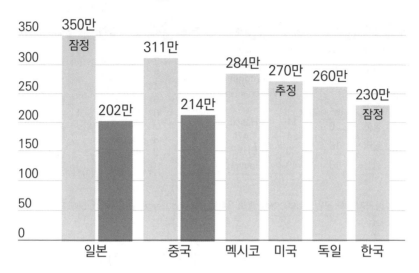

그림 3.22. 글로벌 자동차 수출 순위(한국무역협회)

단위: 대 ■ 2022년 ■ 2023년 상반기

일본: 350만(잠정), 202만
중국: 311만, 214만
멕시코: 284만
미국: 270만(추정)
독일: 260만
한국: 230만(잠정)

출처: 중앙일보(2022), 美규제에도 "불가항력"···'수출 1위' 日제친 中전기차의 매력

　중국은 기존 중남미 등 신흥국 위주의 수출지역을 전기차를 통해 유럽 및 글로벌 전역으로 확대하고 있다. 중국 EV 스타트업 니오의 전기차 모델 ET7는 독일 골든 스티어링 휠에서 최우수 모델로 선정되어 중국 EV는 자동차의 본고장 유럽에서 기술력까지 인정받게 되었다. BYD는 독일의 식스트(Sixt) 렌터카 회사와 10만 대의 전기차 공급 계약을 체결했으며 일본 및 한국 시장에도 진출할 계획을 발표하였다. 이외 대표적 로컬기업 길리자동차는 2023년 헝가리에 진출하였고, 샤오펑은 노르웨이, 스웨덴, 덴마크 등 북유럽으로 시장을 확대하고 있다. 이처럼 중국은 기존 국가 브랜드 이미지의 한계(저품질 저가)를 전기차 시대를 맞이하여 신기술로 파괴하고 있으며 선진국을 비롯한 국가별 장벽을 넘어서고 있다. 이는 과거 내연기관 자동차에서와 달리 글로벌 부품사 및 배터리 업계에서의 중국 브랜드의 약진을 통해 그 위상을 가늠할 수 있다.

표 3.11. 중국 자동차 수출 및 글로벌 부품/배터리 업계 순위

• 중국 자동차 수출 ('22.1~10)		
NO.	업체	만대
1	상치승용	68
2	기서	36
3	Tesla	22
4	장안	22
5	동풍	20
6	길리	16
7	장성	13

• 글로벌 부품사 순위 (2021)		
NO.	업체	국가
1	Bosch	독일
2	Denso	일본
3	Contonental	독일
4	Weichai Group	중국
5	ZF	독일
11	Hasco	중국
21	CATL	중국
30	BHAP	중국
40	Jouson	중국

• 글로벌 배터리업체 순위 (2022. 1H)			
NO.	업체	국가	M/S
1	CATL	중국	34%
2	LG Energy	한국	14%
3	BYD	중국	12%
4	Panasonic	일본	10%
5	SK On	한국	7%
6	Samsung SDI	한국	5%
7	CALB	중국	4%
8	Guoxuan	중국	3%
9	Sumwoda	중국	2%
10	SVOLT	중국	1%

출처: 중국자동차 공업협회(ACCM), 중국기차보, Roland Berger Research, SNE Research 참조

한편 중국은 정부의 적극적인 지원 정책에 힘입어 BAT(Baidu, Alibaba, Tencent)를 필두로 자율주행 및 커넥티드카에 대한 AI 기술 및 소프트웨어 기술 투자에 주력하고 있으며, 미국과의 의미 있는 격차를 줄이고 있다.

표 3.12. 미국 vs 중국 자율주행 기술력 비교(KAMA, 2021)

미국		중국
3곳 (구글 웨이모, GM 크루즈, 포드 아르고AI)	*글로벌 대표업체	1곳 (바이두 아폴로)
2100여개 (구글)	국제특허수	1800여개 (바이두)
123만9271km (GM)	테스트 주행거리	143만2316km (바이두)
9곳 (MS, 구글, 페이스북, IBM, 엔비디아 등)	**글로벌 AI 소프트웨어 기업	7곳 (바이두, DJI 등)
36% (6개국 중 6위)	***자율주행차 소비자 수용도	53% (6개국 중 1위)

결국 중국의 자동차 산업은 정부의 EV굴기 정책에 맞춰 모빌리티 패러다임 전환의 파괴적 혁신이라는 호랑이 등에 올라탄 형국이다. 즉 글로벌 자동차의 최대 생산, 소비 시장에서 중국 로컬 브랜드의 약진에 이어 수출 1위 국가로 도약하였으며, 희토류 소재산업에서 배터리, 완성차까지 이어지는 완벽한 생태계를 구축함으로써 시장-공급망-기술-정부(인프라) 등 모빌리티 시장을 선도할 4박자를 갖춰 성장가도를 달리고 있는 것이다. 다만, 미·중 전략적 경쟁관계에 따른 새로운 지정학적 리스크를 어떻게 극복하느냐에 따라 선도국 경쟁의 큰 갈림길이 될 것이다.

표 3.13. BEV 판매 TOP10 메이커(IHS Markit, 2022)

2021년					2025년 (E)				
순위	Car Maker	BEV생산	M/S	총생산	순위	Car Maker	BEV생산	M/S	총생산
1	TESLA	93	100%	93	1	TESLA	211	100%	211
2	S-GM-W	46	27%	170	2	VW Group	194	21%	936
3	VW Group	46	6%	806	3	STELLANTIS Group	149	20%	758
4	BYD	33	43%	76					
5	HYUNDAI Group	25	4%	662	4	GEELY Group	123	42%	293
6	STELLANTIS Group	24	4%	606	5	HYUNDAI Group	104	15%	702
					6	RNM Group	93	13%	737
7	RNM Group	23	3%	653	7	BENZ	86	29%	291
8	Great Wall	14	10%	131	8	BYD	84	51%	163
9	GEELY Group	13	6%	205	9	GM Group	77	15%	523
10	GAIG	12	100%	12	10	FORD	76	17%	448
소계		328	10%	3,414	소계		1,196	24%	5,062
Global Total		468	6%	7,720	Global Total		1,798	19%	9,237

여기서 중요한 시사점은 중국이 이제 더 이상 저가 생산기지가 아니라 소비 시장 및 일대일로의 통로로 접근할 필요가 있다는 것이

다. 특히 한국계 메이커가 중국 내수 시장에서 유럽/미국계의 프리미엄 브랜드와 가격 경쟁력을 무기로 하는 중국 로컬기업 사이에서 이도 저도 아닌 'Stuck in the middle'에 봉착해 있는 상황에서 타이어 등 모빌리티 생태계 내에 있는 기업들에게 중국의 EV굴기는 새로운 기회가 될 수 있다. 따라서 향후 중국 길리, BYD 등 주요 자동차 메이커에 대한 B2B 비즈니스가 매우 중요하게 부상할 것이며, 중국 내 카메이커에 소싱을 받을 경우 EV 시장의 주도권 및 글로벌 시장 점유율에도 막대한 영향을 줄 것으로 전망된다.

한편 전통적인 제조강국도 아니고 자동차 밸류체인도 구축되지 않은 사우디 같은 나라도 거대 자본과 기술이 결합되는 새로운 생태계를 통해 모빌리티 시장이 열리게 된다. 2023년 11월 8일, 사우디의 투자부 장관인 칼리드 알 팔리(Khalid Al-Falih)는 블룸버그와의 인터뷰에서 '사우디는 중동에 자동차 제조 설비의 허브를 구축한 뒤 전기차 배터리와 수소 전기차 생산 단지 투자를 검토하고 있다'고 밝혔다. 앞서 빈 살만 왕세자는 '단순히 새로운 자동차를 만드는 걸 넘어 향후 10년간 투자를 끌어들여 새로운 산업 생태계를 만들 계획'을 밝힘으로써 모빌리티 패러다임으로 파괴되는 석유 산업 의존도를 낮추는 비전 2030 달성의 핵심 산업으로 자율주행 EV 생태계가 주목되고 있다. 사우디 국부펀드(PIF; Public Investment Fund)는 2022년 11월, 애플의 제조 파트너 폭스콘(Foxconn)과 전기차 합작사 시어(Ceer)社 설립을 발표했다. 폭스콘은 연초 2억 3천만 달러에 미국 EV 픽업회사 로즈타운 모터스의 오하이오 자동차 공장을 인수했으며, EV의 인포테인먼트, 커넥티드 및 자율주행 관련 제품 생산을 담당할 계획이다. 시어(Ceer)社는 BMW로부터 자동차 설계 및 관련 부품 기술을 라이선스 받아 중동 및 북아프리카 시장을 타깃으로 2025년 EV 세단 및 SUV를 출시한다는 계획이다.

그림 3.23. PIF & FOXCONN EV합작사 CEER(글로벌오토뉴스, 2022)

또한 PIF는 미국 루시드의 지분 61%를 인수하고, 신도시 KAEC (King Abdullah Economic City)에 EV 생산 허브 건설을 지원하고 있다. 2023년 초에는 현대자동차와 반제품조립(CKD) 공장을 짓는 업무협약(MOU)을 체결한 뒤 지난 10월 5억달러 규모의 합작투자 계약을 체결했다. 2023년 6월에는 '제10차 아랍-중국 비즈니스 회의'에서 중국의 자율 주행 EV 제조기업인 휴먼 호라이즌스(Human Horizons)와 차량 개발, 제조 및 판매와 관련한 56억 달러 규모의 MOU를 체결하기도 하였다.

그림 3.24. 루시드의 사우디아라비아 공장 조감도

출처: 루시드 홈페이지

5

디지털 트윈, 개발의 혁신 그리고 메타버스

디지털 트윈(Digital Twin)의 기본 개념은 2002년 미국 마이클 그리브스 박사가 제품생애주기관리(PLM)의 이상적 모델로 설명하면서 등장했다. 이 개념에 대해 NASA의 존 비커스 박사가 디지털 트윈으로 이름을 붙였고, 2010년 NASA가 우주 탐사 기술 개발 로드맵에 디지털 트윈을 반영하면서 우주산업에서 계속 쓰여 왔다. 디지털 트윈은 현실 세계에 존재하는 사물, 시스템, 환경 등을 S/W 시스템의 가상 공간에 동일하게 모사 (Virtualization)하고, 실물 객체와 시스템의 동적 운동 특성 및 결과 변화를 소프트웨어 시스템에서 시뮬레이션할 수 있도록 하고, 시뮬레이션 결과에 따른 최적 상태를 실물 시스템에 적용하고, 실물 시스템의 변화가 다시 가상 시스템으로 전달되도록 함으로써 끊임없는 순환 적응 및 최적화 체계를 구현하는 기술이다.[33] 디지털 트윈은 여러 차원에 걸친 대규모의 누적된 실시간, 실제 세계의 데이터 측정값에 기반한다. 기업은 이런 측정값을 바탕으로 물체 혹은 프로세스에 대한 진화하는 디지털 프로필을 만들어, 시스템 성능에 대한 인사이트를 얻거나 제품 설계 혹은 제조 공정의 변경과 같은 물리적 대응을 수행할 수 있다. 디지털 트윈의 진정한 위력과 중요성은 물리적 세계와 디지털 세계 간의 거의 실시간에 가까운 종합적인 연결을 제공하는 데 있다. 저렴해지고 더욱 강력해진 컴퓨팅 역량 덕분에 이런 양쪽의 세계 간 상호작용의 측정값은 실시간 예측적 피드백과 오프라인 분석을 위해 처리될 수 있다. 이를 통해 기존의 방법으로는 불가능한 근본적인 설계 및 공정 변화가 가능해진다.[34]

그림 3.25. 디지털 트윈 개념 구조(Deloitte University Press)

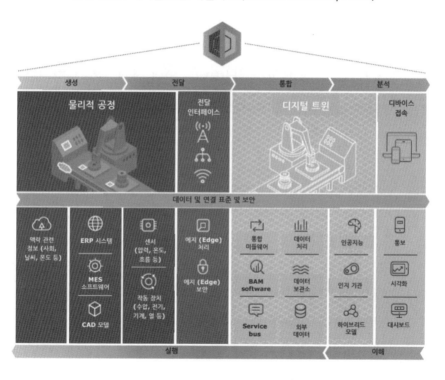

자동차 시제품의 디지털 트윈은 차량의 모든 부품을 디지털화해서 3차원으로 표상하는데, 물리적 세계를 매우 정확하게 복제해 인간이 실제 세계에서 하듯이 가상으로 차량을 작동시킬 수 있고 디지털로 시뮬레이션된, 실제와 똑같은 반응을 도출한다. 프로세스 또한 디지털 트윈화가 가능하다. 제조공장은 디지털화된 동일체가 모든 개별 설비와 운영 요소를 복제하도록 모델링될 수 있는데, 그럼으로써 컴퓨터 혹은 콘솔에 위치한 사용자가 전체 제조 공정을 시뮬레이션하고 정확한 결과를 얻을 수 있다. 디지털 트윈은 데이터 기반의 선행적 의사결정을 내리는 기업의 능력을 크게 향상시켜 효율성을 높이고 잠재적인 문제를 미리 예방할 수 있게 해 준다.[35]

현대자동차는 IT 자회사 현대오토에버와 함께 싱가포르에 건설한 현대 모빌리티 글로벌혁신센터(HMGICS)의 설계 부문에 디지털트윈을 적용하였다. HMGICS는 현대자동차가 AI, IoT, 로보틱스 등 첨단 기술을 접목해 조성 중인 개방형 모빌리티 혁신 기지로 2023년 11월에 준공되었다. 현대자동차의 전기차 설계 및 시범 생산 체계를 비롯해 자동차 가치사슬 전반을 아우르는 테스트 베드 역할을 한다. 앞으로 디지털 트윈을 통해 물리적인 시제품 제작 없이 동력 흐름과 저항, 부품 간 연동 관계 등을 따져 설계에 반영할 수 있다.

테슬라 오스틴 공장은 실제 생산에 들어가기 전에 컴퓨터상에서 생산 과정을 재현하는 '디지털 트윈 기술'과 밀접하게 연결돼 있다. 디지털트윈 기술을 사용함으로써 차량 종류, 생산 속도 등을 바꿀 경우의 영향을 미리 점검할 수 있다. 투자 비용은 물론 양산까지의 소요 시간을 크게 줄이고 품질 안정화도 빨리 이룰 수 있다. 테슬라 방식이 훌륭한 것은 문제점을 발견했을 때, 대부분의 문제를 AGV(Automated Guided Vehicle)나 다른 생산 설비의 OTA(Over The Air·무선 업데이트)를 통해 곧바로 해결할 수 있다는 것이다. 실시간 혹은 몇 시간이면 대부분의 문제 해결이 가능하고, 생산 레이아웃 전체를 변경하는 대공사도 하루면 충분할 것으로 보인다(최원석, 2022).

테슬라는 타이어 개발 프로세스도 디지털 트윈을 통해 통상 33개월의 개발기간을 12개월로 단축시켜 버렸다. 일반적인 타이어 개발은 카메이커의 RFQ(Request For Quotation) 접수 후 시험용 Mold 제작부터 수차례의 인도어(Indoor) 평가, 필드 성능 평가 과정을 거쳐서 기술 승인을 받는 일련의 과정이 모두 물리적 제작 및 공간에서 진행된다. 그러나 테슬라는 VPD(Virtual Product Development)를 통한 성능 시뮬레이션 검증이 완료된 타이어 업체에 한하여 RFQ 배포 자격을 주며, 이후 물리적 평가는 12개월 만에 기술승인까지 완료하는 프로세스로 타이어 개발이 진행된다. 즉 타이어 업체는 디지털 트윈 기술을 통해 테슬라가 지정한 TDR(Technical Design Review) 테스트를 자체 VPD(Virtual Product Development) 개발과정으로 승인(Approval)을 받아야 한다. 이는 VPD를 통해 육성된 성능 시뮬레이션 결과가 최소 90% 이상의 물리적 성능과 일치해야 되는 고도의 디지털 트윈 기술이 요구된다. 향후 이러한 VPD기술은 내부적으로 신개발 프로세스를 혁신할 뿐만 아니라 자율주행 전기차 시대의 타이어 제조사 기술력의 새로운 척도가 될 것이다. 이에 따라 타이어 제조사는 '디지털 트윈 시스템' 고도화에 기술 역량을 집중하고 있으며, 타이어 개발 단계에서 빅데이터(Big Data)와 인공지능(AI) 기술을 활용해 소재(컴파운드) 설계 및 성능을 예측한다.

디지털 트윈은 현실 세계에서의 제품 개발 프로세스를 디지털 공간과 연결시킴으로써 제품 개발 기간을 절반 수준까지 단축할 수 있으며, 실물 타이어 개발을 위한 설계의 최적화뿐만 아니라 드라이빙 시뮬레이터 등 가상 평가 또한 실행할 수 있다〈그림 3.26〉. 이를 통해 실물 타이어를 제조하기까지 충분한 기술 검증이 가능해졌으며 고객의 다양한 니즈에 따른 신제품 개발 및 타이어 설계 노하우도 축적하게 된다. 한편 이러한 디지털 트윈 기술은 소비자의 타이어 선택 단계에서도 가상의 타이어 시뮬레이션을 통해 사전 성능을 검증하여 고객 맞춤형 제품 추천 서비스에도 활용될 수 있다. 지금까지는 타이어를 선택할 때 점주의 추천이나 제조사의 제품 홍보물 또는 전문가 리뷰 등 간접적인 성능 예측에 의존하였다면, 디지털 트윈을 통해 가상의 공간에서 각각의 타이어를 선택하여 주행 성능을 비교하여 실제와 유사한 성능을 검증하고 선택할 수 있도록 맞춤형 서비스가 가능해지는 것이다.

그림 3.26. 타이어 회사의 디지털 트윈 시스템

설계 표준화 및 자동화를 통한
디지털 타이어 설계안 수립

제조 사양 및
실차 평가 예측

가상 시스템

Step 1
기본설계

Step 4
가상평가
(개발예정)

Digital Twin
Technology

Step 2
성능예측

Step 3
최적설계
(개발예정)

CAE(Computer Aided Engineering) 및
빅데이터 시뮤레이션

AI 기반 다중 목적 성능 만족하는
주요 인자 분석 및 설계 적용

출처: 금호타이어 홈페이지

디지털 트윈과 함께 모빌리티 기업은 메타버스를 새로운 비즈니스 공간 및 마케팅 전략의 한 축으로 활용하고 있다. 먼저 자동차 기업들은 생산공정에 메타버스를 활용하는 스마트 팩토리를 지향하고 있다.

BMW는 엔비디아의 메타버스 플랫폼 옴니버스에 실제 형태의 가상 공장을 세우고, 자동차 생산공정에 대한 시뮬레이션을 진행하고 있으며, 현대자동차는 유니티와 메타버스 플랫폼에 디지털 가상공장 메타 팩토리를 구축할 계획이다. 둘째, 코로나19 팬데믹을 계기로 메타버스 플랫폼을 통해 신차 발표회 및 브랜드 커뮤니케이션을 적극 활용하고 있다. 페라리는 포트나이트를 통해 신차 모델 296GTB를 시승해 볼 수 있는 경험을 제공하였고, 현대자동차는 제페토에서 쏘나타 N라인 시승을 통해 차량 모델에 대한 소비자 피드백을 미리 수집할 수 있는 효과를 기대하고 있다. 셋째, 모빌리티 기업은 고성능 IT 인프라를 기반으로 사용자에게 보다 편리하고 몰입할 수 있는 인포테인먼트를 개발하고 있다. 닛산은 CES2019에서 차량 내외부 센서 및 AI기술을 통해 차량 정보를 수집하고, 가상의 아바타를 구현하여 차량 탑승자와 자유로운 대화를 가능케 하는 'Invisible to Visible' 기술을 선보였다. 메르세데스 벤츠는 CES2022에서 차세대 전기차 모델에 AI 기반 음성 인터페이스 '스타-클라우드 아바타'를 탑재하며 가상의 아바타를 통한 운전자의 편의성을 높이는 방안을 제시하였다.[36]

모빌리티 기업은 메타버스 트렌드에 따라 모빌리티의 컨셉을 확장하고, 물리적 현실 세계와 가상 공간 사이의 연계성 강화에 집중해야 한다. 기존 모빌리티가 물리적 이동 수단에 제한되었다면, 향후 모빌리티는 CASE 패러다임과 메타버스가 맞물려 그 범위와 역할이 크게 확대될 것이다. 또한 성공적인 메타버스 비즈니스를 위해 고객 접촉 포인트를 늘려서 DB 관리 및 활용 방안에 노력해야 한다. CASE 패러다임에 의해 모빌리티가 IT 플랫폼화되면서 운전자의 차량 내 다양한 공간으로서의 기능 및 다양한 엔터테인먼트 사용에 따라 모빌리티 기업은 주행 관련 데이터뿐만 아니라, 탑승자의 다양한 행동패턴이 반영된 세부 데이터에 접근함으로써 테슬라의 보험업 진출 같은 새로운 비즈니스를 창출할 수 있을 것이다.[37]

그림 3.27. 모빌리티 기업의 메타버스 비즈니스 현황

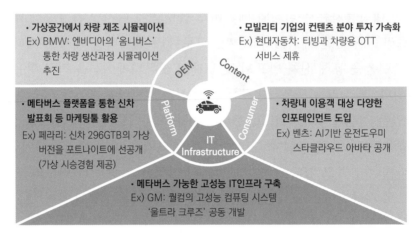

- 가상공간에서 차량 제조 시뮬레이션
  Ex) BMW: 엔비디아의 '옴니버스'
      통한 차량 생산과정 시뮬레이션
      추진

- 모빌리티 기업의 컨텐츠 분야 투자 가속화
  Ex) 현대자동차: 티빙과 차량용 OTT
      서비스 제휴

- 메타버스 플랫폼을 통한 신차
  발표회 등 마케팅툴 활용
  Ex) 페라리: 신차 296GTB의 가상
      버전을 포트나이트에 선공개
      (가상 시승경험 제공)

- 차량내 이용객 대상 다양한
  인포테인먼트 도입
  Ex) 벤츠: AI기반 운전도우미
      스타클라우드 아바타 공개

- 메타버스 가능한 고성능 IT인프라 구축
  Ex) GM: 퀄컴의 고성능 컴퓨팅 시스템
      '울트라 크루즈' 공동 개발

출처: KPMG(2022), 메타버스 시대 기업은 무엇을 준비해야 하는가

6

타이어 산업, 다시 정의되는 고객

자동차 산업이 CASE로 특징되는 모빌리티 패러다임으로 변화됨에 따라 종속 산업인 타이어 비즈니스는 기업의 생존과 성장을 위한 근본적인 변화가 요구된다. 자동차 내 모든 것이 연결되는 V2X 시대에서는 타이어에 대한 시선을 넓혀 업의 본질을 깊이 고민할 수밖에 없다. 기원전 3,500년경부터 사용된 바퀴는 1888년 영국의 수의사 던롭(John Boyd Dunlop)에 의해 탄생된 공기압 타이어에서 1947년 튜브리스 타이어 개발에 이르기까지 '승객을 안전하고 효율적으로 이동'시키는 역할에는 변함이 없었다. 그러나 새로운 모빌리티의 패러다임 변화 속에서 타이어는 더 이상 물리적 이동 역할에 그치지 않고, 능동적인 V2X의 연결 매개체의 역할 및 서비스가 결합된 상품화, 그리고 극강의 안전을 제공하는 미래형 에어리스(Airless) 등 능동적이고 창의적인 아이템으로의 변신이 요구된다.

타이어 업의 본질은 자동차용 공기압 타이어 제조, 판매에서 토탈 모빌리티 상품/서비스 제공으로 변할 수 있고, 이때 경쟁자는 기존 타이어업체뿐만 아니라 카메이커, 통신업체, 전장 부품사, 플랫폼 사업자 등 모빌리티 생태계 내 다양한 업체와의 경쟁과 협력을 필요로 하게 된다. 또한 타이어에 대한 정의는 공기압 타이어뿐만 아니라 전혀 새로운 형태의 에어리스(Airless) 타이어 및 센서 패키지가 포함되며, 타이어의 기능 역시 기존 자동차 이동의 부품에서 노면 정보를 읽어내는 데이터 정보원의 역할까지 수행하게 된다. 이때 단순 타이어를 판매하는 유통점도 센서 패키지 및 B2B 서비스 제공자로 역할이 확대된다.

그림 3.28. 타이어 '업의 본질'에 대한 새로운 접근(예시)

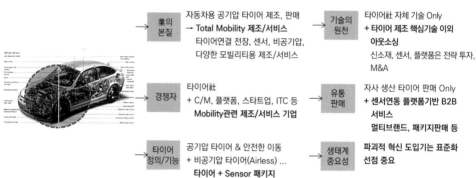

이에 따라 타이어 제조사는 기존 고객 및 새로운 고객의 다양한 니즈(문제) 해결을 위해 자사뿐만 아니라 생태계 내 기술 경쟁력을 보유한 자원을 활용하고 제품부터 유통에 이르는 본원적 활동의 변화가 동반되는 새로운 비즈니스 모델이 필요하게 된다. 이상과 같은 모빌리티 패러다임 변화에 따른 타이어 비즈니스에 미치는 시사점은 다음과 같이 요약된다.

표 3.14. 모빌리티의 주요 특징 및 타이어 산업 시사점

		주요 특징 및 전망	타이어 산업 시사점
Mobility 다양화 & 생태계		• 다양한 이동 수단을 기반으로 각 거점 유기적 연결하는 통합 서비스 • '15~30년 기존 자동차 산업 2.4%성장, 모빌리티서비스 30% 성장, '30년 $1.5조 예상 (※맥킨지) • C/M 모빌리티 주도권 확보를 위한 공격적 투자 중	→ 타이어 제조/판매 중심 → 제품 + 서비스 모델 확대 → C/M OE, 개인소유 & Fleet RE → 모빌리티 업체로 확대 → 타이어 성능 중심 → 운영 효율 & 부가 서비스 중심 → 전통 타이어 + IT Device 및 Service 결합 모델 대두
Mobility	Connectivity	• 이동 수단의 통합 서비스 (MaaS) 실현을 위해서 통신 기반 실시간 연결망 필수적 • 특히, 미래 자율주행차 Level 4, 5 구현을 위해 다량의 정보의 신속하고 안정성 높은 5G 통신 연결 필요 (V2X) • C/M – 통신사 간 전략적 제휴 진행 중	→ IoT Device, 즉 센서를 통한 타이어 관리 시스템 개발 및 시장 출시 → TBR Fleet 타이어 효율적 운영, 관리를 위한 센서 시스템 상용화 → 차량 거동, 노면 정보 입수 목적으로 센서 기능 확대 개발 중
	Autonomous	• '30년 자율주행 레벨 3 이상 수준 신차 50% 비중 예상 • 전력을 통한 동력계통 및 기타 장비 직접 제어 가능한 EV 발전과 함께 성장 예상 • 도심형 셔틀, Fleet 시장 선제적 자율주행 적용 가능 높음	→ AV 신개념 모형 컨셉(PBV) → 타이어 사이즈 변화 예상 → 자율주행차 핵심으로 계속적 차량 운영, 사고 방지 필요 　→ 비공기압타이어, 타이어 센서 기능요구
	Sharing	• 대표적으로 해외 우버, 국내 쏘카 등으로 승용차 공유에서 최근 마이크로 모빌리티 공유까지 다양한 공유서비스 출범 • '30년 공유카 비중 4% → '40년 16% 예상	→ EV 공유카 증대 예상 → 일반 차량 연간 13,200km 주행 → 공유카 58,000km (마모중시) → 국내 공유카 업체, 타이어 제품 공급 + 토탈 서비스 요구 → 마이크로모빌리티 제품 확대 검토 필요
	Electrification	• 전세계적 환경 규제에 따른 EV 시장 확대 • EV '20년 3% → '25년 10~12% → '30년 20~30% 예측 • 국내 '30년 전기/수소차 판매 비중 33% 달성 목표 ('30년 누적 기준 385만 대)	→ EV대응 특성 요구 성능 필요 → 타이어 사이즈 변화, 차량 거동 특성 변화 → EV 중심 차량 세그먼트 재편

한편 모빌리티 패러다임에 따른 다양한 모빌리티의 출현은 미래 타이어의 요구 특성 변화를 촉발하게 된다. 먼저 내연기관 자동차에 맞춰진 타이어의 성능은 전기차의 플랫폼 및 성능에 적합하게 바뀌어야 한다. 전기차는 배터리 무게로 인해 공차 중량이 200kg 이상 무거운 반면 순간 가속이 빠르기 때문에 타이어의 내구성이 보강되어야 하며, 엔진 대신 모터로 구동되는 특성상 타이어에서 발생하는 공명음(소음)을 감소시켜야 한다. 이에 따라 초기 내연기관 자동차에서 사용되던 타이어와 공용되던 타이어는 전기차 전용 플랫폼 시점에 발맞춰 타이어 구조를 보강하고 소음 저감을 위한 특수 스폰지(Foam)가 부착된 전기차 전용 타이어가 적용되고 있다.

그림 3.29. 전기차 전용 타이어

타이어는 역사적으로 차량의 고성능화에 따라 림의 인치가 대형화되는 일관된 트렌드를 보여 왔다. 그러나 미래 모빌리티 시장에서는 개인 소유의 모빌리티는 대형화 트렌드를 계승할 것이지만, 도심 자율 주행 모빌리티나 도심 단거리 모빌리티용 타이어는 오히려 작아지게 되고, 다목적 모빌리티용 타이어는 목적에 따라 타이어의 사

이즈와 성능이 유연하게 적용될 전망이며, 자율주행 차량에 대해서는 신개념 에어리스 적용 가능성도 있다〈표 3.15〉.

표 3.15. 모빌리티 유형별 타이어 요구 특성 변화(예상)

구분	모빌리티 특징	타이어 요구 특성
Personal Mobility	• 현재 차량 플랫폼기반 자율주행 및 BEV화 • 미래 지향적 유선형 바디 및 매끄러운 자체 표현, 럭셔리 지향 • 승객에게 안락함과 프라이버시 제공	→ 타이어 사이즈 ↑ → 휠디자인 고급화 및 복잡성 증가(미래지향적 설계) → 속도에 따라 가변형상 휀더 구현 (공기저항↓) → 타이어 일부를 감싸는 타이어 커버 (공기저항↓)
다목적 Mobility	• 동일 플랫폼으로 목적에 따라 캐빈 교체 가능(스케이트보드 플랫폼) • 동일 플랫폼으로 이동, 배송, 상업용 모빌리티 구현 • 박스형태 ↔ RV형태 변형 가능	→ 타이어 사이즈 다양화 → 목적에 따라 타이어 성능 가변 가능성 ↑ – 동일 타이어로 다양한 성능 구현 → 최대 실내공간 확보 목적으로 휠베이스 증가
도심 자율주행 Mobility	• 박스형태 차체 구현 – 4인승~15인승 등 다양한 형태 등장 • 최대 실내공간 확보를 위한 인휠모터 기반 차량 설계 • 타이어–전후 범퍼간 거리 매우 짧음	→ 차체크기 대비 타이어 사이즈 ↓ → 타이어 휠은 럭셔리보다 실용성 추구 → 인휠모터를 고려한 타이어 설계 필요 → 최대 실내공간 확보 목적으로 휠베이스 증가
도심 단거리 Mobility	• 경차 수준의 작은 차체 / 전동휠 등 마이크로 모빌리티 • 차량간 도킹 시스템, 기능 – 주차공간 확보위해 차체 사이즈 축소 및 도킹 • 회전 반경 최소화(정지상태 360도 회전 가능)	→ 차체크기 대비 타이어 사이즈 ↓ → 차량 도킹을 고려한 타이어 설계 변화 필요 → 회전반경 최소화 고려한 타이어 설계 → 타이어를 완전히 감싸는 타이어 → 타이어가 없는 자기부상 모빌리티 등장
도심항공 Mobility (UAM)	• 드론과 항공기의 결합 형태 • eVTOL (수직이착륙 방식) • 배터리/모터 기반 동력으로 친환경적, 저소음	→ 타이어의 기능 변화 & 대체 가능성 존재 → 타이어의 기능은 안전한 이착륙 기능으로 전환 → 수직 내충격성(안전), 완충기능 등 기능 단순화

그렇다면 미래 타이어는 현재의 타이어와 같이 사이즈 및 성능의 가변성 수준에서 계속 머무를 것일까? 앞에서 언급한 대로 새로운 모빌리티의 변화에 걸맞게 노면의 정보를 수집하고, 운전자 또는 B2B 사업자에게 능동적인 V2X의 연결 매개체의 역할, 그리고 공기압 타이어의 최대 단점인 펑크 사고를 근본적으로 방지하는 에어리스 (Airless)형 타이어 등 보다 능동적이고 창의적인 형태로의 변화가 예상된다. 미래 모빌리티 대응 미래 타이어 기술 상품화 아이템으로는 에어리스(Airless), 셀프 실링, 가변 공기압, 가변 트레드, 인휠모터, 공기 정화기능, 센서타이어, 컬러 휠, 타이어 내부 수납 공간 생성, 휠 대체 타이어 등 다양한 아이디어들이 제시되었다. 이를 기회 및 실현 가능성 측면에서 사업성이 유망한 아이템으로는 센서타이어와 에어리스 타이어가 꼽혔으며, 혁신기술로 판단되는 기술 분야는 노면 조건에 따라 타이어의 트레드가 가변적으로 변신하는 가변 트레드와 타이어의 회전 운동을 활용한 공기 정화 기능성 타이어가 선택되었다.[38]

표 3.16. 모빌리티 대응 미래 타이어 기술 유망 아이템

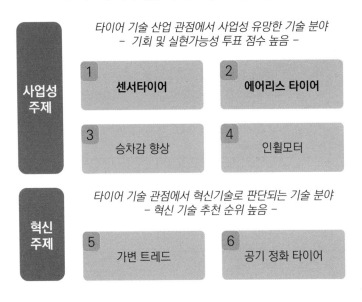

결국 자동차 산업의 패러다임 변화는 타이어 비즈니스에 있어 기존 고객의 새로운 문제와 새로운 고객의 개별화된 문제를 해결해 줘야 하는 다양한 시사점을 도출시킨다. 이러한 개별화된 문제 해결을 위해서는 대량 개별화를 통한 효율성 극대화 및 디지털 트랜스포메이션을 통한 가치-원가 딜레마 (Value-Cost Dilemma)를 해소하는 새로운 비즈니스 모델이 필수적인 해법이 될 것이다. 새로운 타이어 비즈니스 모델이 해결해야 될 새로운 고객의 정의 및 각각의 충족(해결)해야 될 문제는 다음과 같다.

그림 3.30. 타이어 비즈니스의 고객 재정의 및 문제(니즈)

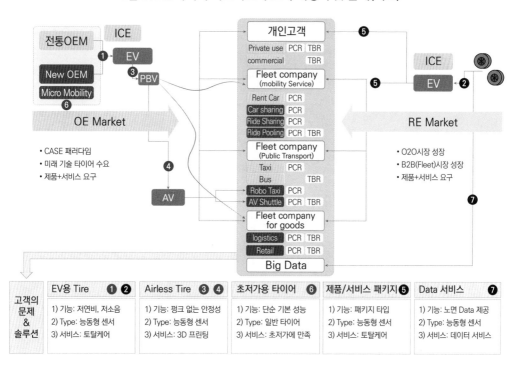

IV

모빌리티
기업의 생존과
성장법칙

1

가치-원가 딜레마[39]

　기업의 생존과 성장을 위해서는 가치 원가 딜레마가 해결되어야만 한다. 가치—원가 딜레마란 고객이 기업의 제품이나 서비스로 받는 가치와 기업의 생산활동에 투여되는 원가 사이에서 생기는 모순을 의미한다. 비즈니스란 본질적으로 기업의 자원과 프로세스를 통해 고객의 문제를 해결하는 것이며 그 해결 과정에서 가치를 만들어내야만 기업이 성장한다. 비즈니스 모델상 기업의 생존과 성장을 위해서는 두 가지 법칙이 필수적이다.

　기업의 생존과 성장의 제1법칙은 '가격〉원가'이다. 고객으로부터 받는 가격이 기업이 제품이나 서비스를 만들기 위해 투입한 원가보다는 반드시 높아야 한다는 법칙이다. 가격이 원가보다 낮은 기업 활동은 장기적 성장이 원천적으로 불가능하다는 의미다. 이를 기업의 생존법칙(가격〉원가)이라고 한다.

　기업의 생존과 성장의 제2법칙은 '가치〉가격'이다. 고객이 기업의 제품이나 서비스로부터 얻는 가치가 반드시 고객이 지불하는 가격보다는 높아야 한다는 말이다. 만약 고객이 얻는 가치가 자신들이 지불하는 가격보다 낮다면 고객들은 회사를 외면할 것이고 기업의 성장동력을 잃게 된다. 이를 기업의 성장법칙(가치〉가격)이라고 한다.

여기서 가치는 고객이 기업에서 제공하는 제품이나 서비스를 활용하여 자신의 문제를 해결할 때 생긴다. 가치를 극대화하기 위해서는 고객 개인들이 처한 상황과 문제를 이해하고 개별화된 맞춤 솔루션을 제공하면 된다. 기존에는 기업들이 대량생산을 통해 고객들의 일반적인 문제를 충족시킴으로써 원가를 낮출 수 있었으나, 고객 가치는 개별화, 맞춤화될수록 극대화되고 비용도 기하급수적으로 증가되기 때문에 기업은 가치-원가 딜레마(Value-Cost Dilemma)에 봉착하게 되는 것이다.

전통적인 산업구조에서는 고객에게 개인화된 솔루션을 제공하는 것이 거의 불가능하다. 개인화된 솔루션을 제공하기 위해서는 생산 프로세스를 포함한 모든 업무 프로세스와 제조, 운영시스템을 바꿔야 한다. 이때 비용이 기하급수적으로 증가하기 때문에 가치-원가 딜레마가 더욱 심화되는 것이다. 또한 과거의 비즈니스 포트폴리오에서 기업 경쟁력은 시장점유율(Market Share)로, 이 개념 안에는 사람은 없다. 즉 판매된 전체 상품 중 우리 매출의 비중만 중요했지, 누가 얼마나 샀거나 얼마나 보유하고 있는지는 중요하지 않았다. 하지만 온디맨드 시대의 기업 경쟁력은 '시장점유율'이 아닌 '고객점유율(Customer Share)'이다. 고객점유율은 고객 한 사람이 소비한 전체 금액 중 한 기업이 가져가는 금액의 비중을 의미한다. 따라서 과거에는 높은 자본집약도를 통한 대량생산체제를 잘 갖춘 기업이 경쟁력을 가질 수 있었으나, 앞으로는 데이터, 애플리케이션, 디지털 인프라를 포괄하는 플랫폼을 중심으로 경쟁력을 갖게 될 것이다.

이 책에서는 이러한 기업의 가치-원가 딜레마를 해결하기 위한 비즈니스 모델 혁신 방안으로 ① 대량 개별화(Mass Customization), ② 디지털 트랜스포메이션(Digital Transformation), ③ ESG 경영 등 3가지 법칙을 제안하고자 한다.

대량 개별화(Mass Customization)

[Case Study]
할리데이비슨, 맞춤형 서비스 Build your own bike

그림 4.1. 할리데이비슨 홈페이지 주문 화면

오랜 전통의 모터사이클 제조사 할리데이비슨은 주문 플랫폼 및 스마트 팩토리를 통해 개별 고객의 요구 사항을 명확하게 소통, 협업하여 맞춤형 제품을 제공한다. 대량생산라인을 유지하면서 각각의 다른 부품을 조달, 대량 개별화된 제품을 효율적으로 생산함으로써 가치-원가 딜레마를 해결한다. 제품 자체의 변화 및 고객식별 제품 변화가 동시에 이뤄지는 협업적 대량 개별화(Collaborative Customization)의 대표적인 사례이다.

애플과 함께 탄탄한 매니아층을 기반으로 사랑받는 브랜드 할리 데이비슨은 인더스트리 4.0 프로젝트를 통해 오토바이 한 대를 맞춤 제작하는 데 21일이 걸리던 기간을 6시간으로 줄였고, 재고일수는 10일에서 3시간으로 단축시켰다. 전체 비즈니스 프로세스의 디지털화를 통해 주문에서부터 생산공정 전 단계를 실시간으로 모니터링하기 때문이다. 3차원(3D)으로 모델을 개발하고, 모든 과정을 온라인으로 계획하고 모니터링하며, 스크린에서 시각화된 작업 지침을 띄우는 식으로 공정을 바꿨다. 고객은 온라인으로 자신이 원하는 바이크를 맞춤 주문한다. 바퀴와 의자, 발을 올려놓는 위치까지 변경할 수 있다.

할리데이비슨은 2011년부터 Build your own bike라는 웹사이트를 개설, 차륜, 머플러, 시트, 핸들을 포함한 각종 부품을 구매자 자신이 선택하여 조합하는 나만의 바이크를 처음부터 주문할 수 있도록 했다. 차종별로 부품을 구매자의 기호나 취향에 따라 선택 발주할 수 있다는 것인데, 모델별로 다르긴 하지만 거의 1,300 종류의 선택지가 준비되어 있다. 각 개별 고객의 요구에 맞추어 커스터마이즈화 된 것이 할리데이비슨의 비즈니스 모델이다. 전 세계로부터의 바이크 주문은 펜실베니아주에 있는 최신 공장 요크공장으로 들어온다. 할리데이비슨은 2009~2011년에 걸쳐 요크공장을 최신의 Smart Factory로 변화시켰다. 이곳 스마트팩토리의 면적과 작업자는 기존 공장보다 반 이하로 줄었다. 뿐만 아니라, ICT기술을 적용 모든 제조설비와 공작기계, 이동설비에 부착된 센서에 의해 가동 상황과 그 위치가 실시간으로 모니터 되고 있다. 이를테면 IoT 트렌드를 앞서가고 있는 것이다.

고객의 발주가 확정되면, 한 대를 조립하는 데 필요한 모든 부품리스트가 바로 입력되어 생산 계획에 반영된다. 필요한 부품의 재고 확인과 부품 수배가 이루어지고 생산 및 일정 관리를 하게 된다. 할리데이비슨의 스마트팩토리 내 기기와 운반 설비에도 센서가 부착되어 제조 거점의 관련정보를 전체 모니터링할 수 있다. 또한, 비즈니스 모델이 완전 맞춤화되어 있어 주문별로 서로 다른 제품을 혼류로 생산하고 있다. 택트(Tact) 타임 86초로 정체됨 없이 공정을 편성한 생산시스템 외에 조립방법, 구성품목, 개별 부품표, 각 사양에 따른 작업수순 등이 표준화되어 있어 작업자가 눈앞에 있는 작업지시 화면의 지시대로 조립한다. 필요시 3D화상으로도 확인할 수 있어 숙련된 작업자가 아니더라도 조립이 가능하다.

스마트팩토리화 되기 전의 생산 프로세스에서는 부품을 수배하는 데 리드 타임이 길어 생산계획을 생산 투입 전 최소한 15일~21일 전에 확정해야 했지만, 신 공장인 스마트팩토리에서는 생산 6시간 전에만 확정하면 된다. 대량생산라인을 유지하면서 각각의 다른 부품을 조달, 대량 개별화된 제품을 효율적으로 생산하고 있는 것이다.[40]

대량 개별화(Mass Customization)의 주요 컨셉

대량 개별화(Mass Customization)는 대량생산(Mass Production)과 맞춤화(Customization)가 결합된 용어로 맞춤화된 상품과 서비스를 대량생산을 통해 비용을 낮춰 경쟁력을 창출하는 새로운 생산, 마케팅 방식을 의미한다. 이 같은 개념은 앨빈 토플러가 저서 '미래쇼크(Future Shock, 1970)'에서 대량생산과 맞춤화의 패러독스가 극복될 가능성이 있다고 예견하였으며, 1979년 Hays and Wheel-wright는 최초로 대량 고객 맞춤이란 개념을 언급했다. 이후 대량 개별화(Mass Customization) 라는 용어와 기술적 가능성은 스탠 데이비스의 '완벽한 미래(Future Perfect, 1987)'에서 처음으로 제시되었다.

Pine(1993)은 대량 개별화(Mass Customization)를 개별 고객에게 맞춤을 적용한 제품이나 서비스의 대량생산이라고 정의하면서 그 개념을 정립시켰다. Lampel & Mintzberg(1996)는 프로세스, 제품, 고객과의 거래에 대하여 각각 5가지 단계의 대량 개별화 전략을 제시하였다. 프로세스는 표준화부터 고객 맞춤까지, 제품은 상용품부터 단일품까지, 고객 거래는 일반적 거래에서 개인적 거래까지 나누어 심도 있는 고객 맞춤 전략을 연구하였다. 이들의 개념을 더욱 발전시켜 1997년 James H. Gilmore and B. Joseph PineII는 개별화(Customization)의 4가지 유형(Collaborative, Adaptive, Cosmetic, Transparent 등)으로 구분하여 보다 세부적인 대량 개별화 연구 내용을 발표하였다. 이는 제품(Product)자체의 변화 여부와 고객이 식별(Representation)하는 제품의 변화 여부에 따라 대량 개별화를 제공하는 개념을 제시하였다는 데 큰 의의가 있다.[41]

Kotler는 대량 개별화를 고객 세분화 관점에서 개인고객을 대상으로 한다. 맞춤화와 대량생산의 중간에 있으며, 개개인의 요구에 부응하기 위해, 대량 개별화는 개별적으로 설계된 제품이나 커뮤니케이션을 대량의 관점(Mass Base)에서 제공하는 능력을 지칭한다. Kotler는 시장 세분화의 관점에서 대량시장, 세분화된 시장, 마이크로 시장, 개별시장으로 분류하고 대량 개별화는 개별시장을 대상으로 하는 기법으로 정의하였다. 특히 대량 개별화에서는 고객과의 관계 마케팅(Relationship Marketing)이 중요하다고 강조하였다.

2000년대 들어서도 그 필요성이 증가하면서 대량 개별화에 대한 연구는 활발하다. Tu(2001)는 제품을 신속히 제조하기 위해서는 높은 수준의 대량 개별화가 필요하다고 주장하였는데, 고객의 니즈를 만족시키는 요소 중 시장에 빠르게 제품을 출시하여 고객의 만족도를 높이기 위해서는 생산비용이 증가하지 않으면서 제품 제조의 유연성이 높은 대량 개별화 전략이 필수적이라는 것을 제시하였다, Duray(2000)는 대량 개별화의 구현 요소로서 고객관여와 모듈화를 꼽았다. 맞춤화의 속성을 지니기 위해서는 고객관여가 필수적이다. 제품 디자인에서 사용에 이르기까지 고객관여가 발생하지 않는다면 이는 맞춤화라고 볼 수 없다. 한편 대량생산의 장점을 유지하기 위해서는 모듈화 또한 필수적이다. 따라서 특정 기업의 제품(또는 서비스)이 위의 두 가지 요소를 모두 갖고 있을 경우 그 기업은 대량 개별화를 수행하고 있다고 볼 수 있다.

이상에서와 같이 대량 개별화는 대량생산의 효율적 생산 시스템을 활용하여 개별 고객의 요구를 충족할 수 있는 제품과 서비스를 제공하며, 개별고객에게 표준제품보다 차별화된 제품을 낮은 비용으로 효과적으로 생산하는 데 그 목표가 있다(Jang, 2007; Pine, 1993). 즉 대량생산에서 소요되는 비슷한 비용으로 다양한 고객의 니즈에 맞는 제품을 생산하는 것으로, 이때 시장 출시 시간이 늦어지거나 비용이 증가되는 것도 곤란하다. 구체적으로는 대량생산에서 낮은 원가는 우선 규모의 경제(economics of scale), 즉 더 많은 생산량과 더 효율적인 프로세스를 통해 단일 상품이나 서비스의 단가를 낮춤으로써 이루어진다. 대량맞춤에서 낮은 원가는 범위의 경제(economies of scope), 즉 단일 생산 프로세스를 통해 매우 다양한 제품 및 서비스를 더 싸고, 빠르게 생산함으로써 이루어진다. 기업은 규모의 경제를 낼 수 있는 표준 구성 요소를 여러 가지 방법으로 결합하여, 다양한 최종 상품을 생산해내는 범위의 경제를 실현함으로써 이 두 가지를 동시에 달성할 수 있다.[42]

이러한 대량 개별화를 실현하기 위해서는 다양하고 복잡한 고객의 니즈를 만족시키기 위한 유연성과 경쟁자보다 빠르게 고객의 요구에 대응하며 시장에 출시하는 빠른 대응 능력을 확보해야만 한다.

James H. Gilmore and B. Joseph PineII는 'The Four Faces of Mass Customization(HBR, 1997)'에서 대량 개별화(Mass Customiza-tion)를 다음과 같이 분류하였다. 대량 개별화에 대한 접근 방식은 제품(Product) 자체의 변화여부와 고객이 식별(Representation)하는 제품의 변화여부에 따라 ① Collaborative (협업적 개별화), ② Adaptive(적응적 개별화), ③ Cosmetic(외관적 개별화), ④ Transparent(투영적 개별화) 등 4가지 타입으로 나눠진다. 이러한 접근방식은 고객에게 최상의 서비스를 제공하는 방법에 대한 통찰력을 얻기 위해 접근해야 하며, 경우에 따라 1개의 타입을 적용할 수도, 2개 이상을 혼합하여 적용할 수도 있다.[43]

그림 4.2. 대량 개별화의 4가지 타입

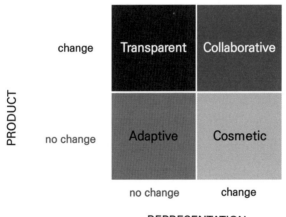

첫째, 협업적 개별화(Collaborative Customization)는 제품 자체의 변화 및 고객식별 제품 변화가 동시에 이뤄지는 케이스로, 개별 고객

과의 대화를 통해 고객의 요구 사항을 명확하게 소통, 협업하여 맞춤형 제품을 만들 수 있도록 도와준다. 이러한 접근방식은 고객이 원하는 것을 쉽게 표현할 수 없고 다양한 옵션 중 선택해야 할 때 어려움을 겪는 비즈니스에 적합하다. 세계 최다 매장을 보유하고 있는 일본의 안경 판매점 Paris Miki는 전형적인 협업적 맞춤화 사례이다. 이 회사의 Mikissimes Design System은 무테 안경을 선택할 때 여러 옵션을 검토할 필요 없이 소비자 얼굴 사진에 렌즈모양, 크기, 기타 옵션 등을 소비자가 만족할 때까지 상호협력하며, 착용 이미지 확인 후 매장에서 안경을 한 시간 만에 조립하게 된다.

둘째, 적응적 개별화(Adaptive Customization)는 제품 자체의 변화도 없고, 고객식별 제품 변화도 없는 타입으로, 고객이 한 제품을 다양한 상황에서 다른 방식으로 기능을 수행하기를 원하는 비즈니스에 적합하며, 사용 가능한 기술을 통해 쉽게 맞춤화가 가능하다. Lutron Electronics Company의 조명 시스템(Grafik Eye System)은 방 안의 서로 다른 조명을 연결하여 고객 선택에 따라 파티, 낭만, 독서 등 맞춤식 조명 프로그램을 제공한다.

셋째, 외관적 개별화(Cosmetic Customization)는 제품 자체는 변화가 없지만, 고객식별 제품 변화가 있는 타입으로 고객이 제품을 동일한 방식으로 사용하되 개별 고객에게 제시하려는 방식만 다를 때 적합하다. Nabisco의 Planters Company는 견과류 판매 확대를 위해 월마트, 세븐일레븐, Jewel 등 다양한 소매업체의 주문별로 다양한 크기, 라벨 및 선적 컨테이너 요구를 만족시키는 외관적 맞춤화를 한 사례이다.

넷째, 투영적 개별화(Transparent Customization)는 제품 자체가 변하지만, 고객은 전혀 제품에 대한 변화를 인지하지 못하는 타입으로, 고객의 행동을 관찰한 다음 특정 필요사항(습관)을 예측하여, 직접적인 상호작용 없이 표준패키지 내에서 고객에게 눈에 띄지 않게 맞춤화

한다. Dayton의 ChemStation은 공업용 비누를 고객사의 사용 패턴을 학습하여 고객이 요청 전에 미리 다량의 비누를 공급함으로, 고객이 미처 인지 못하나 편의를 제공하는 투명적 맞춤화를 한 사례이다.[44]

　많은 기업들은 고객 고유의 가치를 창출하는 데 필요한 모든 개별화 방식을 찾아내어 결합시킨다. 예를 들어, 샌프란시스코의 마케팅 자료 제작사 Datavision은 협업적, 외관적 및 투영적 개별화 등 세 가지 접근 방식을 효과적으로 결합한다. 즉 재무계획, 휴가패키지, 기업 건강관리 프로그램 및 자동차와 같은 제품 마케팅을 위해 여러 출처에서 정보를 대량 맞춤화하기 위해 의견을 수렴하며, 개인의 특정 요구에 맞는 메시지를 만들기 위해 인쇄 정보와 결합된 비디오를 제작하는 방식 등이다. 이때 Datavision이 가장 중요한 제품 측면을 식별하기 위해 고객과 작용하는 것은 협업적 개별화이며, 비디오 클립의 선택과 시퀀싱, 음성 해설 및 음악은 회사가 각 대화에서 수집할 수 있으므로 투영적 개별화에 해당되며, 고객의 이름이 테이프의 라벨과 오프닝 제목에 나타날 때 외관적 개별화가 사용된다.

　개별화에 대한 네 가지 접근 방식은 기업에서 맞춤화된 제품을 디자인하고 비즈니스 프로세스를 지원하기 위한 프레임웍을 제공한다. 이들은 협업적 개별화의 직접적인 상호작용, 적응적 개별화의 임베디드 기능, 외관적 개별화에 대한 솔직한 인식, 투영적 개별화에 대한 효율성 등에 주목하며, 이들을 혼합해야 할 필요성을 보여준다. 고객은 자신들의 특별한 요구를 충족시키는 상품과 서비스를 가치 있게 생각하고 구매하며, 기업은 개별 고객의 요구사항을 충족시키는 획기적인 맞춤형 기능을 설계하고 구축해야 한다.[45]

　Duray는 맞춤화와 모듈화의 관점에서 대량 개별화를 분류하였다. 고객 관여(Customer Involvement)가 맞춤화를 위해 필수적이며, 대량생산의 장점을 위해 모듈화가 반드시 필요한 것으로 보았다. 이들은 Lampel과 Minzberg가 제시한 생산 프로세스인 디자인(design), 부품(fabrication), 조립(assembly), 분배(distribution) 중에서 분배를 사용(Use)으로 대체하고 디자인 또는 부품, 조립 또는 사용 단계를 전, 후 단계로 구분하였다. 디자인 또는 부품, 조립 또는 사용 단계를 고객관여 시점과 모듈화 유형의 축을 통해 2x2 매트릭스로 구분, Fabricators, Involvers, Modularizers, Assemblers 등 4개 유형으로 분류하였다. 맞춤 생산이 보편적인 가구 산업을 중심으로 조사한 결과, 조립 또는 사용 단계에서 모듈화를 하는 모집단이 보다 나은 경영 개선 효과를 나타내는 것으로 확인되었다.[46]

그림 4.3. 고객관여시점과 모듈화 유형에 따른 대량 개별화 유형

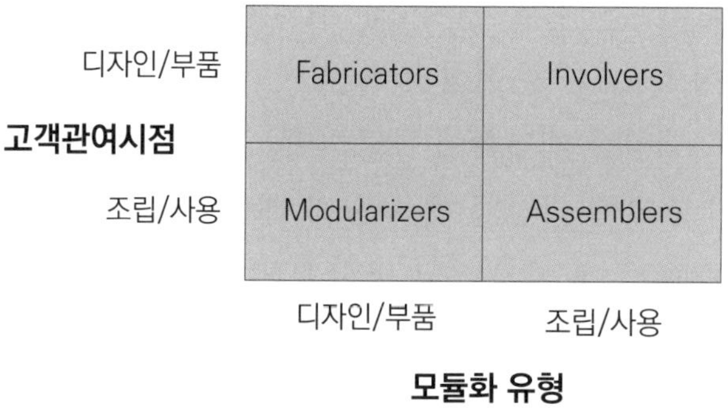

	디자인/부품	Fabricators	Involvers
고객관여시점			
	조립/사용	Modularizers	Assemblers
		디자인/부품	조립/사용
		모듈화 유형	

Mass Customization의
성공 요건

Hart는 대량 개별화의 기회요인으로 고객민감성, 경쟁 환경, 사업성 개선 정도, 프로세스 기술 실행 가능성, 조직의 준비 정도 등 5가지를 꼽았다. 이 중 고객민감성이란 고객이 대량 개별

화된 서비스에 대한 관심 수준을 의미한다. 예를 들어 닛산 자동차가 제시한 27종류의 핸들 타입에 대해 고객을 선택 장애에 빠지게 한 것처럼, 과도한 맞춤화는 오히려 경쟁력을 약화시키기도 한다. 경쟁 환경 측면에서는 시장이 대량 개별화를 요구할 만큼 성숙되어 있고, 해당 기술이 존재하며, 재무상 문제도 없다면 대량 개별화를 신속히 도입해야 한다는 것이다. 특히 경쟁 기업이 이미 대량 개별화를 도입했다면 더욱 시급히 도입해야 한다. 사업성 개선 정도는 대량 개별화 도입을 통해 반제품 재고, 신제품 개발, 유통 등의 비용과 기술 향상 개선 정도를 의미하며, 충분한 효과가 있다고 판단되면 대량 개별화의 성공가능성이 높아진다. 프로세스 기술 실행가능성은 고객정보 처리 기술, 물류 기술 등이 뒷받침되어야 하는 것을 뜻한다. 조직의 준비 정도는 조직의 기업문화, 리더십 측면에서 대량 개별화의 확산 용이성을 의미한다.[47]

　　Silveira는 대량 개별화의 성공 요소로 다음 6가지를 제시하였다. 첫째, 다양성 및 맞춤화에 대한 고객 수요의 존재 유무이다. 둘째, 시장 상황이 대량 개별화를 수행하기에 적절하여야 한다. 타이밍이 중요하며, 특히 시장선도자 혜택을 누릴 수 있을 때 더욱 효과적이다. 셋째, Value Chain의 대량 개별화에 대한 준비가 필요하다. 공급자, 유통업자, 소매상 등 Value Chain상 모든 주체가 대량 개별화를 적극적으로 실행하려는 의지와 연결 시스템을 갖고 있어야 한다. 넷째, 기술이 존재하여야 하며, AMTs(Advanced Manufacturing Technologies)는 대량 개별화 실행을 위한 기본 요소이다. 다섯째, 맞춤화 가능한 제품이어야 한다. 즉 제품이 모듈화 형태로 되어 있어서 모듈간 결합이 가능한 제품이어야 한다는 것이다. 또한 대량 개별화가 요구되는 제품은 짧은 PLC(제품수명주기)를 갖는 특성 때문에 신속한 제품 개발 능력 및 혁신 역량을 보유해야 한다. 여섯째, 지식이 공유, 내재화되어야 한다. 대량 개별화는 동적인 전략으로, 고객의 니즈 변화가 신속하게 제품개발 프로세스에 반영되기 위해서는 조직 내에 지식을 창조하고 전파하여 내재화하는 조직 문화 구축이 필요하다[48]. 이상 에서와 같이 대량 개별화는 기업 외부의 시장 환경, 성숙 정도 및 기업 내부의 기술수준, 역량 등에 따라 기회 요인과 성공 전략이 될 수 있음을 알 수 있다.

대량 개별화(Mass Customization)의 4가지 유형

James H. Gilmore and B. Joseph PineII의 대량 개별화에 대한 4가지 유형별 적용사례는 다음과 같다.

협업적 개별화(Collaboration)는 고객과 직접적인 협력을 통해 제품을 다양화하여 고객의 모든 요구사항을 충족시키고자 하는 방법이다. 협업적 개별화에서는 고객이 직접 자신이 원하는 제품의 부품이나 구성 요소를 상호 협력을 통해 선택할 수 있기 때문에 고객 만족도가 매우 높은 유형이다. Dell의 'Made-to-order & Build-to-order(주문생산방식)'가 대표적이다. 주문생산방식이란 고객이 원하는 사양과 원하는 가격의 PC를 주문량만큼만 만든다는 개념이다. Dell의 경우 인터넷을 통해 고객이 자신의 기호에 맞는 컴퓨터의 사양을 선택하고 가격을 지불하면, 고객의 요구에 따라 제작하여 배송하는 단계로 이루어져 있다. 이러한 방식은 고객의 주문 후 생산이 이루어지기 때문에 수요를 예측할 필요가 없고, 잘못된 수요예측으로 인해 발생할 수 있는 위험을 줄일 수 있다. 또한 고객 입장에서는 원하는 최신 사양의 제품을 빨리 그리고 상대적으로 저렴한 가격에 공급받을 수 있는 이점이 있다. 뿐만 아니라 Dell은 www.dell.com을 통해 최초로 인터넷 판매를 실시함에 따라 엄청난 유통비용의 절감을 가져왔다. 주로 패션 기업들은 대량 개별화 서비스를 온라인 채널을 통해 다양하게 제공하고 있다. 청바지 전문 브랜드인 리바이스는 업계 최초로 'Levi's Original Spin'이라는 대량 개별화 프로그램을 선보였는데, 개별 고객의 신체 사이즈에 적합하고 맞음새(fit) 및 디자인이 독특하고 우수한 제품을 구매할 수 있도록 하였다. 최근에는 버버리, 루이뷔통 등과 같은 럭셔리 패션 브랜드와 나이키, 아디다스 등 스포츠 브랜드에 이르기까지 다양한 대량 개별화 프로그램을 제공하고 있으며, 고객이 색상, 소재, 디테일, 사이즈, 디자인을 선택하여 생산단계에 적극적으로 참여할 수 있도록 한다(Rebellion Lab, 2013).

적응적 개별화(Adaptive)는 표준화된 제품 또는 서비스를 고객이 쉽게 수정이나 변형할 수 있게 함으로써 기업과 고객 사이의 의사소통 없이도 맞춤화가 가능하도록 한다. 적응적 개별화를 실현하기 위해서는 제품의 기획단계에서 다양한 변경가능항목을 표준 제품 내부에 설계함으로써 고객은 기업이 아닌 제품과 상호작용을 하게 된다. 싸이월드 미니홈피는 이용자가 텍스트뿐만 아니라 사진, 동영상, 그림 등 다양한 멀티미디어 콘텐츠를 쉽게 올릴 수 있고, 특히 사용자의 캐릭터가 반영된 미니홈피를 자신의 기호에 따라 개별화할 수 있다. 한때 우리나라 인구 중 1/4이 싸이월드에 가입되어 있을 정도로 선풍적인 인기를 끌었다. 싸이월드를 이용하는 고객은 대부분 자신을 표현하는 가상공간을 다른 사람들과는 다르게 독특한 자신만의 공간으로 꾸미고 싶어 한다. 이에 싸이월드는 선물가게라는 기술 콘텐츠를 제공함으로써 이용자가 스스로 개별화할 수 있도록 한다. 즉 표준화되어 있지만 다양한 음악, 글씨체, 미니홈피의 배경 등과 같이 개별화가 가능한 제품을 제공하는 적응적 개별화를 실시하고 있는 것이다.

외관적 개별화(Cosmetic)는 제품 자체의 속성과 사용 방식은 표준화하고 보여지는 외관을 고객의 요구에 따라 맞춤화하는 것으로, 고객의 단순 정보만을 이용하여 생산 프로세스를 조정한다는 것에 해당된다. 맥도날드 '해피밀 메뉴'가 좋은 예이다. 무료 장난감이 들어 있는 맥도날드의 어린이세트로써 각종 버거, 디저트 그리고 음료수 중에 고객의 요구대로 선택할 수 있다. 기존에 만들어져 있는 세트메뉴보다 한 단계 고객의 요구에 부응하는 것이라고 할 수 있다. 맥도날드의 제품 자체를 개별화시키는 것이 아니라 개별 고객에게 특별하게 패키지된다는 특징이 있다. 개별 고객들은 해피밀 메뉴를 동일한 가격으로 구입하지만, 자신이 선호하는 음식을 직접 선택하여 패키지 되어진 해피밀 햄버거 세트를 제공받는다. 자동차 메이커의 플랫폼이나 모듈화도 이에 해당하는 사례로, 제조 공정상 뼈대가 되는 핵심 플랫폼을 여러 차종이 공유하고, 최종 소비자에게는 각기 다른 자동차 모델로 보여지는 것이다. 또한 자동차의 신모델이 나오기 전, 연식별 Face Lift 모델을 만들어 소비자로 하여금 신모델로 인식하게 하는 것도 여기에 속한다고 하겠다.[49]

투영적 개별화(Transparent)는 고객에게 맞춤화 생산을 드러내지 않으면서 독특한 제품과 서비스를 제공하는 방식이다. 기업은 고객이 니즈를 직접적으로 제시하지 않아도 기업 스스로 고객의 행동이나 취향에 대한 조사, 관찰을 통해 잠재적인 고객 니즈를 만족시킬 수 있는 방법이다. 삼성증권 "고객 투자성향 진단 프로그램"은 고객의 성별, 나이, 투자성향 및 금융자산 규모 등 13가지 항목을 분석해 고객에게 종합적인 자산관리를 제안하는 프로그램이다. 진단결과에 따라 고객에게 알맞은 주식 직접투자, 주식형 금융상품, 채권, 현금성 자산 등 적정 포트폴리오와 비교하고, 적절한 비율로 조절하거나 권유하기도 한다. 삼성증권은 이 프로그램 개발을 위해 5개월간 1,600명 고객을 대상으로 실제 투자성향과 보유자산 규모를 실사해 프로그램의 정확성을 보완하였다. 오랜 연구를 통하여 고객과 직접적인 상호작용을 하지 않고 분석하여 고객의 특정한 욕구와 자사의 제품 중 하나에 최대한 일치할 수 있도록 하였다. 현재 이런 프로그램은 다른 모든 증권사에서도 보편화되어 있지만, 1999년 당시에는 존재하지 않았다. 리츠칼튼 호텔은 고객의 숙박 시 행동 패턴 DB를 목록화하여 개개인의 특성에 맞는 서비스를 제공한다. 소프트한 침구를 선택한 고객에 대해서는 이후 전세계 어느 리츠칼튼에 숙박을 해도 소프트한 침구를 자동 제공한다. 리츠칼튼의 맞춤형 서비스는 투숙 고객의 명단별 고객기호를 글로벌 DB를 통해 누적하여 기록하고 호텔 인터넷 망을 통해 글로벌 체인 호텔과 고객 정보를 공유하고 있기 때문에 가능하다.[50]

4차 산업혁명의 대표적인 기술인 AI 및 빅데이터 기술은 투영적 대량 개별화를 더욱 정교하게 활용하게 해 준다. 스포티파이(Spotify)는 '나보다 나를 더 잘 아는' 세계 최대 음악 스트리밍 업체로 AI 및 빅데이터 기술을 통한 투영적 대량 개별화의 대표적 사례이다. 스포티파이는 2006년 4월 스웨덴에서 출발한 스타트업으로 2008년 음악 스트리밍 서비스를 시작해 현재 전 세계 3억 4500만 명의 이용자를 보유한 기업으로 성장하였다. 스포티파이는 단순 음악 스트리밍 서비스가 아니다. 이용자 이탈을 막기 위해 이용자의 선호를 파악하고 이용자 수 수준(population-level) 예측을 활용해 콘텐츠를 추천함으로써 강력한 경쟁자 애플 뮤직을 이기는 데 성공하였으며, 이 플랫폼은 역동적으로 변화하는 유저-인터페이스, 행동 예측 알고리즘, 지속적으로 확장되는 음악 목록 간의 복잡한 조합으로 구성된다. 스포티파이는 콘텐츠에 기술을 결합한 새로운 기능과 카테고리를 더하고, 이를 통한 혁신을 지속하고 있다. 즉 ① 고도화된 음악 추천 서비스, ② 나만의 재생목록 만들기에 중점, ③ 선곡 전문가들의 활발한 참여, ④ 다양한 디바이스에서 재생 가능하다는 차별화된 서비스를 제공하고 있다.

넷플릭스의 추천 알고리즘 역시 투영적 대량 개별화를 위해 AI 및 빅데이터 기술을 활용하고 있는 대표적 사례로 꼽힌다.

그림 4.4. 넷플릭스 추천 엔진은 대량 개별화 서비스

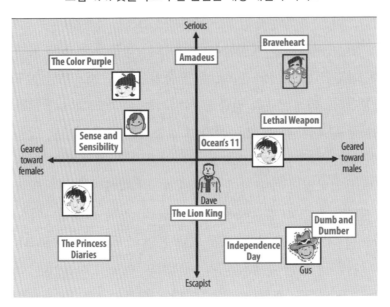

넷플릭스는 빅데이터에 기반한 개별 맞춤형 영화를 추천하고, 최근에는 각 국별 미니시리즈나 영화 컨텐츠도 직접 제작하기도 한다. 넷플릭스는 고객의 로그인 시간 및 지역, 재생 디바이스, 영상 재생 및 되돌려 보기 등 고객의 모든 행동과 취향을 분석하고 있는 것으로 알려져 있다. 넷플릭스는 영화 종류를 약 77,000여 개의 방법으로 분류해 사용자에게 추천한다. 추천콘텐츠는 영화의 내용과 사용자의 취향이 어느 정도 일치하는지 백분율(%)로 표시하고 있다. 사용하는 알고리즘은 협업필터링을 기반으로 이를 고도화한 '모델 기반 협업 필터링'이다. 이것은 기존 항목 간 유사성을 단순하게 비교하는 것에서 벗어나 자료 안에 내재한 패턴을 이용하는 고도화된 기술이다.[51]

제조업의
Mass Customization 방안

2022년 11월, 독일의 대형 자동차 부품사 ZF는 차세대 e드라이브 시스템을 2025년까지 완전한 시스템으로 출시한다고 발표했다. 새로운 전동 드라이브 시스템은 소형화, 경량화, 더욱 강력한 성능을 특징으로 하며 e모터, 파워 일렉트로닉스, 감속기, 소프트웨어로 구성된 시스템을 통해 탁월한 출력 밀도와 효율성을 제공한다. ZF e-드라이브는 모듈형 개념으로 자동차 메이커의 모든 EV 차종에 대해 맞춤화할 수 있고 각각의 단품 판매도 가능하며, 최종 고객에게는 더 높은 효율성, 더 많은 전력 및 더 짧은 충전 시간을 제공한다. 즉 ZF는 플랫폼화된 전동 드라이브 시스템을 통해 B2B 고객의 개별 니즈에도 부합되면서 빠른 납기, 높은 생산 효율성으로 모빌리티 제조기업의 대량 개별화(협업적 대량 개별화)의 바람직한 방향성을 제시해 준다.

그림 4.5. ZF e-드라이브 시스템(ZF 홈페이지)

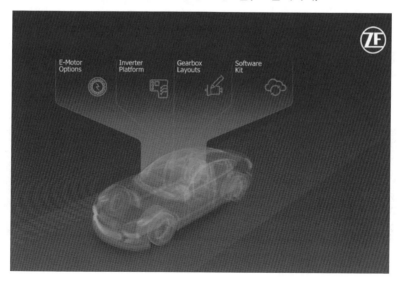

이와 같이 제조업의 대량 개별화(Mass Customization)는 유연 생산 시스템을 통해 제조 설비의 제조 비용을 급격히 증가시키지 않으면서 제품의 다양성 및 맞춤화를 지원할 수 있는 협업적 대량 개별화와 제조공정상의 모듈화(또는 플랫폼)를 통한 외관적 대량 개별화로 대별된다.

먼저 제조 라인을 통한 대량 맞춤화를 위해서는 제조 설비의 유연 제조시스템화가 필수적으로 구현되어야 한다. 유연 제조 시스템은 생산 시스템이 생산 현장에서 사전에 예측된 또는 예측되지 않은 상황의 변화에 대응하여 일정 정도의 유연성을 가지고 제조 시스템의 운영을 변경할 수 있는 시스템을 지칭한다. 독일과 미국 등에서는 스마트 팩토리를 통해 이를 달성하는 것을 목표로 하고 있다. BMW는 맞춤형 대량 생산에 도전하고 있는데, 소비자가 차량 색상, 인테리어, 인포테인먼트 시스템 등을 직접 선택하면, 이를 기준으로 개별 고객 맞춤형 제품을 생산하는 시스템을 구축하였다.

2016년 9월, 아디다스는 독일 안스바흐 스피드 팩토리에서 생산한 첫 신발인 아디다스 퓨처크래프트 M.F.G.(Futurecraft Made for Germany)를 공개했다. 아디다스 스피드 팩토리는 고객의 개별화된 주문을 자동화된 생산공정을 통해 신속하게 고객에게 전달하는 것을 특징으로 한다.

그림 4.6. 아디다스 스피드팩토리 및 AM4NYC

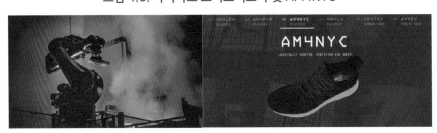

아디다스 스피드 팩토리는 두 가지 시사점을 보여줬다. 첫째, 개별 고객이 신발 타입, 끈, 사이즈, 내부 깔창, 굽의 높이, 색상 등 다양한 옵션을 선택하여 주문하면 5시간 안에 제품을 생산하는 맞춤형 생산라인 모델이다. 둘째, 생산공정상의 대부분을 로봇 제조를 통해 인건비를 절감하였고, 이로 인해 생산 공장을 다시 독일로 이전하는 리쇼어링(Re-Shoring)을 가능하게 하였다. 아디다스는 1993년 저임금 국가(중국, 동남아 등)로 생산거점을 옮긴 후 23년 만에 스피드 팩토리를 통해 자국 공장에서 신발을 생산했다. 비록 아디다스의 스피드팩토리가 2019년 중단되었지만, 자동화된 기계를 통한 맞춤화된 생산이 가능해진 스마트 팩토리는 4차 산업혁명으로 찾아온 제조업계의 새로운 흐름이자 협업형 대량 개별화를 더욱 확대할 수 있는 기술의 진보라고 할 수 있다.[52]

제조업의 대량 개별화 두 번째 유형은 제조공정상 플랫폼 공유 또는 모듈화를 통한 외관적 대량 개별화이다. 기업은 규모의 경제를 낼 수 있는 표준 구성요소(standard components)를 여러 가지 방법으로 결합하여, 다양한 최종 상품을 생산해내는 범위의 경제를 실현함으로써 생산효율성을 제고할 수 있다. 따라서 이러한 시장 환경에서 기업들은 플랫폼 제품을 선호하게 되었는데 효과적인 플랫폼은 빠르고 값싸게 원하는 특징을 가진 다양한 파생 제품(derivative products)을 만들기 때문이다. 플랫폼이란 '부품, 프로세스, 인력, 관계와 같이 일련의 제품에 공통적으로 활용할 수 있는 자산의 집합' 혹은 '많은 파생 제품이 효율적으로 개발되고 생산될 수 있도록 하는 의도적으로 계획되고 개발된 일련의 서브시스템과 인터페이스로 구성된 공통 구조'라고 할 수 있다. 기업은 통상 여러 종류의 제품군을 가지고 있으므로 범위의 경제와 함께 플랫폼을 통해 규모의 경제도 효과적으로 달성 할 수 있다. 즉 플랫폼은 ① 표준 부품의 활용을 늘릴 수 있어 규모의 경제 추구와 함께 원가절감이 가능해지고, ② 제품개발에 소요되는 시간의 단축 및 비용절감이 가능해지며, ③ 시장변화에 보다 빠르게 대응할 수 있고, ④ 제품개발에 있어 위험을 줄일 수 있으며, ⑤ 생산프로세스의 표준화를 쉽게 할 수 있다. 특히, 대량맞춤 환경에서의 고객 니즈는 매우 빠르고 다양하게 변하고 있기 때문에 제품수명주기(product life cycle)가 매우 빨라지게 되었고 기업들에게는 신제품개발 시 성공을 위한 최우선적 고려사항으로 변화된 타겟 고객의 니즈 파악과 개발기간의 단축이 요구되었다. 따라서 많은 기업들이 빠른 신제품 출시를 위해 기존 플랫폼의 개선 및 확장을 하며, 이를 플랫폼 재설계(Platform Redesign) 전략이라고 한다. 즉, 새로운 개념의 제품개발보다는 제품 개선과 같이 기존 플랫폼을 이용한 재설계 혹은 확장을 통해 개발기간을 단축하고 옵션의 변화를 통해 변화된 고객 니즈에 대처하려는 것이다.[53]

이러한 재설계 전략은 크게 두 가지가 있는데 제품군 확대 전략과 플랫폼 개선 전략이 그것이다. 제품군 확대 전략은 기존 플랫폼의 형상 및 기능의 개념을 해치지 않는 범위 내에서 옵션 등의 증가를 통해 제품군 및 파생품을 확대하는 전략이다. 이 전략은 기존 플랫폼을 최대한 이용하므로 설계가 단순하여 개발기간 단축 및 개발비용 감소라는 장점이 있다. 또한 마케팅 입장에서 기존 제품의 성공적인 이미지 연장이 가능하고 다수의 옵션에 의한 파생품으로 다양한 고객 니즈를 반영한다는 측면에서 효과적이라고 할 수 있다. 그러나 제품군 및 파생품의 증가로 인한 생산 및 재고 비용의 증가와 과도한 선택사양으로 인한 제품군 수의 증가는 오히려 고객들을 혼란하게 할 수 있는 단점이 될 수도 있다.

플랫폼 개선 전략은 기존 플랫폼의 개선을 통해 신제품을 출시하는 전략으로 기존 제품과의 차별화가 가능하고 변화된 고객 니즈 반영을 통한 시장의 확대 및 개척을 기대할 수 있는 전략이다. 그러나 이러한 플랫폼 개선 전략은 몇 가지 문제가 있는데, 첫 번째로 변화된 고객 니즈를 어느 정도 플랫폼 개선에 반영할 것인가이다. 왜냐하면 과도한 플랫폼 개선은 개발비용 증가 및 시장 진입 시기의 지연을 가져오기 때문이다. 두 번째는 개선된 플랫폼 구조가 기존 제품의 컨셉과 달라질 수 있는 문제이다. 이것은 특히 기존 제품의 컨셉이 성공적일 경우 특히 더 문제가 되는데 개선된 플랫폼을 통한 컨셉의 변화는 마케팅 측면에서 위험한 선택일 수 있기 때문이다. 따라서 변화된 고객 욕구를 고객 만족 측면과 생산 효율성 측면에서 플랫폼 재설계에 반영할 수 있는 프로세스와 그에 따른 전략이 필요하다.[54]

자동차에서 플랫폼은 자동차의 차체와 섀시(chassis) 장치이며, 섀시는 엔진, 트랜스미션, 서스펜션, 구동계통, 제동장치로 구성되어 있고 차체는 프레임(frame)이나 플로어 패널(floor panel), body라고도 한다. 플랫폼을 공유하면 개발비용을 절감하고 개발시간을 단축할 수 있는 장점이 있으며, 외관적 대량 개별화가 가능하다. 다음에서는 이러한 주요 자동차 메이커의 플랫폼 전략을 통해 외적 대량 개별화를 한 사례를 살펴보고자 한다.[55]

자동차 산업은 다른 업종에 비해 막대한 연구개발 투자가 필요한 설비 산업이다. 급속한 IT 기술의 발전과 친환경과 충돌 안전을 강조하는 미국·EU 정부의 압박도 있다. 연비 향상 및 매연 절감 규제를 맞추면서 충돌 및 보행자 안전에도 투자해야 한다. 자율주행 전기차로 대변되는 모빌리티 기술 발전에도 대응해야 한다. 더욱 놀라운 점은 엄청난 연구개발비 가운데 상당액이 일반 소비자가 구분하기 어려운 분야에 투자됐다는 점이다. 신차 개발에 들어가는 천문학적인 비용 가운데 45%는 소비자가 경쟁 제품 간의 차별을 느끼기 어려운 분야였다.[56]

2000년대 중반 이후 이런 해결책으로 등장한 게 '플랫폼 통합'이다. 플랫폼은 하나의 뼈대를 개발한 뒤 이를 늘리고 줄여 여러 차종을 만들어내는 방식이므로 개발비를 줄이고 생산성을 높여 수익을 극대화할 수 있을 뿐만 아니라 다양한 소비자의 니즈에 맞는 다양한 종류의 신차를 확대할 수 있는 외관적 대량 개별화가 가능한 방식이다. 최근에는 플랫폼 기술 진보로 차급별 플랫폼을 추가적으로 통합하여 그 수를 대폭 줄었다. 2010년 이후 개발된 플랫폼은 뼈대 자체를 유연하게 크기와 높이를 조절함으로써 자동차 차급에 상관없이 동일 플랫폼을 적용할 수 있게 된 것이다.

완성차 업계에서 폭스바겐은 플랫폼 통합을 선도하고 있다. 폭스바겐의 럭셔리 스포츠카 뷰가티부터 아우디, 폭스바겐, 스코다 등 브랜드와 차급은 다르지만 플랫폼은 대부분 통합되어 있다. 2012년 폭스바겐이 개발한 MQB 플랫폼은 효율성에서 당대 최고로 꼽힌다. 엔진을 가로로 배치하는 전륜구동 전용 플랫폼이다. 차의 실내공간 길이를 좌우하는 휠베이스부터 오버행(범퍼부터 바퀴까지의 길이), 폭 등 치수를 유연하게 바꿀 수 있다. 소형차인 폴로부터 중형 세단 파사트까지 MQB 플랫폼을 활용한다. 이런 MQB 플랫폼을 사용하는 모델 가짓수만 2018년 기준 60개에 이르며, MQB 플랫폼 공용화로 부품과 개발비는 20%, 생산 시간은 30% 줄었다. 현대·기아자동차는 2000년대 중반부터 플랫폼 통합에 나서 2012년 22개에서 현재 6개로 줄이고, 6개 플랫폼으로 40개가 넘는 모델을 만든다. 현대·기아가 같은 플랫폼을 쓰는데, 현대 쏘나타와 기아 K5는 뼈대와 동력장치가 똑같고 외관만 다르며, 아반떼와 K3, 엑센트와 프라이드 역시 마찬가지다.

자동차 플랫폼은 모빌리티 패러다임으로 전동화되면서 EV 전용 플랫폼의 중요성이 더욱 부각되고 있으며, EV 전용 플랫폼은 내연기관보다 훨씬 공유 범위가 넓어져 생산 효율성을 높일 뿐만 아니라 EV

기술력의 핵심역량이 되고 있다. 전기차 초기 모델은 내연기관 차량의 플랫폼을 기반으로 만들어졌기 때문에 성능 구현에 한계가 있었으나 EV 전용 플랫폼은 주행거리 향상을 위한 배터리 용량 증대, 전력 효율화 측면에서 비약적인 발전이 가능해 성능 향상, 원가 절감, 안전성 향상 등 그야 말로 EV 기술력의 모태가 된다. 내연기관 대비 EV 전용 플랫폼은 더욱 단순화되고 스케이트 보드 같이 혁신적인 특징을 갖는다.

그림 4.7. 폭스바겐의 플랫폼 MEB vs. MQB

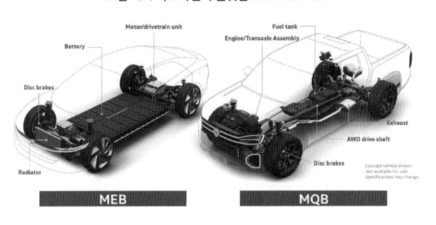

현대자동차 그룹은 1세대 전기차 전용 플랫폼 'E-GMP'를 통해 준중형 SUV 아이오닉5에 탑재한 후 기아 EV6, 제네시스 첫 순수전기차 GV60 등 신차에 속속 탑재하고 있다. 2025년에는 E-GMP에 이어 통합 모듈러 아키텍처(IMA) 개발 체계 완성 및 2세대 전용 전기차 플랫폼 eM과 eS를 선보일 계획이다. eM은 전기 승용차 차급을 만들 수 있는 플랫폼이며, eS는 PBV(Purpose Built Vehicle) 전용 플랫폼이다. 현대자동차에 따르면 2세대 전기차 플랫폼은 전 차급 구분 없이 적용할 수 있는 부품 공용화 범위를 크게 넓힌 것이 특징이다. 현행 플랫폼 중심 개발 체계에서 공용화 가능한 플랫폼 부품이 23개 수준인데

반해, 통합 모듈러 아키텍처 개발 체계에서는 차급 구분 없이 86개의 공용 모듈 시스템의 조합을 통해 차량 개발이 가능하다. 현재 전기차 전용 플랫폼으로 개발된 아이오닉 5와 코나 일렉트릭은 모듈 호환이 불가하지만, 2세대 통합 모듈러 아키텍처가 도입되면 모터, 배터리, 인버터 및 자율주행 등 핵심 전략 모듈 13개를 공유할 수 있게 된다. 이를 통해 획기적인 생산성 향상 및 원가절감이 가능해지면서 2만 유로대의 저가형 EV 아이오닉2를 출시한다는 계획이다.

EV 전용 플랫폼 개발에 소극적이었던 Ford, Stellantis, Mercedes-Benz 등도 EV 전용 플랫폼을 속속 출시하고 있으며, 전통 완성차 업체 중 가장 먼저 BEV 전용 플랫폼(e-TNGA)을 개발했지만 하이브리드 위주의 친환경차 라인업을 고수하던 Toyota도 2021년 11월, e-TNGA 기반 첫 양산 BEV인 bZ4X를 미국에서 공식 런칭하였다. EV전용 플랫폼을 적용한 결과, ICEV 대비 연구개발 기간을 획기적으로 단축하게 되었다. Ultium 플랫폼 기반으로 설계된 GM의 PBV(Purpose built Vehicle) BrightDrop EV600은 단 20개월 만에 개발을 완료하여 FedEx에 납품하고 있다.

한편 EV 전용 플랫폼의 개방적 특징은 폭스바겐의 MEB 같은 플랫폼을 EV 제조업에 진출하려는 타 기업에게 판매하는 하나의 비즈니스 모델이 되고 있다는 것이다. 특히 나스닥에 상장된 리 오토모티브(REE Automotive)는 스케이트 보드 형태의 EV 전용 플랫폼을 개발하여 모든 EV 제조기업에 제공할 수 있다고 한다. REE 플랫폼은 인휠모터 컨셉으로 4개의 바퀴 안에 조향, 제동, 현가, 파워트레인을 적용한 'REE코너(REEcorner)'를 통해 작동하며, 확장성이 뛰어나고 모듈화되어 소형에서 경트럭까지 광범위한 전기차 플랫폼을 지원한다. 리 오토모티브는 고객사가 다양한 무게 등급, 배터리 범위, 차체 크기를 선택할 수 있도록 맞춤식 주문서를 제공하고 있다.

그림 4.8. 리 오토모티브(REE Automotive)의 REE 플랫폼

　자동차 메이커가 플랫폼을 통한 외관적 대량 개별화에만 집중하는 것은 아니다. 독일 자동차 업체인 BMW는 고객들이 인터넷으로 미니 쿠페 지붕에 자신이 직접 제작한 그래픽이나 사진을 넣을 수 있도록 했다. 또 미니 쿠페를 구입하려는 고객들이 각종 자동차 부품을 직접 선택하도록 했다. 이런 방법을 통해 고객들은 맞춤형 미니 쿠페를 구입하고 있으며, 이는 협업적 대량 개별화의 대표적인 사례라고 하겠다. 제네시스는 2018년 6월부터 울산 5공장에서 북미용 오더에 대해 주문공급 방식으로 전환했다. 주문 공급방식은 차량 구매자가 원하는 사양대로 주문을 받아 생산라인에서 생산, 공급하는 방식으로 구매자가 원하는 사양이나 컬러를 고려한 맞춤형 제품을 공급하는 것이 특징이다. 또한 주문공급방식(BTO: Built-to-order)을 도입하면 차량 구매자가 자신의 취향에 맞는 제품을 협업적으로 개별화하는 동시에 차량 인도 시점을 예측할 수 있다는 장점도 있다.

타이어 산업의
Mass Customization 방안

고무의 탄력과 공기압력을 응용한 오늘날과 같은 타이어가 처음 등장한 것은 1888년이다. 영국의 수의사였던 던롭(John Boyd Dunlop)에 의해 자전거 쇠바퀴에 고무를 입힌 공기압 타이어가 탄생하였고, 이것을 자동차용 타이어로 완성한 사람은 1895년 프랑스의 미쉐린(Edouard Michelin)이었다. 1947년에는 튜브를 사용하지 않고 타이어에 직접 공기를 집어넣는 튜브리스 타이어(tubeless)가 개발되었고, 이는 오늘날 타이어와 크게 다르지 않을 정도로 타이어 산업은 지난 70여 년 동안 큰 변화 없이 발전해 왔다. 최근엔 차량의 고성능화 및 안전을 위해 타이어 크기는 점점 고인치, 광폭화되고 있으며, 펑크 시에도 운전이 가능한 런플랫 타이어나 실란트 타이어 등의 기능성 신기술 타이어가 나오고 있으나 대중화로까지 이어지지는 않고 있다.

글로벌 타이어 시장은 연간 약 20억 개의 수요가 있으며, 이 중 교체용 타이어 시장은 약 15억 개에 달한다. 글로벌 3대 타이어 시장은 유럽(28%), 북미(26%), 중국(18%) 순이며, 한국은 글로벌 수요의 약 1%를 차지하고 있다. 글로벌 타이어 시장은 코로나19의 영향에 따라 2020년을 저점으로 2024년까지는 연평균 5%대의 성장세를 보이다가 중장기적으로는 약 2%대의 완만한 성장세를 유지할 것으로 전망된다.[57]

타이어는 약 200여 개 이상의 원재료로 구성된 조립품으로, 원재료 투입 → 반제품 제조 → 그린케이스 성형 → 가류 → 검사 → 출하 순으로 제조되는 일반적 상식 대비 매우 복잡하고 정교한 기술을 요하는 제품이다. 글로벌 국가별 시장 니즈 및 다양한 차종별 적용되는 규격, 패턴(제품) 등이 상이하여, 공장의 규모에 따라 다르지만 1개 공장에서 약 1,000여 종 이상의 제품이 양산되고 있다. 최근에는 전기차의 등장과 함께 유럽, 중동 등에서 비관세 무역장벽으로 활용되는 타이어 라벨링 등급제를 확대 시행하고 있으며, 국가별 상이한 필수 인증을 도입함에 따라 타이어의 종류는 거의 기하급수적으로 증가하고 있는 추세이다.

그림 4.9. 타이어 제조 공정

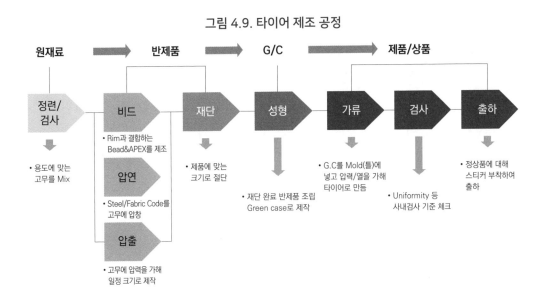

따라서 이러한 고객의 다양한 니즈 및 국가별 인증을 충족시키면서 공장의 생산 효율성을 높이는 것이 타이어 제조사의 생존 및 수익성 제고에 직결되므로, 대량 개별화의 필요성이 증대되고 있다. 앞에서 살펴 본 바와 같이 타이어 시장은 유럽, 북미, 중국 등 3대 메인 시장 및 안방시장인 한국 시장을 포함한 4대 시장으로 대별된다. 물론 국가별 세분시장은 별도로 구분되지만, 글로벌 시장은 이상의 4대 시장의 요구성능 중심으로 세분화할 수 있다. 즉, 한국시장은 소음을 중시하는 All Season Comfort Market이며, 북미시장은 마모성능이

중시되는 All Season Touring Market, 유럽시장은 시즌별 젖은 노면 (Wet) 및 Winter성능을 중시하는 Season Market(통상 Wet Performance 시장), 중국시장은 마모, 내구력, 컴포트 등을 고루 중시하는 Comfort Summer Market으로 세분화할 수 있다.

이 중 한국시장은 타겟 고객의 소구 성능과 지불가격 기준으로 시장을 세분화할 수 있다. 승용차용 타이어를 기준으로 성능 축(x)은 스포츠 드라이빙 성능과 가격 축(y)은 이코노미(저가)존과 프리미엄존으로 구분된다. 이러한 타이어 시장 전체를 성능과 가격 측면에서 1차 세분화하고, 각 포지셔닝에 위치한 세그먼트별 개별 제품에 대해 차종 및 타겟 고객 성향을 기준으로 2차 시장 세분화를 진행한다. 예를 들어 SUV시장에 새로운 프리미엄급 신제품을 출시한다면, 한 개의 제품(패턴) 내 다양한 차급별 요구 성능으로 세분화하여 유사 차종별로 그룹핑을 하고, 이에 적합한 타이어 성능을 발휘하도록 제품을 설계하는 것이다. 이렇게 대륙별, 국가별, 제품별 시장 세분화를 진행하면서 타이어의 SKU(규격수)는 기하 급수적으로 증가하게 되며, 지역별 요구 성능이 점점 세분화될수록 SKU의 증가뿐만 아니라 단위당 생산량도 분산되어 타이어 제조사 입장에서는 심각한 생산성 하락 및 원가 상승의 요인이 된다.

이에 따라 세분 시장의 다양한 고객 니즈 충족과 생산효율성 및 원가경쟁력 제고라는 두 마리 토끼를 잡기 위해 대량 개별화 적용이 필수적인 상황에 직면해 있다. 타이어 제조사의 대량 개별화 방안은 고객 니즈를 충족시키되 생산 효율성, 원가경쟁력을 제고할 수 있는 핵심 반제품공유 플랫폼 방식을 통한 외관적 대량 개별화(Cosmetic MC)와 제품 제조과정에서 소비자의 선택(옵션)을 반영하는 협업적 대량 개별화(Collaborative MC)를 들 수 있다.

먼저 카메이커의 플랫폼과 유사한 방식의 반제품 및 플랫폼 공유를 통한 외관적 대량 개별화 방안은 다음과 같다. 이는 ① 타이어의 제조 공정상 기본 단위로 볼 수 있는 8개의 주요 반제품에 대한 통합, ② 자동차의 플랫폼과 같은 타이어의 1차 케이스 통합(8개 기본 반제품 중 골격에 해당하는 Body ply 등 5개 반제품으로 조립된 케이스), ③ 타이어의 완성된 외관 바로 전 단계의 그린케이스(모든 조립 공정이 완료된 상태로 Mold 투입전 트레드부 및 사이드부가 민무늬 상태) 통합, ④ 타이어의 완성품 중 사이드부의 브랜드만 다원화 운영하는 제품 통합 등 4가지 방안으로 검토할 수 있다.

그림 4.10. 타이어 반제품 현황 및 소비자 식별 영역

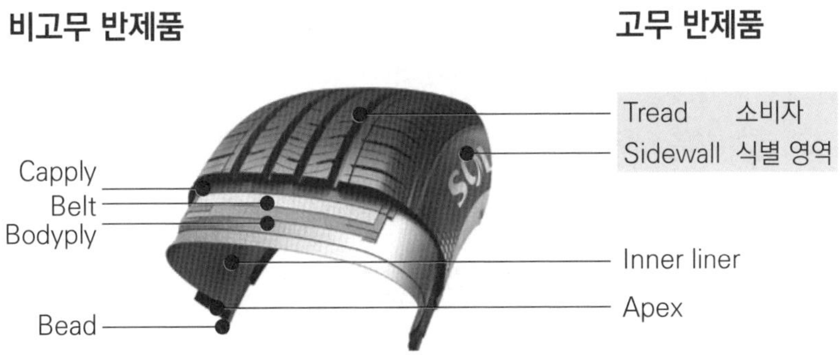

대부분의 타이어 제조사는 생산성 및 원가절감을 위해 방안 ① 수준인 기본 반제품에 대한 통합, 공유는 어느 정도 적용하고 있으나, 플랫폼 단위 수준인 ②~③ 통합안은 제한적으로 적용되고 있다. 특히 독일의 컨티넨탈은 일반 제품에 대해서는 세그먼트별 제품을 경량화된 1개의 플랫폼(③안 수준)으로 통합하고, 특정 고성능 제품군에 대해서만 일부 반제품을 이원화 운영함으로써 가장 이상적 형태의 외관적 대량 개별화를 추구하고 있다. 미쉐린은 보다 현실적인 방안으로 주요 세그먼트별 3대 플랫폼을 정형화하여 통합운영(②~③안 수준)하고 있다. 마지막으로 다수의 타이어 제조사들이 브랜드 정책에 따라 ④ 타

이어 브랜드 다원화 방안을 채택하고 있는데, 이는 범용적인 하나의 마스터 제품에서 사이드월 내 브랜드만 다원화하여 온라인, 대형할인점, 대형 거래선 등에 전용 브랜드를 멀티로 활용할 수 있는 방안이다.

그림 4.11. 외관적 대량 개별화: 플랫폼 통합방안

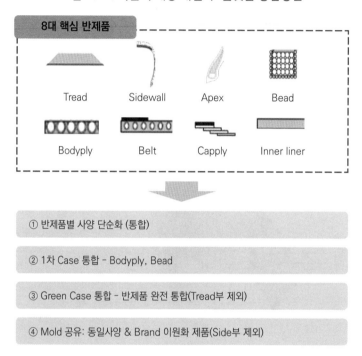

타이어 제조사가 플랫폼 통합 수준인 ②~③ 통합안을 공격적으로 적용하기 위해서는 몇 가지 전제조건이 필요하다. 가장 먼저 시장 세분화를 재정립해야 한다. 글로벌 4대 권역–국가별–세분 타겟별 순으로 세분화되어 있는 시장을 유사 성능 타겟별로 1차 대분류하고, 기존 세분시장을 재그룹핑함으로써 기술적 유사 세그먼트는 통합하되, 시장(소비자) 관점에서의 최종 세분 시장은 거의 기존과 유사하게 운영하는 외관적 대량화의 기초를 다져야 한다. 둘째, 기존 제품별 각각의 플랫폼 통합을 위해서는 성능 그룹별 세분화 시장(재

그룹핑 통합기준)에 대한 기술적 적합도 및 내부 엔지니어링 역량이 중요하다. 셋째, 고객관점에서 식별 가능한 영역은 트레드(Tread) 고무와 사이드부 고무로, 이 중 트레드 고무 영역은 타이어 성능에 미치는 영향이 매우 높은 고도화된 기술을 요하는데, 플랫폼이 통합되면서 성능적 차별화는 트레드부 디자인에 좌우됨에 따라 성능 향상이 제한되지 않도록 디자인 기술 확보가 중요하게 되었으며, 고객 선택의 매력도를 높이기 위한 차별화된 디자인 경쟁력을 높여야 한다.

이상과 같이 시장 세분화 재정립—기술적 적합성 검증—설계능력 및 차별화된 디자인 적용 등을 통한 타이어 제조사의 플랫폼 통합 방안(②~③ 플랫폼 통합기준)을 다음과 같이 재정립할 필요가 있다. 현재 수십 개 이상의 설계 디자인을 고성능 플랫폼 1개와 경량화 플랫폼 1개 등 2개의 플랫폼으로 통합하는 방안이다. 기존 4대 지역별로 세분화된 성능 세그먼트를 제품이 지향하는 2대 성능, 즉 고성능이냐 경량화(저연비)이냐로 대별하고, 골격에 해당하는 ② 1차 케이스 통합은 기본적으로 통합하되, 필요에 따라 ③ 그린 케이스 통합은 시즌별, 세부 소구 성능별로 일부 반제품의 분화를 허용하는 방안이다. 이를 위해서는 최종 고객의 성능 니즈 및 구색 니즈를 해치지 않는 범위 내에서 제품 컨셉—설계 프로세스—개발 프로세스—공정 프로세스 등 개발/생산 전반의 프로세스 개선 및 혁신적 접근이 필요하다. 물론 회사 내부 기술역량에 따라 단계적 통합은 필요할 것이나 기본 통합 컨셉에 대한 목표를 2대 플랫폼으로 잡고 영업/마케팅—연구—공정기술—생산—품질 등 전사적 차원에서 플랫폼 통합 마스터 플랜을 수립하고 실행할 필요가 있다. 자율주행 전기차에 대해 이미 자동차 제조사는 훨씬 단순화되고 유연한 EV 플랫폼을 적용하고 있는 것과 마찬가지로 향후 타이어 제조사의 EV용 플랫폼 통합 방향은 사운을 좌우할 정도로 중요한 기술과 전략이 될 것이다.

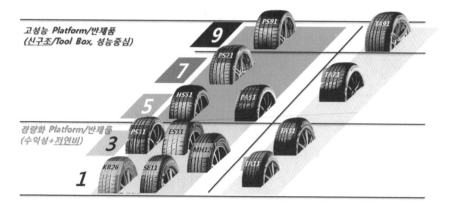

그림 4.12. 타이어 플랫폼 통합 예시(K사 라인업 기준)

　　다음에서는 제품 제조과정에서 소비자의 선택(옵션)을 반영하는 협업적 대량 개별화(Collaborative Mass Customization) 방안에 대해 살펴보고자 한다. 지금까지 타이어는 개별 고객 각각의 맞춤식 주문제작 방식은 거의 시도되지 않아 왔다. 타이어는 제품 특성상 3~5년 주기로 교체하는 저관여 제품(단, 구매 시점에 고관여 특성을 보임)이고, 제품 특유의 검정색(타이어 내구, 마모성능을 위한 카본블랙 배합으로 인함)에 특정됨에 따라 상품에 대한 개별 니즈는 등한시되어 왔다. 그러나 자동차의 고성능화와 아마추어 레이싱 및 튜닝 산업 활성화로 인해 타이어에 대한 매니아층이 형성되고, 나만의 특별한 타이어를 소유하고 싶은 잠재 고객층도 증가하고 있다. 이에 레이싱 타이어 같이 특수한 타이어에만 마킹되는 백색 또는 황색 페인팅 문자와 같이 고객이 원하는 문자, 그림 등을 맞춤식으로 프린팅하여 제공한다면, 타이어 고관여 매니아층을 충성고객으로 확보할 수 있을 것이다. 물론 범용 제품이 아닌 포르쉐 등 슈퍼카 및 아마추어 레이싱 매니아 등의 한정적 수요를 통해 초고가 프리미엄 시장 확대뿐만 아니라 기업의 브랜드 이미지 제고에도 기여할 수 있을 것이다. 향후 모빌리티

시장에서 에어리스 타이어가 본격 상용화되어 기존 몰드 제작 방식
에서 3D 프린팅 타입으로 전환될 경우엔 개별화된 디자인으로 온디
맨드 서비스도 가능해질 수 있다.

그림 4.13. 피렐리의 레이싱 타이어 및 컬러프린팅 타이어

이상과 같은 타이어 제조사의 외관적, 협업적 대량 개별화 방안
을 통해 얻게 되는 기대효과는 다음과 같다.

Cosmetic Mass Customization	Collaborative Mass Customization
▶ 제품 Seg.별 통합 플랫폼 구축	▶ 맞춤형 사이드 디자인 제품
• 생산 효율성 제고 • 연구 개발 효율성 제고 • 원가 절감 • 불량률 감소 • 다양한 거래선 확대	• Niche Market 선점 • 개별 고객 니즈 충족 • 브랜드 이미지 향상 • 프리미엄 시장 확대 • 매니아층 충성고객 확보

3

AI·DT(Digital Transformation)를 통한
비즈니스 모델 혁신

[Case Study]
피렐리, 5G 네트워크 연동하는 Cyber™ Tire 개발[58]

그림 4.14. 피렐리의 Cyber™ Tire 시스템

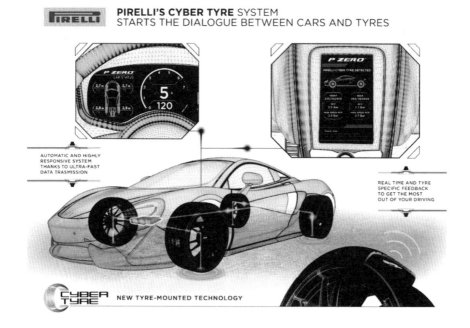

피렐리의 Cyber™ Tire 시스템은 미래 타이어의 기술 지향점을 보여준다. 자율주행 시스템이 점점 고도화됨에 따라 노면 정보를 포함한 타이어에 대한 상태 및 최적 조건을 운전자의 판단에서 타이어의 센서 시스템으로 넘기는 방향으로 발전할 것이다.

피렐리(Pirelli)는 2019년 11월 이탈리아 토리노에서 5GAA(Automotive Association)가 주최한 'The 5G Path of Vehicle-to-Everything Communication' 행사에서 세계 최초로 5G 네트워크 연동 지능형 타이어(Intelligence tire) 'Cyber™ Tire' 시스템을 발표했다. Cyber™ Tire는 타이어 내부에 부착된 센서를 통해 타이어 온도, 공기압, 주행 기록, 동적 부하 및 노면의 잠재적 위험 상황과 관련된 데이터를 운전자 및 5G 네트워크에 연결된 차량에 제공함으로써 운행 중 잠재적 위험을 방지하는 역할까지 수행한다는 컨셉이다.

실제 피렐리는 2021년 새로운 McLaren Artura 하이브리드 슈퍼카에 OEM 타이어(전륜 235/35ZR19, 후륜 295/35ZR20)로 Cyber™ Tire 공급을 발표했다. 피렐리가 만든 지능형 타이어 소프트웨어는 자동차의 전자 장치에 통합되어 대시보드와 중앙 디스플레이에 표시되며, 다른 전자 장치와 연동하여 타이어의 상태를 기반으로 운전자 경고 시스템을 작동하게 한다. 특히 McLaren의 경우 Cyber™ Tire 시스템을 통해 운전자가 타이어 공기압을 조정하여 개인의 운전 스타일에 따라 트랙에서 더 나은 퍼포먼스를 구현할 수 있으며, 최적의 온도에 도달하면 운전자에게 알려 차량 타이어 패키지에서 가능한 최대 성능을 도달하게도 할 수 있다. 이는 레이싱 트랙을 주행할 때 공기압과 타이어 온도의 최적 조건을 운전자에게 실시간으로 알려줌으로써 마치 전문 엔지니어가 조수석에 앉아 언제 타이어를 덥히거나 식힐지에 대한 코칭의 역할을 수행한다는 것이다.

이와 같이 미래 타이어는 자율주행 시스템이 점점 고도화됨에 따라 노면 정보를 포함한 타이어에 대한 상태 및 최적 조건을 운전자의 판단에서 타이어의 센서 시스템으로 넘기는 방향으로 발전할 것이며, 궁극적으로는 타이어 정보를 V2X, 즉 교통시스템 내 5G로 연결된 다양한 주체들에게 전달하는 모빌리티 생태계 내 서비스의 한 주체로 자리매김할 전망이다.

Digital Transformation
(디지털 변혁)

오픈 이노베이션의 창시자 헨리 체스브로 교수는 비즈니스모델을 아이디어 및 기술과 경제적 성과를 연결하는 프레임워크로 정의하였으며, 알렉산더 오스터왈더와 예스 피그뉴어는 조직이 어떻게 가치를 창출하고 전달하고 획득하는지를 논리적으로 정리한 것이라고 정의했다.

비즈니스 모델은 기업이 어떻게 돈을 벌려고 하는지에 대한 것 이상의 것을 명시해야 하고, 고객이 왜, 회사에 어떠한 비용을 지불하고 싶어하는지에 대한 정보를 포함하며, 다음 3가지 질문에 대한 답이 필요하다(Mark W. Johnson, 2010). 첫째 왜 고객이 당신에게 상품을 사려고 하겠는지, 둘째 어떻게 팔아 돈을 벌 수 있는지, 셋째 계획을 세우기 위해 해야 할 중요한 일은 무엇인지 등이다. 따라서 비즈니스 모델이란 기업이 고객을 위한 가치를 어떻게 창출해 전달하고, 어떤 방법으로 수익을 달성할 것인가를 설명하는 하나의 스토리이다. 즉, 좋은 비즈니스 모델을 만든다는 것은 어떤 고객을 대상으로 어떤 자원과 프로세스를 이용하여 어떻게 차별화된 가치와 경쟁 우위를 가진 독창적인 솔루션을 제공할 것인가를 고민하는 것이다.

디지털 시대의 기업의 생존과 성장법칙 역시 가치-원가 딜레마 (Value-Cost Dilemma)에 대한 해결이 급선무이다. 고객으로부터 받는 가격이 제품이나 서비스를 생산하기 위해 투입하는 원가보다 높아야 하며, 기업이 성장하기 위해서는 고객이 제품이나 서비스로부터 얻는 가치가 반드시 자신이 지불하는 가격보다는 높아야 한다. 디지털 트랜스포메이션은 가치-원가 딜레마(Value-Cost Dilemma)를 해결한다. 트랜스포메이션의 원칙은 가치를 극대화하면서도 원가를 낮출 수 있다는 것으로, 디지털 트랜스포메이션의 가치는 고객 개인에게 맞는 솔루션을 제공하면서도 원가를 낮출 수 있다는 점이다. 이때 기업들은 대량맞춤화(Mass Customization)에서 개인화(Personalization)로 진화하며, 각 개인이 완벽한 시장으로 사업포트폴리오의 의미가 없어진다. 디지털 트랜스포메이션 시대의 기업 경쟁력을 나타내는 핵심단어는 시장점유율이 아니라 고객점유율이다. 고객점유율은 고객 한 사람이 소비한 전체 금액 중 한 기업이 가져가는 금액의 비중을 말한다.

디지털 트랜스포메이션은 어떻게 개인화된 솔루션을 고객이 수용할 수 있는 적정가격으로 만들 수 있을까? 디지털 트랜스포메이션은 온라인과 오프라인이 완벽하게 결합되어 있고 온라인에서 오프라인을 통제할 수 있는 구조를 갖추는 것으로, 이를 위해서는 오프라인의 자원이나 프로세스가 표준화, 모듈화, 디지털화되어 있어야 한다. 따라서 디지털 트랜스포메이션은 오프라인에 존재하는 물리적 자원과 프로세스를 완벽하게 디지털로 변환하고 온라인을 통해 통제할 수 있도록 구조화하는 것을 말한다. 디지털 트랜스포메이션은 온디맨드 서비스를 가능하게 하여 가치-원가 딜레마를 해결한다. 온디맨드 서비스는 고객이 원하는 시점에, 원하는 장소에서, 원하는 형태로, 고객의 문제를 해결하는 것이고, 가치극대화를 위해 가장 좋은 방법이다. 따라서 비즈니스모델을 온디맨드 서비스를 중심으로 만드는 것은 기업의 전략적 선택이고 기업경쟁력을 위해 반드시 필요하다.

산업적인 측면에서도 디지털 트랜스포메이션은 비즈니스의 패러다임을 제품 기반에서 서비스 기반으로 바꾸고 있다. 즉 제품의 서비스화와 서비스의 제품화가 동시에 이뤄지고 있는 것이다. 이제 소비자들은 자신들의 문제를 해결하기 위해 '소유'보다는 필요한 시점에, 필요한 장소에서, 문제를 해결할 수 있는 서비스를 사용하고 싶어 한다. 이러한 온디맨드 경제를 구현하는 데 디지털 트랜스포메이션은 필수다. 디지털 트랜스포메이션을 통해 스마트 플랫폼이 구성되고 다양한 생산 서비스들이 디지털화되어 플랫폼에서 서비스된다면 공장이나 기계설비 같은 제조기반을 보유하지 않은 기업들도 얼마든지 스마트팩토리를 통해 맞춤형 대량생산을 할 수 있게 되는 데, 이를 '개방형 제조 서비스'라고 한다.

성공적인 비즈니스 모델의 조건

Mark W. Johnson(2010)의 연구에서 비즈니스 모델은 기업이 어떻게 돈을 벌려고 하는지에 대한 것 이상의 것을 명시해야 하고, 고객이 왜, 회사에 어떠한 비용을 지불하고 싶어하는지에 대한 정보를 포함하며, 다음 3가지 질문에 대한 답이 필요하다고 제시하였다.[59]

첫째, 왜 고객이 당신에게 물건을 사려고 하겠는가에 대한 답이 필요하다.

제품가치를 고객에게 설득하려고 하는 것이 아닌, 고객이 필요로 하는 중요한 것(job)을 파악한 후 다른 대안보다 차별화된 (해결하는) CVP(Customer Value Proposition)를 구성해야 한다. 일반적으로 고객에게 중요한 것일수록 현재의 대안에 대한 만족도가 낮고, 가격이 낮을수록 CVP는 강해진다.

둘째, 어떻게 팔아 돈을 벌 수 있는가? 즉 수익 공식(Profit Formula)을 다음과 같이 지정해야 한다.

① 수익모델(Revenue model): 수량, 시간, 가격
② 비용구조(Cost structure): 직접비, 간접비, 오버헤드 코스트
③ 마진모델(Margin model): 더 낮은 마진 기회가 어떻게 수익성을 낼 수 있는지 이해 필요하여 별도 분리 필요
④ 자원속도(Resource velocity): 특정 투자 금액에 대해 가치 사슬 전체에 걸쳐 발명, 설계, 생산, 물류, 운송, 서비스, 판매 및 지불할 수 있는 위젯의 수를 측정, 자금이 얼마나 빨리 흘러 가느냐의 척도

셋째, 계획을 세우기 위해 해야 할 중요한 일은 무엇인가? 즉, 어떤 회사 자원과 어떤 프로세스가 CVP를 전달하는 데 필수적인지 파악해야 한다. 성공한 모든 기업은 이 프레임워크의 모든 부분을 통합한 비즈니스 모델, 즉 고객이 원하는 가치 제안에 대해 그것의 오버헤드 코스트와 마진을 커버할 뿐만 아니라 특정한 핵심 자원 효과를 사용함으로써 일정 규모와 속도로 수익을 창출하는 일관된 수익 공식을 통해 전달되는 비즈니스 모델에 따라 운영되고 있다.

이를 요약하면 비즈니스 모델은 고객가치제안(CVP; Customer Value Proposition), 이익 공식(Profit Formula), 핵심자원(Key Resources), 핵심프로세스(Key Processes) 등 4가지 요소로 구성된다. 첫째, 고객가치제안은 가장 중요한 요소로 타겟고객, 고객의 문제, 솔루션으로 구성되며, 일반적으로 고객에게 중요한 것일수록, 현재의 대안에 대한 만

족도가 낮을수록, 가격이 낮을수록 CVP는 강해진다. 고객은 미충족 고객, 과충족 고객, 비사용자로 구분되며, 미충족 고객이나 비사용자들이 기존 고객보다 훨씬 많으므로 솔루션를 잘 개발하면 매력적인 시장이 될 수 있다. 그 다음으로는 고객이 해결하고자 하는 문제를 정확히 이해하는 것이 필요하다. 마지막으로 기업이 고객에게 가치를 제공하기 위해서는 고객이 가진 문제를 해결하는 데 드는 비용을 감소시켜 주거나 해결책(솔루션)을 제시해야 한다.

둘째, 이익 공식은 수익모델, 비용구조, 마진모델, 자원속도 등으로 지정된다. 자사 비즈니스의 특성에 맞게 적정한 수익모델을 설계하는 것은 기업의 생존과 성장에 매우 중요하다. 비용구조는 고객이 가진 문제를 해결하는 데 필요한 자원과 프로세스의 형태에 따라 결정되며 고정비와 변동비로 구분된다. 마진모델은 거래에 따른 이윤창출 목표 및 이윤 수준이며, 자원의 속도는 목표량에 도달하기 위해 필요한 자원의 활용 속도, 리드타임, 작업처리량, 재고회전, 자원활용도 등이다.

이상의 고객가치제안(CVP) 및 이익 공식 측면에서 디지털 트랜스포메이션의 역할은 가치-원가 딜레마 해결의 핵심이 된다. 디지털 트랜스포메이션은 개별화된 고객의 문제를 해결하는 솔루션(CVP)을 제공함과 동시에 이익공식을 만들어 준다. 즉 온디맨드 서비스는 고객이 원하는 시점에, 원하는 장소에서, 원하는 형태로, 고객의 문제를 해결함으로써 고객 가치를 극대화하면서 비용은 동등수준 이하로 혁신하게 된다.

셋째, 핵심자원(Key Resources)은 CVP를 전달하면서 수익을 내기 위해 필요한 자원으로, 사람, 기술/제품, 설비, 정보, 유통채널, 파트너십 및 협력관계, 브랜드 등이 이에 속한다. 비즈니스모델을 구성하는 자원과 프로세스의 유형을 결정하는 것은 기업의 경쟁전략이다.

넷째, 핵심 프로세스(Key Processes)는 CVP의 수익성 있는 제공을 반복, 확장 가능하게 만드는 규칙, 측정 기준 및 규범을 의미한다. 고객의 문제를 해결하는 솔루션을 만들고 서비스하기 위해서는 기업 자원과 프로세스로 구성된 직접적인 가치사슬 외에 기업은 가치 네트워크 속 구성원들과의 강력한 연결고리를 형성해 자신이 제공하는 서비스의 가치를 향상시킬 기반을 마련해야 한다.

그림 4.15. 비즈니스 모델의 구성 요소

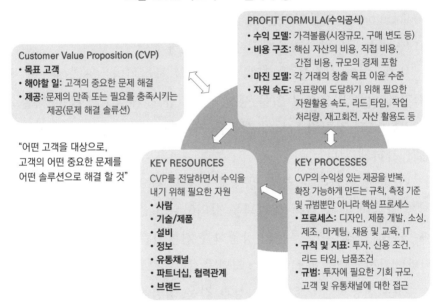

출처: Mark W. Johnson 外(2008), Reinventing Your Business Model, HBR

새로운 성장 동력을 찾고자 할 때 새로운 시장뿐 아니라 새로운 비즈니스 모델이 필요한 순간이 분명 존재하는데, 비즈니스 모델의 변화를 필요로 하는 5가지 전략 환경은 다음과 같다.[60]

첫째, 파괴적 혁신을 통해 이미 시장에 나와 있는 상품 또는 서비스가 지나치게 비싸거나 복잡하다는 이유 때문에 시장에서 소외된 상당수의 잠재 고객들의 욕구를 충족시킬 수 있다고 판단할 때다(예시; 타타의 나노 개발).

둘째, 혁신적 기술을 바탕으로 하는 새로운 비즈니스 모델을 개발할 기회(애플 사례 및 MP3 플레이어 사례)나 이미 효능이 검증된 기술을 새로운 시장에 선보일 기회이다(예시; 군용기술 → 일반 시장 적용 출시).

셋째, 아직 고객의 욕구를 중시하지 않은 시장에서 고객 욕구 충족이라는 개념을 도입할 기회로 기업들이 제품군이나 고객군에 집중해 기존 제품을 꾸준히 개선, 시간이 지날수록 범용 상품화(Commoditization)가 이루어지는 산업에서 이런 현상이 종종 발생한다(예시; Fedex는 글로벌 오지까지 신속하고 안전하게 배달).

넷째, 저가 시장을 공략하는 파괴자를 물리치려는 시도로, 한 세기 전에 낮은 비용으로 철을 생산하던 소규모 제철소가 종합 제철소에 위협이 된 것처럼 나노가 성공을 거두면 다른 자동차 업체들에 위협을 가하게 된다.

다섯째, 변화하는 경쟁 양상에 반응할 필요에 기인한다. 시장에서 받아들여질 수 있는 해결책을 정의하는 요소는 시간의 흐름과 함께 변화해 핵심 시장 부문의 상품화를 진행시킬 수밖에 없다(예시; 힐티의 저가시장 대응 Fleet 서비스 모델 출시).

기존 전통적인 기업 중 이상과 같은 성공적인 CVP 창출을 통해 혁신적인 비즈니스 모델로 전환된 사례는 다음과 같다.

표 4.1. 성공적인 CVP를 창출한 혁신적인 비즈니스 모델

구분		전통적인 회사	혁신 Biz Model
TATA	Customer Value Proposition (CVP)	▪ 전통적인 자동차 제조업체 ▪ 스쿠터 대비 최소 5배 비싼 안전한 자동차	▪ 저렴하면서도 안전하고, 비나 눈이 내려도 걱정 없이 이용할 수 있는 스쿠터를 대체할 만한 모빌리티 개발
	Profit formula	▪ 낮은 이윤 ▪ 높은 재고 자산 회전율	▪ 세상에서 가장 저렴한 2,500 달러 수준의 자동차를 위해 판매량을 기하급수적으로 늘려 이윤 창출 및 인도의 수억 명에 달하는 잠재 목표 고객의 확보
	Key resources and processes	▪ 유통 채널 확보 ▪ 개도국 위치 저원가 생산 시설 ▪ R&D 비용	▪ 제약이 없는 젊은 엔지니어의 작은 팀 구성 ▪ 부품의 수를 혁신적으로 줄였으며, 부품 85% 아웃소싱, 납품업체 수를 약 60% 줄임
HILTI	Customer Value Proposition (CVP)	▪ 전통적인 전동기 제조업체 ▪ 상업용, 전문가용 전동기구 및 부품 판매	▪ Tool Fleet Management Service ▪ 건축업체 생산성 향상 기여 전동기 대여 서비스
	Profit formula	▪ 낮은 이윤 ▪ 높은 재고 자산 회전율	▪ 높은 이윤, 많은 자산 보유 ▪ 도구 유지, 수리, 교체 위한 월 정액 서비스료
	Key resources and processes	▪ 유통 채널 확보 ▪ 개도국 위치 저원가 생산 시설 ▪ R&D 비용	▪ 높은 이윤, 많은 자산 보유 ▪ 도구 유지, 수리, 교체 위한 월 정액 서비스료
DOW CORNING	Customer Value Proposition (CVP)	▪ 고마진 맞춤형 서비스 ▪ 개별 협상에 근거한 통한 계약	▪ 저마진 기본 서비스 ▪ 도매가, 인터넷 판매
	Profit formula	▪ 높은 수준의 이윤 ▪ 가치있는 서비스 제공-)높은 수준의 소매가	▪ 현물 시장 가격, 낮은 수준의 마진 감수 위한 낮은 간접 비용, 높은 수준의 작업 처리량
	Key resources and processes	▪ R&D ▪ 영업, 서비스 중심	▪ IT 시스템, 저비용 프로세스 ▪ 고도의 자동화

출처: Johnson, M. W., Christensen, C. M., & Kagermann, H. (2008). Reinventing your business model. Harvard business review, 86(12), 57–68.

시장을 뒤흔드는
혁신적 비즈니스모델 특징[61]

애플은 디지털 음악 기기를 시장에 내놓은 첫 기업이 아니지만, 단순히 뛰어난 기술을 개발해 세련된 디자인으로 포장하는 데 그치지 않았고 걸출한 비즈니스 모델로 그 기술을 포장하여 성공신화를 썼다. 세계 최초의 휴대용 디지털 음악 기기는 한국의 디지털 캐스트(1997)였으며, 2000년대 초반 아이리버, 거원 등이 애플 이전에 디자인, 성능 측면에서 인기를 누렸으나 결국 디지털 음악 시장의 종결자는 애플의 아이팟이었다. 애플의 승리를 이끈 혁신은 바로 디지털 음원을 쉽고 간편하게 다운받을 수 있도록 한 아이튠즈였다. 즉 애플의 혁신은 기기에 국한하지 않고 하드웨어, 소프트웨어, 서비스를 모두 결합한 혁신적인 비즈니스 모델을 출시한 것이다. 애플의 접근방식은 질레트식 면도기-면도날 판매 전략을 거꾸로 뒤집어 놓은 비즈니스 모델이었다. 애플은 면도날에 해당하는 아이튠즈의 음원을 저렴하게 판매함으로써 면도기에 해당하는 고마진의 아이팟 기기 판매를 늘릴 수 있었다.

이러한 비즈니스 모델은 지금까지와는 다른 방식으로 가치를 정의하고 고객에게 새로운 편의성을 제공한다. 비즈니스 모델 혁신은 산업 전체의 틀을 바꾸어 놓을 뿐 아니라 수십억 달러의 가치를 재분배하는 역할을 한다. 선구적인 비즈니스 모델을 앞세워 할인 매장 시장에 진입한 대형 할인점 월마트와 타깃은 현재 소매업 전체 기업가치의 75%를 차지하고 있다. 항공 서비스 시장에서 극히 작은 비중만을 차지하던 미국의 저가 항공사들이 현재 미국 내 전체 항공업계에서 차지하는 비중은 55%에 이른다.

Mark W. Johnson et al.(2008)이 제안하고자 하는 비즈니스 모델

혁신을 위한 로드맵은 3가지 단계로 이뤄져 있다. 1단계는 무언가를 원하는 고객을 만족시키기 위한 방법에 대해 생각하는 것에서 출발한다. 2단계는 고객의 문제를 해결하면서도 기업이 이윤을 창출하는데 도움을 주는 청사진을 만들어내는 것이다. 3단계는 그 기회를 잡으려면 얼마나 많은 변화를 도모해야 할 지 파악하기 위해 새로운 비즈니스 모델과 기존의 비즈니스 모델을 비교하는 것이다. 이를 통해기존 모델과 조직을 그대로 활용할지, 새로운 비즈니스 모델을 개발하기 위해 새로운 조직이 필요할지를 결정할 수 있다.

Stelios Kavadias 교수팀(2016)은 어떤 새로운 기술도 시장의 니즈와 연결되지 않는다면 산업의 변혁을 가져오는 비즈니스 모델이 될수 없다고 하였다. 즉 통상 테크놀로지가 산업의 지형을 바꾸는 것으로 생각하지만, 새로운 테크놀로지와 시장의 요구를 연결하는 비즈니스 모델이 있어야 대변혁이 가능하다.

2008년에 설립된 에어비앤비는 플랫폼을 이용하여 전통적인 호텔비즈니스를 뒤흔드는 완전히 새로운 비즈니스 모델을 만들었다. 호텔체인과 달리, 에어비앤비는 부동산을 소유하거나 관리하지 않는다. 단지 온라인 플랫폼으로써, 숙박할 곳을 찾는 개인과 집을 공유하려는 집주인을 연결해 주는 역할을 한다. 에어비앤비는 플랫폼을 관리하고 숙박비의 일부분을 가져간다. 회사의 이익은 물리적인 자산을 소유하거나 관리하는 것에 좌우되지 않기 때문에 사업 확장을 위한 막대한 자금이 필요하지 않고, 그 결과 고객에게 더 낮은 가격 (대체로 호텔 가격보다 30% 낮은 수준)을 부과할 수 있다. 게다가 집 주인이 숙소와 모든 서비스를 관리하고 유지할 책임을 부담하기 때문에, 운영비는 물론이고 기업이 부담하는 위험조차 기존 호텔보다 훨씬 낮다. 고객들은 에어비앤비의 비즈니스 모델을 통해 더 개인적이고 저렴한 서비스를 제공받는다. 이 시대의 새로운 비즈니스 모델은 테크놀로지가 할 수 있는 것과 시장이 원하는 것을 연결해주는 일종의 접점 역할을 한다. Stelios Kavadias 교수팀은 이에 착안하여 40개 기업의 새로운 비즈니스 모델을 심층 분석한 결과, 혁신적인 비즈니스 모델을 갖춘 조직으로 다음과 같은 6가지 특징을 도출하였다. 이는 ① 맞춤형 제품/서비스 제공, ② 폐쇄형 루프 프로세스, ③ 공유 경제, ④ 사용량 기반 가격 결정, ⑤ 협력적인 생태계, ⑥ 높은 민첩성과 적응성 등이다.

표 4.2. 성공하는 비즈니스 모델의 여섯 가지 특징

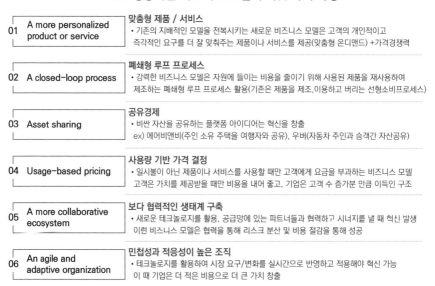

01 A more personalized product or service	맞춤형 제품 / 서비스 • 기존의 지배적인 모델을 전복시키는 새로운 비즈니스 모델은 고객의 개인적이고 즉각적인 요구를 더 잘 맞춰주는 제품이나 서비스를 제공(맞춤형 온디맨드) +가격경쟁력
02 A closed-loop process	폐쇄형 루프 프로세스 • 강력한 비즈니스 모델은 자원에 들이는 비용을 줄이기 위해 사용된 제품을 재사용하여 제조하는 폐쇄형 루프 프로세스 활용(기존은 제품을 제조,이용하고 버리는 선형소비프로세스)
03 Asset sharing	공유경제 • 비싼 자산을 공유하는 플랫폼 아이디어는 혁신을 창출 ex) 에어비앤비(주인 소유 주택을 여행자와 공유), 우버(자동차 주인과 승객간 자산공유)
04 Usage-based pricing	사용량 기반 가격 결정 • 일시불이 아닌 제품이나 서비스를 사용할 때만 고객에게 요금을 부과하는 비즈니스 모델 고객은 가치를 제공받을 때만 비용을 내어 좋고, 기업은 고객 수 증가분 만큼 이득인 구조
05 A more collaborative ecosystem	보다 협력적인 생태계 구축 • 새로운 테크놀로지를 활용, 공급망에 있는 파트너들과 협력하고 시너지를 낼 때 혁신 발생 이런 비즈니스 모델은 협력을 통해 리스크 분산 및 비용 절감을 통해 성공
06 An agile and adaptive organization	민첩성과 적응성이 높은 조직 • 테크놀로지를 활용하여 시장 요구/변화를 실시간으로 반영하고 적용해야 혁신 가능 이 때 기업은 더 적은 비용으로 더 큰 가치 창출

성공하는 비즈니스 모델의 여섯 가지 특징의 구체적인 내용은 다음과 같다. 첫째, 맞춤형 제품/서비스 제공(A more personalized product or service)이다. 기존의 지배적인 모델을 전복시키는 새로운 비즈니스 모델은 고객의 개인적이고 즉각적인 요구를 더 잘 맞춰주는 제품이나 서비스를 제공, 즉 맞춤형 온디맨드 서비스를 제공하면서 가격경쟁력도 갖춰야 한다. 둘째, 폐쇄형 루프 프로세스(A closed-loop process)이다. 강력한 비즈니스 모델은 자원에 들이는 비용을 줄이기 위해 사

용된 제품을 재사용하여 제조하는 폐쇄형 루프 프로세스를 활용(기존은 제품을 제조,이용하고 버리는 선형소비프로세스)하고 있다. 셋째, 공유경제(Asset sharing)의 특징을 갖는다. 비싼 자산을 공유하는 플랫폼 아이디어는 혁신을 창출하고 있으며, 에어비앤비는 집주인 소유 주택을 여행자와 공유하며, 우버는 자동차 주인과 승객 간 자산공유를 통해 혁신적 가치를 창출하고 있다. 넷째, 사용량 기반 가격 결정(Usage-based pricing) 구조를 갖는다. 일시불이 아닌 제품이나 서비스를 사용할 때만 고객에게 요금을 부과하는 비즈니스 모델로 고객은 가치를 제공받을 때만 비용을 내어 좋고, 기업은 고객 수 증가분만큼 이득인 구조이다. 다섯째, 협력적인 생태계(A more collaborative ecosystem)로 새로운 테크놀로지를 활용, 공급망에 있는 파트너들과 협력하고 시너지를 낼 때 혁신이 발생한다. 이런 비즈니스 모델은 협력을 통해 리스크 분산 및 비용 절감을 통해 성공하게 된다. 여섯째, 높은 민첩성과 적응성(An agile and adaptive organization)이다. 테크놀로지를 활용하여 시장 요구/변화를 실시간으로 반영하고 적용해야 혁신이 가능하며, 이때 기업은 더 적은 비용으로 더 큰 가치를 창출하게 된다.

새로운 기술과 시장의 니즈를 연결하는 성공적인 비즈니스 모델의 6가지 특성은 다음과 같이 도식화할 수 있다.

그림 4.16. Linking Technology and the Market(Kavadias, S., Ladas, K., & Loch, C.)

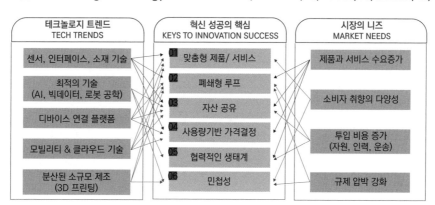

40개 기업에 대한 분석 결과에 따르면, 대변혁을 이끌 가능성을 가진 비즈니스 모델은 우리가 앞에서 꼽은 여섯 가지 특징 중 세 가지 이상을 보유하고 있었다. 특히 모빌리티의 한 축을 선도하고 있는 자동차 공유경제 비즈니스 모델인 우버는 여섯 가지 특성 중 무려 다섯 가지를 가지고 있다. 우버는 협력적인 생태계를 조성하여 자동차를 제공하는 운전자와 협력하여 리스크를 분배하고, 빅데이터를 활용한 플랫폼 운영으로 이 리스크를 최소화한다. 또한, 내부 의사결정 시스템을 통해 민첩성을 높여 실시간으로 변하는 수요에 대응한다. 덕분에 우버는 사용량 기반 가격 결정을 적용하여 높은 요금을 받을 수 있는 지역으로 운전자를 안내한다. 마지막으로 우버는 고객이 운전자를 평가하는 시스템을 구축하여 빅데이터를 활용한다. 덕분에 고객은 모바일 기기를 통해 자신과 가장 가까운 위치에 있는 운전자와 그의 평점을 볼 수 있다. 고객 평가 시스템은 운전자가 차량을 청결하게 유지하고 질 좋은 서비스를 제공하도록 압력을 가하고, 맞춤형 서비스를 제공할 수 있게 한다. 따라서 고객은 자신과 근접한 차량과, 좀 더 멀리 있지만 평점이 높은 차량 중에서 서택할 수 있다. 이것은 분명히 기존 택시 서비스보다 훨씬 앞선 형태로 변혁적 비즈니스 모델이다.

표 4.3. 비즈니스 모델 평가 결과(40개 기업)

시장을 뒤흔드는 혁신적 비즈니스모델 특징

	비즈니스	산업	맞춤형 제품/서비스	폐쇄형 루프	자산 공유	사용량 기반 가격 설정	협력적 생태계	민첩성	점수
1	우버	택시	O		O	O	O	O	5
2	에어비앤비	부동산	O		O		O	O	4
3	아마존	소매유통	O			O	O	O	4
4	델	전자	O			O	O	O	4
5	구글 애드워즈	광고	O			O	O	O	4
6	이케아	소매유통	O	O			O	O	4
7	레고 팩토리	완구	O			O	O	O	4
8	리프트	택시	O		O	O	O		4
9	필립스 페이퍼럭스	조명		O	O	O	O		4
10	집카	교통	O		O	O		O	4
11	조파	금융	O		O	O		O	4
12	알리바바	소매유통	O			O	O		3
13	애플 (아이팟)	전자	O			O	O		3
14	암	전자	O				O	O	3
15	캐논	전자/복사기		O			O	O	3
16	저스트파크	부동산	O		O	O			3
17	라이브옵스	콜센터			O		O	O	3
18	엠페사	금융			O		O		3
19	매디캐스트	헬스케어			O		O		3
20	리코 페이퍼페이지	전자		O		O	O		3
21	롤스로이스	엔진		O		O	O		3
22	세일즈포스닷컴	소프트웨어	O		O	O			3
23	십	운송&물류	O	O			O		3
24	텐센트	소프트웨어	O			O	O		3
25	워시오	드라이클리닝	O		O	O			3
26	웨이페어	가정용품		O			O	O	3
27	자라	의류	O				O	O	3
28	어피어히어	부동산 임대			O		O		2
29	코세라	교육	O				O		2
30	에드엑스	교육	O				O		2
31	핸디	가정용 서비스				O	O		2
32	인터페이스	카펫류		O	O				2
33	렌딩클럽	금융					O	O	2
34	나투라	화장품		O			O		2
35	나이키	신발	O					O	2
36	라이언에어	교통				O		O	2
37	태스크래빗	가정용 서비스			O	O			2
38	유다시티	교육	O				O		2
39	제록스	전자				O		O	2
40	엣시	소매유통	O						1

출처: Kavadias, S., Ladas, K., & Loch, C. (2016). The transformative business model. Harvard business review

제약 바이오 분야의 스타트업, 영국의 휘귀질환 플랫폼 HealX(2014)는 고객(희소질환 제약사)의 '희소 질환 시장이 너무 작아서 고객에게 천문학적인 가격이 부과되는' 문제에 주목하였다. 예를 들어 솔라리스(Soliris) 발작성 야간 혈색 소뇨증 치료제의 연간 환자 부담 비용은 50만 달러에 달할 정도이다. 이에 HealX는 디지털 트랜스포메이션을 통해 의료정보 AI플랫폼을 활용한 희귀 질환 치료법 개발 비즈니스 모델을 선보였다. 글로벌생명과학 및 헬스케어 기관이 보유한 빅데이터를 기반으로 만든 AI플랫폼은 희소병 7,000개 중 1,000개 정보를 제공하며 정보제공 이용자 약 3.5억 명, 약품 공개 데이터 비율 약 20%~25%로 확대되면서 HealX 이용 제약사의 비용 절감액은 연간 수백만 파운드에 이른다.

온디맨드 서비스를 통해 가치−원가 딜레마를 해결한 HealX의 비즈니스 모델의 성공 요인은 다음과 같다. 첫째, 공유경제 비즈니스 모델로 임상시험 데이터베이스를 공유함으로써 희귀병에 대한 적절한 처방이 가능하다. 둘째, 개별화된 맞춤형 서비스로 희소병을 치료할 가능성이 높은 약을 AI가 학습 알고리즘을 통해 개인 특화된 적합 약물처방 서비스를 제공한다. 셋째, 협력적인 생태계로 대형 제약사(치료법, 시험데이터), 헬스케어 기관(유전자정보)과 협력적 생태계가 구축된 것이다. 넷째, 생물학 정보와 알고리즘으로 무장하여 수요에 빠르게 대응하는 민첩성으로 진화하고 있기 때문이다. 이상에서 중요한 것은 물리적 자원이 아니라 지식, 스킬, 역량이 내재되어 재구조화된 디지털 자원이다.

모빌리티 비즈니스
모델의 방향성

우리나라 자동차 관련 기업들은 보다 체계적인 환경 분석과 리스크 분석 및 미래 전략 수립이 시급한 것으로 나타났다. 산업자원통상부(2021년)의 '자동차부품기업 미래차 전환 지원전략' 보고서에 따르면 우리나라의 자동차 부품기업 8,966개사 중 약 47%에 해당하는 4,195개사(고용 규모 10.8만 명)가 사업재편이 필요한 엔진 부품, 동력전달, 전기장치 분야에 해당하는 반면, 전장부품 등 미래차 부품기업은 210개사로 2.3%에 불과한 것으로 조사되었다. 그렇지만 EY한영(2021년)이 국내 중견 · 중소형 부품사(n=300) 임직원 400명 대상의 설문조사에 따르면, 미래형 모빌리티 사업의 변화 준비에 대비한 회사의 대응 수준이 불충분하거나 전혀 준비되어 있지 않다고 응답한 부정적 비율이 약 74%에 달했다. 또한 자사의 사업 방향성을 묻는 질문에서는 기존 사업 영역과 방식을 계속 유지하고 있다는 답변이 50%에 달했고, 사업전략 추진 및 미래사업 전환의 장애물로는 정보 부족 및 미래사업 전략 부재를 꼽은 비율이 61%나 되었다.

먼저 새로운 모빌리티 패러다임하에서 생존하기 위해서는 현재 산업 생태계 내 우리 기업이 속한 부품 클러스터별 환경 분석(PEST)이 필요하다. 자동차 부품 클러스터를 외부 리스크(① 시장 구조 및 압력, ② 규제 및 사회환경, ③ 미래 시장에서의 중요도)와 내부 리스크(① 현금 창출력, ② 부품 클러스터 적응력 및 혁신 능력, ③ 신용등급) 리스크 분석을 통해 다음과 같은 매트릭스로 분석할 수 있다(딜로이트, 2021).

그림 4.17. 부품 클러스터별 리스크 맵

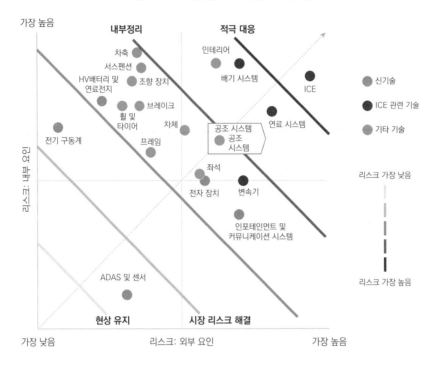

출처: 딜로이트(2021), 자동차 산업 가치사슬의 미래

해당 부품 클러스터 내 속한 기업은 리스크 매트릭스 내 위치에 기반해 각 리스크의 근원과 주요 원인에 대한 초기 가정을 세운 후, 다음과 같이 리스크 대응 계획을 수립할 수 있다. 첫째, 현상 유지 클러스터는 리스크 수준이 낮은 편이지만, 지속적으로 리스크 노출 상황을 주시하는 것이 중요하다. 둘째, 시장 리스크 해결 범위에 속한다면 통제 불가능 리스크에 대한 노출을 최소화하고 가용 자원의 선택적 사용으로 시장 및 전략적 문제를 해결할 수 있다. 다만, 이 클러스터에 속한 기업은 완성차 기준뿐만 아니라 해당 부품 산업 자체의 패러다임 변화에 대해서도 리스크를 점검해야 한다. 예를 들어 타이어 산업같은 경우, 130여 년 전통의 공기압 타이어에서 에어리스 타

이어로 전환될 가능성에 따라 적극 대응 범위에 준하는 비즈니스 모델 혁신이 필요할 수 있다는 것이다. 셋째, 해당 부품 클러스터가 내부 정리에 속한다면 심각한 내부 리스크가 파악됐으나 운영 및 재무 조치로 통제할 수 있는 상태다. 마지막으로 적극 대응 범위에 속한 부품 클러스터는 대내/대외 리스크가 모두 분명히 드러난 상태이므로 속히 진화에 나서야 한다. 가장 바람직한 대응은 비즈니스 모델을 완전히 탈바꿈하는 혁신이 필요하다. ICE 부품 클러스터의 경우 구조적 특성과 각국의 탄소중립에 대한 압력으로 인해 통제 불가능한 외부 리스크에 취약할 뿐만 아니라 평균적으로 높은 내부 리스크를 안고 있어 적극대응이 필요한 대표적인 부품 클러스터로 꼽힌다. [62]

국내에서 적극 대응이 필요한 ICE 부품 클러스터 기업 중에는 비즈니스 모델을 완전히 전환하는 사례가 점차 나타나고 있다. 엔진 부품 기업이었던 동보는 EV 감속기어 부품을 기아 EV6에 공급하면서 매출이 성장하고 있으며 향후 5년 내 EV 부품 비중을 20%까지 확대할 계획이다. 가솔린/디젤 엔진 부품 캠샤프트의 M/S 1위 회사 서진캠은 EV모터 로터 샤프트 부품 및 배터리 냉각 장치 공급사로 변신하고 있다. 엔진 쿨링팬 및 하이패스의 강자 이씨스는 차량용 무선 통신 모듈과 커넥티드카의 ADAS제어 모듈을 개발 중에 있다. 엔진 방진 시스템 및 고무소재 부품 공급사인 평화산업은 에어서스펜션을 국산화하였으며, EV 모터마운트 공급을 확대하고 있다.

표 4.4. ICE 부품 클러스터 기업의 비즈니스 모델 전환 사례

구 분	기업 개요	주력 생산 부품	모빌리티 사업 확장 or 전환
동보	• 설립일: 1966년 • 매출액: 3,174억 • 직원수: 950명 • 엔진, 변속기 부품	• 엔진 Balance Shaft • Fuel rail (엔진 연료 분사 장치) • CVVD (연료 분사 제어 장치) • 변속기 기어 정밀 부품	• EV 감속기어 부품 (EV5,6 납품 중) • '20년 대비 '21년 매출 37.4% 성장 • EV 부품 매출 비중 8% → 5년 내 20% 확대 목표
서진캠	• 설립일: 1999년 • 매출액: 3,180억 • 직원수: 319명 • 엔진용 캠샤프트	• 가솔린, 디젤, TB, 선박용 캠샤프트 (엔진 흡·배기 밸브 조절 부품) • 국내 캠 샤프트 M/S 86%	• EV 모터 로터 샤프트 부품 • 배터리 냉각장치
디아이씨	• 설립일: 1976년 • 매출액: 5,901억 • 직원수: 728명 • 변속기 기어	• 자동변속기 기어 (현대 8단) • DCT 미션 기어 (현대8단 DCT) • 엔진 오일펌프 기어	• EV 감속기 부품 (HMG, GM, Tesla 공급 중) • EV용 SBW (shift by wire) 전기제어 변속 장치 • 구동부품 제조 → 변속기 ASSY 조립 확장
이씨스	• 설립일: 2005년 • 매출액: 1,261억 • 직원수: 485명 • 엔진용 전장 부품	• 엔진 쿨링팬, 워터펌프 모터 • 순정형 하이패스 (M/S 60%) • 차량용 블루투스/와이파이 장치 (현대기아 납품 90% M/S)	• 차량용 무선통신 모듈 (커넥티드 기능) • ADAS 제어 모듈 개발 중 • 새만금 산단에 '무선통신장비 제조시설' 건립 600억 증설 투자, 130명 인력 충원 예정
SL	• 설립일: 1954년 • 매출액: 30,011억 • 직원수: 4,363명 • 차량 램프, 전장제품	• 헤드 & 리어 램프 • 자동변속기 시프트 레버 • 가속, 브레이크 페달 • 아웃사이드 & 인사이드 미러	• EV BMS (배터리 관리 시스템) 공급 HMG 2,700억 매출액 9% 수준 규모 • EV 변속기 레버, 광학 아웃사이드 & 인사이드 미러 공급 중
평화 산업	• 설립일 : 1950년 • 매출액 : 4,425억 • 직원수 : 790명 • 차량용 고무 부품	• 방진시스템 (엔진 마운트) • 호스시스템 (연료, 흡배기 고무 호스)	• 에어서스펜션 (에어 스프링 공기주머니 역할인 벨로즈 최초 국산화) • 20년 대비 '21년 매출 25% 증대, 흑자 전환 성공 • EV 모터마운트 (방진 제품) 확대 (VW공급 중)

다음은 소비자의 변화 트렌드에 대한 인식 수준과 어떤 문제에 대해 관심과 해결을 원하는지(니즈)에 대한 파악이 필요하다. 미래의 방향성 못지 않게 분야별 인프라 구축 수준, 국가별 속도의 차이가 엄연히 존재하므로 모빌리티 서비스에 대한 카메이커 및 부품사들은 전략적 선택을 신중하게 접근해야 한다. 딜로이트는 2010년부터 글로벌 모빌리티 산업의 주요 이슈에 대한 소비자 조사를 수행해 왔으며, 2022년에는 EV, 자율주행, 차량 구매 선호도 등에 대해 25개국 26,000여명의 소비자 조사 결과를 발표했다.[63] 주요 이슈에 대한 조

사결과는 다음과 같다. 첫째, 다음 구매할 차량의 전기차(BEV) 선호도는 한국(23%) 〉 중국(17%) 〉 독일(13%) 순이며, 일본은 하이브리드카(37%)를 선호한 반면 미국 소비자는 여전히 내연기관 자동차(ICE)를 선호하는 것으로 나났다.

그림 4.18. 다음 구매할 차량의 파워트레인에 대한 선호도

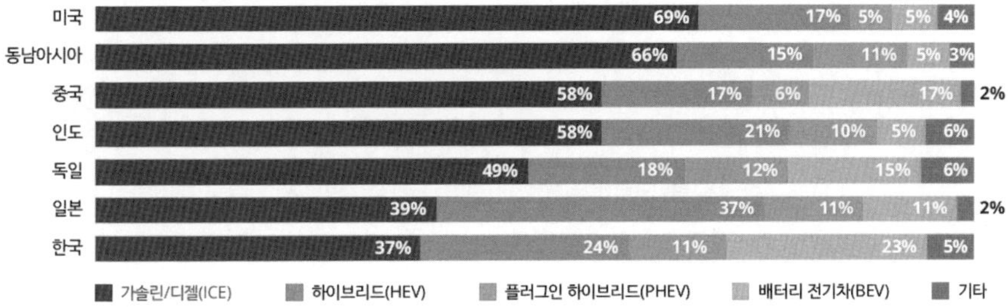

출처: 딜로이트(2022), 글로벌 자동차 소비자 조사

둘째, 전기차 선호 소비자들은 연비 절감 및 탄소중립에 대한 기대감으로 전기차 구매를 고려하고 있으며, 전기차 선택의 우려 사항은 주행 거리, 충전 인프라 부족, 안전 문제를 꼽았다. 딜로이트의 2018년 대비 2020년 조사 결과를 비교해 보면, 전기차에 대한 소비자 인식 변화 조짐이 보인다〈표 4.5〉. 즉 중국을 제외한 대부분의 국가에서 가격에 대한 우려는 감소하였으며, 주행거리는 여전히 우려 요인이지만 이탈리아를 제외하면 과거 조사 대비 완화되고 있는 경향을 보이고 있다. 다만 전기차 제조업체의 주행거리 등 기술력의 진보 대비 핵심 인프라로 꼽히는 충전소에 대한 우려는 더욱 확대되고 있다. 이는 전기차가 소비자들에게 실질적인 선택지로 부상하고 있다는 반증과 함께 전기차 확산의 핵심 조건임을 알 수 있다.

표 4.5. 전기차 구매 시 우선적 고려 사항 (2018년 vs. 2020)

배터리만을 동력으로 사용하는 전기차에 대한 가장 큰 우려 원인은 무엇입니까?	프랑스		독일		이탈리아		영국		중국		미국	
	2018	2020	2018	2020	2018	2020	2018	2020	2018	2020	2018	2020
주행거리	31%	28%	35%	33%	4%	27%	26%	22%	25%	22%	24%	25%
가격	32%	22%	22%	15%	19%	13%	24%	16%	9%	12%	26%	18%
충전 시간	11%	15%	11%	14%	18%	16%	13%	16%	12%	15%	10%	14%
충전소 부족	16%	22%	20%	25%	44%	32%	22%	33%	18%	20%	22%	29%
배터리 기술 관련 안전문제	4%	11%	5%	10%	7%	10%	6%	12%	22%	31%	8%	13%
기타	6%	2%	7%	3%	8%	2%	9%	1%	14%	0%	10%	1%
합계	100%	100%	100%	100%	100%	100%	100%	100%	100%	100%	100%	100%
모집단 수	1,083	1,266	1,287	3,002	1,048	1,274	965	1,264	1,606	3,019	1,513	3,006

출처: 딜로이트(2020), 전기차 시장 전망, 2030년을 대비하기 위한 전략

셋째, 커넥티비티, 자율주행 등 새로운 모빌리티 기술에 대해서는 안전, 편의성, 유지비용 절감 등을 기대하고 있으나, 이에 대한 추가 비용 지불 의사는 여전히 낮게 나타나 이를 설득할 명확한 가치 제안이 필요하다.

넷째, 코로나19 이후 비대면 온라인 자동차 구매가 증가하고 있으나, 대부분의 고객은 실차 경험을 필요로 하는 오프라인 구매를 여전히 선호하고 있으며, 공유카보다는 개인차와 대중교통에 대한 선호도가 여전한 것으로 조사되었다. 따라서 이러한 모빌리티 패러다임에 대한 소비자들의 공감대를 끌어내기 위한 기업의 고객 경험 관리 방향, 온디맨드 플랫폼의 고도화 등에 대한 비즈니스 모델 혁신이 반드시 필요한 상황이다.

이상에서와 같이 모빌리티 패러다임에 대한 소비자의 인식에 대한 갭이 여전히 존재할 뿐만 아니라 시장별(국가별) 속도의 차이가 있음을 확인하였다. 이러한 시장별 세분화를 통해 기존 카메이커(OEM)를 비롯한 다양한 전기차 시장 참여 기업들에게 최적화된 솔루션을 제안하는 흥미로운 연구가 있다. 딜로이트의 자동차부문 연구진은 자사의 MonitorDeloitte's GrowthPath ® Action Segmentation ®을 기반으로 자동차의 본고장 영국의 미래 자동차 시장을 9개로 세분화하였다[64]〈그림 4.19〉. 이 사례는 글로벌 전기차 시장 세분화의 축소판으로 각 세분시장별 판매 시장 전기차 도입에 대한 대비 정도, 소비자 행태 등에 따른 세분 시장별로 내연기관에서 전기차로 전환 시 브랜드 로열티를 유지토록 하거나 신규 고객의 전기차 구매 시 자사 브랜드를 선택하도록 하고 어떤 대비가 필요한지에 대해 제안한다. 시장 세분화 기준은 자동차 소유 유무, 운행 용도를 기본 축으로 지출 수준, 주행거리, 인구 특성 등을 기준으로 9개 영역으로 구분하였다.

그림 4.19. 영국 자동차 시장의 9개 시장 세분화

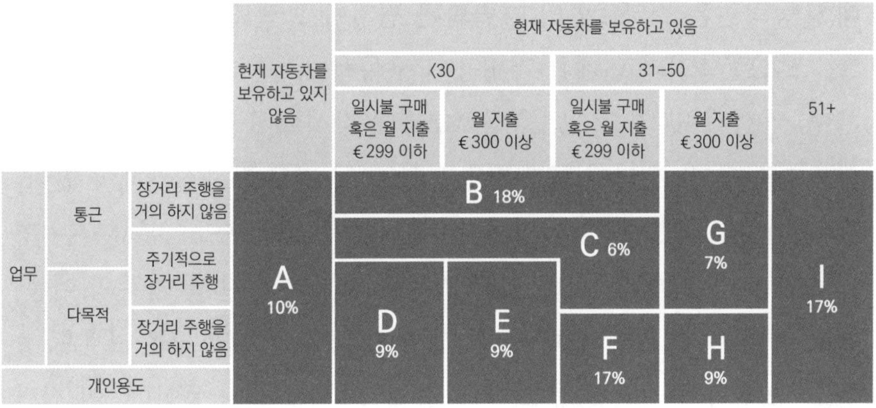

출처: 딜로이트(2020), 전기차 시장 전망, 2030년을 대비하기 위한 전략

이와 같이 소비자 세분화를 통해 각 세분 시장별 소비자 페르소나를 정립할 수 있다. 소비자 페르소나는 소비자의 행동, 그 행동의 동기, 소비자 행동의 변화 유무 원인과 장애물에 대해 설명해 주므로 효과적인 타겟 소비자를 공략하는 전략을 구상할 수 있다. 시장 세분화에 따른 9개 시장중 B, D, G 영역별 소비자 특성은 다음과 같다.

먼저 세분 시장 중 가장 대상 고객 수가 많은 영역 B의 소비자 페르소나 특성은 소형 휘발유 자동차, 단거리 통근용, 낮은 브랜드 충성도, 중고차 판매 가격에 대한 관심이 높다. 이 집단에 대해서는 저렴한 가격과 배터리 사용 시간 및 성능에 대한 추가 정보를 제공하여 중고 전기차 구매를 자극하는 전략을 구상할 수 있으며, 타 브랜드 소유 고객을 대상으로 더 작고 저렴한 출시 모델에 대한 인지도를 끌어올릴 수 있는 마케팅 전략을 시행한다.

영역 D의 소비자 페르소나 특성은 직장 새내기로 저가 소형 중고 자동차를 소유하고 있으며, 환경과 지속가능성에 대해 관심이 많지만 예산이 한정적이라 특정 브랜드와 상관없이 다양한 스타트업 기업들이 전기차를 더 많이 출시하는 것을 기다리는 고객층이다. 이 집단에 대한 공략법은 스타트업의 차별화된 전기차 브랜드 인지도를 제고하고, 스마트 충전과 연계한 저비용의 구독서비스를 제공한다. 또한 신기술, 가성비 및 지속가능성 등 MZ세대 감성에 초점을 맞춘 구매 경험을 제공하고, 온라인 플랫폼을 통한 구매 경로를 재설계해야 한다.

전기차 구매 의향이 가장 높은 프리미엄 고객층으로 분류되는 영역 G의 소비자 페르소나 특성은 업무용 장거리 운전 및 가족의 이동, 크고 편한 차, 비싸도 신차 구매, 고가 브랜드 선호 및 높은 브랜드 충성도, 오프라인 대리점 선호, 친환경 및 디자인 중시 등이다. 이 집단에 대한 공략법은 높은 브랜드 충성도를 활용한 전기차 전환 전략에 착안하여 기존 차량에서 전기차로 전환하는 시점에 필요로 하는 정보와 제품을 제공하는 시스템을 갖추고 고객 이탈 방지를 위한 강한 브랜드 친밀도를 유지하는 마케팅 전략을 실행해야 한다. 예를들어 기술 옵션, 서비스 패키지, 데이터 관련 서비스 등을 통해 고객 경험을 증진하고 브랜드와의 친밀감을 강하게 유지하도록 하는 것이다. 새롭게 부상하는 전기차 시장을 위기가 아닌 기회로 활용하기 위해서는 시장 세분화를 통해 전략의 우선순위를 설정하는 한편 모빌리티 패러다임하에서 성장을 가속화하고 전기차 시장에서의 이익 증대를 위해 세부적인 전략 점검에 대한 체크리스트를 만들어 분석할 필요가 있다.

다음에서는 자율주행 EV 생태계 내에서의 성장을 위해 어떤 경쟁력을 어떻게 확보할 것인지에 대해 살펴 보고자 한다. 주지하다시피 모빌리티 비즈니스 성장의 축은 CASE가 융합된 자율주행 EV 및 MaaS가 주도할 것으로 전망이다. 즉 자율주행·차량공유 등이 결합된 MaaS 부문은 연간 20% 이상씩 성장하여 2030년까지 1.2조 달러, 점유율이 19%까지 성장할 전망이지만, 차량 판매·부품·AS 등 전통적 영역은 2018년 95%에서 2030년 75%로 축소될 전망이다.[65]

그림 4.20. 글로벌 자동차 가치 점유 변화

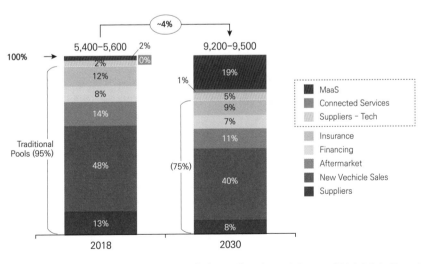

출처: PWC(2019), PWC Strategy&Digital Auto Report

이러한 글로벌 자동차 가치 점유 변화에 따라 자율주행 EV 생태계를 주도할 대표적인 6개 주체, 즉 전통적인 완성차, 신생 전기차 전문 기업, 빅테크 기업, 자동차 부품 글로벌 공급사들인 Tier1, 차량용 반도체 및 자동차 OS(Operating system) 기업, 배터리 제조사 등의 전략적 대응 방향을 투자(M&A) 동향을 통해 알아볼 수 있다.

첫 번째, 전통적인 완성차 업계는 내연기관 중심에서 전기차 전환을 위한 투자, 배터리 역량 확보 투자, 인프라 투자 등 전기차 대응 투자 비중이 38%를 차지하고 있다. 다음으로 자율주행기술 확보 투자 37%, 차량용 소프트웨어 투자도 전체의 12%를 차지하였다. 특히 전기차 선도 기업이 되기 위해서는 배터리 역량 내재화 및 전략적 파트너십을 반드시 구축해야 한다. 이에 BMW, 폭스바겐, 볼보는 스웨덴의 배터리업체 노스볼트에 투자했으며, GM은 LG에너지솔루션과 전기차 배터리 합작법인인 얼티엄셀즈(Ultium Cells)를 설립하여 배터리 공장을 건설 중에 있다. 현대자동차, 지리자동차, GM, 혼다, 상하이자동차 등은 미국의 차세대 리튬메탈 배터리업체인 솔리드에너지 시스템(SES)에 투자했다.[66]

그림 4.21. 전통적인 완성차 업계의 자율주행 EV 생태계 투자

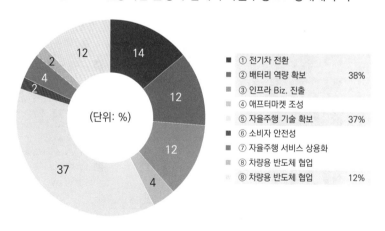

출처: KPMG(2022), 글로벌 M&A로 본 전기차 · 자율주행차 생태계

두 번째, 테슬라, NIO, 리오토 등 신생 전기차 전문 기업들은 자율주행 분야에 집중 투자(36%)를 하고 있으며, 전기차 배터리 역량 확보에도 30%에 달하는 투자를 했다. 테슬라는 2019년 AI 스타트업 딥스케일을 인수했고, BYD는 라이다 인식 솔루션 제공업체 로보센스에 투자했으며 니오는 차량인식 기술 스타트업 미니아이, 라이다 센서 스타드업 이노뷰전, 상용차 자율주행 기술 스타트업 인셉티오 테크롤로지에 투자하는 등 자율주행 솔루션을 위한 기술확보에 주력하고 있다.[67]

세 번째, 구글, MS, 아마존, 바이두, 알리바바, 텐센트 등 빅테크 기업 역시 자율주행 EV 생태계 내 주도권 확보를 위한 투자가 활발하다. 특히 자신들의 강점인 ICT 기술과 연계한 자율주행 기술 확보에 38%를 투자하고 있으며, 완성차 업계와 전략적 파트너십을 통해 전기차 제조업에도 진출하여 투자 비중이 25%에 달하며, 차량용 소프트웨어도 18%의 투자를 집행하였다. 빅테크의 전기차 제조 관련 투자는 매우 활발하게 진행되고 있으며, 아마존의 리비안(Rivian) 인수, 바이두는 지리자동차와 합작법인 지두자동차(Jidu Automobile) 설립, 텐센트는 루오커 자동차(Rox Motor) 투자, 알리바바는 샤오펑 투자 및 상하이 자동차와 스타트업 즈지자동차(Zhiji Auto) 설립 등이 주요 사례이다.[68]

표 4.6. 빅테크의 전기차 분야 합작 및 투자 사례(KPMG)

대응 방향	빅테크	피투자사(회사명/지역)		거래연도
전기차 전환	아마존	Rivian	미국	'21, '20, '19
	바이두	Jidu Automobile	중국	'22, '21
	바이두, 텐센트, 알리바바	Weltmeister	중국	'20, '19, '17
	알리바바	Guangzhou Xiaopeng Motors Technology	중국	'20, '18, '17
		Zhiji Auto	중국	'20
		Cenntro	중국	'18
	텐센트	Rox Motor	중국	'21
		AIWAYS	중국	'17
		Nio	중국	'17
배터리 역량 확보	아마존	Redwood Materials	미국	'21
인프라 Biz.진출	구글	Ampup	미국	'22
	마이크로소프트	Magenta(Alternative Energy Equipment)	인도	'21
	아마존	Resilient Power	미국	'21
		Span	미국	'21
애프터마켓 조성	바이두	Tsing Standard	중국	'21

출처: Ibid, KPMG(2022)

네 번째, 글로벌 10대 자동차 부품업체로 구성된 Tier1의 자율주행 EV 투자는 자율주행 기술 확보 36%, 차량용 소프트웨어 25%, 전기차 대응 22% 순으로 나타났다. 특히 자동차 부품사인 Tier1은 자율주행 EV 시대에서 완성차와 빅테크, 기존의 Tier2였던 차량용 반도체 및 소프트웨어 기업들 사이에서 새로운 입지를 확보하는 전략이 필요하다. 전통적으로 Tier1은 Tier2가 개발, 생산한 부품들을 효율적으로 모듈화하면서 안정적인 비즈니스를 유지하고 있었으나 완성차가 직접 자율주행 솔루션을 개발하거나 완성차–Tier2, 완성차–빅테크, 빅테크–Tier2 간 협업이 증대되고 있기 때문이다. Tier1의 전기차 전환 대응 투자는 전기차 파워트레인을 비롯한 동력전달 장치 관련 투자가 활발하다. 마그나와 LG전자의 합작법인 LG마그나는 전기차 파워트레인을 구성하는 부품, 구동시스템, 차량 탑재형 충전기 등을 개발, 생산, 판매한다. 발레오(Valeo)는 지멘스(Siemens)와 합작 설립한 발레오 지멘스 e-오토모티브의 지멘스 측 지분 인수를 발표함으로써 전기차 파워트레인 사업의 주도권을 확보하고자 했다. Tier1의 전기차 배터리 개발 관련 역량을 확보하기 위한 투자로, 콘티넨탈은 2020년에는 차세대 전기차 배터리로 부각되고 있는 전고체 리튬배터리 개발 업체인 퀀텀스케이프(QuantumScape)에 투자했으며, 덴소는 인도의 리튬이온 배터리 업체인 오토모티브 일렉트로닉스 파워에 투자했다. Tier1은 커넥티비티 관련 차량용 소프트웨어 투자도 활발하다. 2021년에 마그나는 운전자 모니터링 소프트웨어 업체인 시잉머신(Seeing Machines)에 투자했는데, 이는 운전자의 시선, 머리의 위치, 동공 크기를 정확하게 추적하는 컴퓨터 비전 알고리즘에 특화되어 있다. ZF 프리드리히샤펜은 2021년 독일의 커넥티버티 솔루션을 제공하는 더블슬래쉬(DoubleSlash)를 인수했는데, 무선 업데이트 기능을 통해 커넥티드 카의 소프트웨어 기능을 최신 상태로 유지할 수 있게 해주는 기술을 보유하고 있다. 현대모비스는 2020년 영국 증강현실 헤드업 디스플레이(AR HUD) 전문기업인 엔비직스에 투자했다. 덴소는 2019년 미국의 텔레매틱스 기업인 에어비퀴티(Airbiquity)에 투자하여 완성차 제조사가 다중 ECU OTA 업데미트 및 데이터 관리를 가능하게 해주는 솔루션을 확보하게 되었다.[69]

표 4.7. Tier1의 차량용 SW 투자 및 협업 사례(KPMG)

대응 방향	Tier1	피투자사(회사명/지역)		거래연도
차량용 SW 협업	콘티넨탈	Unicom Continental Intelligent Transportation Technology	중국	'21, '17
		DIGILENS	미국	'19, '17
		HERE Global	미국	'18
	마그나	Seeing Machines	호주	'21
	ZF	Bestmile	스위스	'21
		DoubleSlash Net-Business	독일	'21
	포레시아	Faurecia IRYStec	캐나다	'20
		GuardKnox	이스라엘	"19
	현대모비스	Sonatus	미국	'21
		Envisics	영국	'20
	아이신	Idein(Software Devepolment Applications)	일본	'19
		Toyota Research Institute-Advanced Development	일본	'18
	덴소	Airbiquity	미국	'19
	리어	Xevo	미국	'19
	로버트 보쉬	Naviacom	튀니지	'19

출처: Ibid, KPMG(2022)

다섯 번째, 차량용 반도체/OS 기업의 자율주행 EV 생태계 투자는 자율주행 기술 확보 36%, 차량용 반도체 협업 30%, 차량용 소프트웨어 협업 21% 투자순이다. 차량용 반도체는 자동차에 장착된 각종 시스템을 제어하는 데 사용되는데, 차량이 전장화되고 자율주행 플랫폼 등이 탑재되면서 자동차에는 수많은 반도체가 필요한 상황이다.

자율주행 분야에 반도체 기업들이 주목하고 있는 이유는 인공지능 연산이 가능한 고성능 차량용 반도체 수요가 급증하고 있고, MCU(Micro Controller Unit)가 개당 1~2달러 수준인데 반해 AI 전용 반도체의 경우 단가가 높기 때문이다. 2022년 엔비디아는 완성차 업체 재규어 랜드로버와 자율주행 전용 반도체 개발을 위한 전략적 파트너십을 맺었고, 인텔도 폭스바겐, 포드, 지리자동차 등과 협력하여 파운드리에서는 차량용 반도체를 생산함과 동시에 인텔의 자회사인 모빌아이는 자율주행 전용 반도체를 출시한다고 발표했다.[70]

표 4.8. 차량용 반도체/OS 기업의 자율주행기술 투자(KPMG)

대응 방향	차량용반도체·OS	피투자사(회사명/지역)		거래연도
자율주행 기술 확보	인텔	Zvision	중국	'22, '21
		AEye	미국	'21, '19
		Prophesee	프랑스	'19, '18
		Mobileye	이스라엘	'17
	퀄컴	Zongmu	중국	'21, '19
		Haomo Zhixing	중국	'21
	엔비디아	DeepMap	미국	'21, '18
		Hayden AI	미국	'20
	삼성전자, 인피니언, NXP, 엔비디아, TI	Oculii	미국	'21
	NXP	HawkEye Technology (China)	중국	'19
	인피니언	Metawave	미국	'19
자율주행 기술 확보 차량용 SW 협업	삼성전자, 인피니언	TTTech Auto	오스트리아	'17
자율주행 기술 확보 자율주행 서비스 상용화	엔비디아	TuSimple	미국	'19, '17
		WeRide	중국	'17

출처: Ibid, KPMG(2022)

여섯 번째, 배터리 제조사의 자율주행 EV 생태계 투자는 당연히 배터리 역량 확보에 50%의 투자가 집중되고 있으며, 전기차 전환 대응 투자도 15%에 달한다. 전기차 제조원가에서 배터리가 차지하는 비중이 가장 크기 때문에 배터리 제조사와 완성차 간의 합종연횡이 다양하게 진행되고 있다.

배터리 역량 확보에는 배터리 원재료 관련 투자, 배터리 핵심 소재 확보 투자, 배터리 생산 Capacity 확장 투자, 차세대 배터리를 포함한 성능 고도화를 위한 투자로 구분된다. 특히 배터리 제조사는 리튬, 니켈 등 희유금속을 확보하기 위해 리튬 채굴 업체부터 시작하여 도시광산(폐배터리 재활용) 업체까지 투자하며 협력사를 넓히고 있다. 예를들어 LG에너지솔루션은 전기차 배터리 핵심 원재료인 니켈, 코발트 등을 생산하는 중국의 제련 전문 기업인 그레이트파워(Greatpower)의 지분 4.8%를 인수했다.[71]

IRA 시행에 따른 생산세액공제(AMPC) 수혜를 받기 위한 국내 배터리 3사의 북미 투자 규모는 약 45조 원에 달한다. LG에너지솔루션은 GM(2023~2025; 오하이오, 테네시, 미시간), 스텔란티스(2024; 캐나다), 혼다(2024; 오하이오) 등과 합작공장을 운영 및 건설하고 있고, SK온은 포드(2025~2026; 테네시, 켄터키), 현대자동차(2025; 조지아) 등과 합작공장을 추진 중에 있으며, 삼성SDI는 스텔란티스(2025; 인디애나)와 합작공장에 투자에 나섰다.

이상을 종합하면 자율주행 EV 생태계의 6개 주체 대부분이 자율주행 기술 역량 확보에 최우선 투자를 집중하면서 주도권 확보를 위한 완성차–빅테크, 완성차–Tier1–차량용 반도체, 빅테크–Tier1 등 다양한 합종연횡의 각축이 진행되고 있다.

표 4.9. 자율주행 EV 생태계의 6개 주체 투자 동향 종합(KPMG)

범례:
- ■ 투자 기업군별 전체 주자 중 30% 이상
- ▩ 투자 기업군별 전체 주자 중 20% 이상 - 30% 미만
- ░ 투자 기업군별 전체 주자 중 10% 이상 - 20% 미만
- □ 투자 기업군별 전체 주자 중 10% 미만

	전통적 완성차 제조사	신생 완성차 제조사	빅테크	Tier1	차량용 반도체 및 OS	배터리 제조사
① 전기차 제조로 비즈니스 전환	░	░	▩	░	□	□
② 전기차 배터리 역량 확보	░	▩	□	□	□	■
③ 전기차·자율주행 인프라 Biz. 진출	░	□	□	□	□	□
④ 전기차 관련 애프터마켓 조성	□	□	□	□	□	□
⑤ 자율주행 단계 고도화를 위한 기술 역량 확보	■	■	■	■	■	░
⑥ 소비자 안전성 이슈 해소	□	□	□	□	□	□
⑦ 자율주행 서비스 상용화	□	□	□	□	□	□
⑧ 차량용 반도체 고도화 및 포토폴리오 확대	□	□	□	□	■	░
⑨ 커넥티비티 등 차량용 SUV 관련 니즈 대응	░	□	░	▩	□	□

출처: Ibid, KPMG(2022)

또한 전통의 완성차 제조사들은 내연기관 중심의 사업 구조를 전기차 중심으로 전환하는 작업을 가속화하고 있으며, 신생 전기차 기업은 차량의 다양성 확보와 가격 경쟁력 확보에 지속적으로 투자하고 있다. 배터리 제조사는 배터리 원가 절감 및 차세대 배터리 개발에 역량을 집중하고 있다. 완성차 업계를 중심으로 전기차 충전 인프라 구축을 향한 투자가 나타나고 있으며, 배터리 교환 서비스 등 전기차 대중화를 위한 다양한 주체들의 노력도 가속화 되고 있음을 알 수 있다.[72]

그렇다면 새로운 모빌리티 생태계에서 기업의 역할 및 비즈니스 모델을 재정립할 필요가 있다. 모빌리티 시장에서 공급자는 소비자가 원하는 서비스를 구현할 수 있는 새로운 이동 수단을 제공하고, 이동수단과 인프라의 효율적인 연계를 제공해야 한다. 또한 이동 수단을 제공하는 과정에서 새로운 가치와 경험을 제공하고 서비스 과정 전반을 조율하고 합리적인 가격을 제시하는 플랫폼을 제공해야 한다. 그리고 축적된 데이터의 보안을 유지함과 동시에 적합하게 활용하여 소비자에게 더욱 맞춤화된 서비스로 선순환시켜야 한다.[73] 이러한 모든 프로세스가 오로지 고객의 문제를 해결하는 것에 집중될 때 비로소 생존과 성장이 가능한 혁신적인 비즈니스 모델이 될 수 있다.

타이어 산업의 전략 및 비즈니스 모델 혁신

다음에서는 모빌리티 전쟁에서 생존과 성장을 위한 비즈니스 모델 혁신에 대해 환경 분석을 통한 전략적 방향성을 먼저 도출하고, 이를 토대로 비즈니스 모델 혁신 방안을 제안하고자 한다.

타이어 산업의 환경 분석 및 전략도출은 다음과 같은 프로세스로 진행된다.[74] 즉, 외부환경 분석 → SWOT 분석 및 1차 전략 도출 → 7S정렬 및 2X2 Matrix로 최종 전략을 선정하는 순으로 전략적 방향성을 도출하게 된다.

그림 4.22. 환경 분석 및 전략도출 프로세스

1단계, 거시환경 분석은 다음과 같이 PEST(Political, Economic, Social, Technology)분석을 통해 총 20개 항목을 선정하였다. 타이어 산업은 정치/제도적으로 EU WLTP법 시행에 따른 CO_2 배출초과 시 과징금 부과 및 EU공급망 실사법 등 ESG 관련 법제화 가속에 직면해 있다. 미·중 전략적 경쟁관계에 따른 지정학적 리스크를 또한 주요 정치 변수로 주목해야 한다. 경제적으로는 글로벌 금융시장 불확실성 증대 및 글로벌 공급망 재편에 따른 불확실성이 지속되고 있으며 미국의 반덤핑/상계관세 부과 역시 주요 환경 변화로 볼 수 있다. 사회적 트렌드는 대형 유통 체인망 중심으로 유통망 재편되고, 공유 시장(B2B) 등장, 이커머스 유통채널이 성장하고 있다. 기술적으로는 모빌리티 패러다임 변화에 따라 EV, 자율주행 기술 등 새로운 변혁적 기술 환경에 직면해 있다.

표 4.10. 거시 환경 PEST 분석

Political	Economic
P1. EU WLTP법 시행에 따른 CO_2 배출초과시 과징금 부과 P2. 글로벌 국가별 내연기관 자동차 생산 중단 계획 발표 P3. EU공급망 실사법 등 ESG관련 국내외 법제화 P4. 미·중 경쟁에 따른 지정학적 리스크 P5. 러시아-우크라이나 전쟁으로 공급망 재편	E1. 한국산/베트남산, 중국산 미국 반덤핑 관세 부과 E2. 인플레이션 심화로 유가, 원재료비 급등 E3. 글로벌 공급망 재편에 따른 선임 불안정 E4. 코로나 이후 타이어 수요 증가 E5. 글로벌 금융시장 불확실성 증대
Social	**Technological**
S1. 대형 유통 체인망 중심으로 유통망 재편 S2. 언택트 소비 증가에 따른 이커 머스 유통채널 성장 S3. 소유 → 공유 시대, 공유시장(B2B) 등장 S4. 지구 온난화에 따른 사계절용 타이어 성장 S5. 실용성 높은 SUV 시장 성장	T1. 자동차시장 → 모빌리티 패러다임 변화 T2. 내연기관에서 EV로 전환 T3. 자율주행 기술 발전 T4. 차세대 에어리스 타이어 개발 T5. 정보 통신기술 발전 (AI, 5G, 무선배터리 등)

PEST

이상의 PEST 분석에 대해 Possibility 및 Impact를 기준으로 핵심 환경 변수를 추출(Screening)한 결과, 타이어 산업의 최우선 환경 10개 변수를 추출하면 다음과 같다. P1. EU WLTP법 시행에 따른 CO_2 배출 초과 시 과징금 부과, E1. 한국산/베트남산/중국산 미국 반덤핑 관세 부과, E2. 인플레이션 심화로 유가, 원재료비 급등, E3. 글로벌 공급망 재편에 따른 선임 불안정, S1. 대형 유통 체인망 중심으로 유통망 재편, S2. 언택트 소비 증가에 따른 이커머스 유통채널 성장, S5. 실용성 높은 SUV 시장 성장, T1. 자동차시장 → 모빌리티 패러다임 변화, T2. 내연기관에서 EV로 전환, T3. 자율주행 기술 발전 등이다〈그림 4.23〉.

그림 4.23. 핵심 환경 변수 Screening 결과

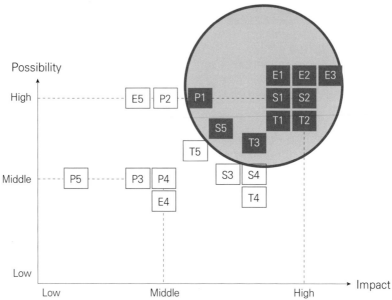

2단계, 외부 환경의 기회(Opportunity), 위협(Threat)요인과 내부 역량의 강점(Strength), 약점(Weakness)을 SWOT Matrix로 분석하여 SO전략 5개, ST전략 5개, WO전략 5개, WT전략 5개 등 총 20개의 전략적 방향을 도출하였다.

표 4.11. SWOT 분석을 통한 전략 도출 결과

SO 전략	S1O1	SSD1	EV 브랜드 체계 재정립
강점-기회	S1O2	SSD2	EV 전용 제품 라인업 강화
	S1O3	SSD3	센서 기반 스마트 타이어 개발
	S1O5	SSD4	고인치 SUV 제품 라인업 확대
	S2O4	SSD5	이커머스 특화 제품 런칭
	S3O4	SSD6	중국 이커머스용 제품 아웃소싱
	S4O4	SSD7	이커머스 채널 연계 서비스업 진출
ST전략	S1T1	SSD8	초저연비 S-LRR 타이어 선점 출시
강점-위협	S1T3	SSD9	저원가 저중량 Volume 제품 개발
	S2T2	SSD10	북미 수출 제품 원산지 재배치
	S3T4	SSD11	저수익 제품의 제3국 아웃소싱화
	S4T5	SSD12	북미/유럽 대형 유통점 전용제품 공급
ST전략	W2O1	SSD13	사내 스타트업 육성 및 M&A 추진
강점-위협	W3O1	SSD14	신공장 증설 시 미래기술 제품 생산라인 배치
	W4O2	SSD15	유럽/중국계 카메이커 EV시장 집중 공략
ST전략	W3T2	SSD16	원산지별 공급망 재편
강점-위협	W4T1	SSD17	유럽 카메이커 대상 라벨링 AA등급 공략

3단계, SWOT 전략을 7S 모델로 중복을 제거하고 상하위 구분 등 전략의 구조화를 통해 정렬한 후 실행난이도 및 임팩트(중요도) Matrix 분석 결과, HP-QW 4개 전략(1순위) → HP 4개 전략(2순위) → QW 3개 전략(3순위) 등 총 11개 전략이 우선순위별로 도출된다 〈그림 4.24〉.

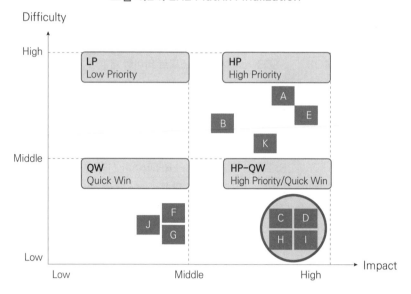

그림 4.24. 2X2 Matrix Finalization

따라서 타이어 산업의 전략적 방향성은 다음과 같다〈그림 4.25〉. 실행 1순위로 HP-QW, 즉 중요성 및 가치가 높고 실행이 용이하여 단기에 실행 가능한 전략은 4개 전략이다. (C) 수익성 개선 위한 생산 제품 재배치, (D) 대형 유통점 전용제품 공급 (H) 저연비 특화 EV 브랜드/제품 런칭, (I) 고인치 SUV 제품 라인업 확대 등이다. 실행 2순위는 HP(High Prioty)로 중요성 및 가치는 높으나 실행에는 중장기적 계획 및 자원 투입이 필요한 4개 전략이다. (A)모빌리티 비즈니스 진출, (E) 중국/유럽 카메이커 EV OE 집중 공략, (B) 이커머스 채널 연계 서비스업 진출, (K) 저원가 저중량 Volume 제품 개발 등이다. 마지막으로 QW(Quick Win)으로 중요성 및 가치는 그리 높지 않으나 단기간 실행하여 효과 실현이 가능한 3개 전략이다. (J) 이커머스 특화 제품 런칭, (F) 저수익 제품의 아웃소싱 적극 활용, (G) 스타트업 육성 및 M&A 추진 등이다. 이 중 모빌리티 비즈니스 관련 전략은 (H), (A), (E), (B), (J), (G) 등 총 6개에 달한다.

그림 4.25. 타이어 산업의 전략적 방향성

HP-QW	High Priority/Quick Win
C	수익성 개선 위한 생산제품 재배치
D	북미/유럽 대형 유통점 전용제품 공급
H	저연비 특화 EV 브랜드/제품 런칭
I	고인치 SUV 제품 라인업 확대

HP	High Priority
A	모빌리티 비즈니스 진출
E	중국/유럽 카메이커 EV시장 집중 공략
B	이커머스 채널 연계 서비스업 진출
K	저원가 저중량 Volume 제품 개발

QW	Quick Win
J	이커머스 특화 제품 런칭
F	저수익 제품의 아웃소싱 적극 활용
G	사내 스타트업 육성 및 M&A 추진

■ 모빌리티 관련 전략

이상과 같은 전략적 방향성을 토대로 모빌리티 패러다임하 타이어 제조사가 성장할 수 있는 비즈니스 모델을 다음과 같이 제안하고자 한다. 먼저 비즈니스 모델을 고객가치명제(CVP), 이익 포뮬러, 핵심자원, 핵심 프로세스로 구성하고, 각각 제안된 모델에 대해 혁신적인 비즈니스 모델의 6가지 특징을 통해 성공 가능성을 평가하여 최적 비즈니스 모델을 도출하게 된다. 각 비즈니스 모델은 모빌리티의 각 목표 고객을 정의하고, 목표 고객의 개별화된 문제를 해결하는 차별화된 가치를 주되, 디지털 트랜스포메이션을 통해 가치-원가 딜레마를 해결하는 4개의 모델, 혁신을 통한 새로운 비즈니스 모델 2개 등 총 6개로 제시할 수 있다.

첫 번째 비즈니스 모델은 타이어 센싱 시스템 기반 B2B TaaS(Tire as a Service)이다. 일반적으로 타이어는 차량의 용도에 맞는 제품을 구매해서 마모가 완료되면 일시불로 재구매하는 상품이다. 트럭이나 버스를 다량으로 보유하고 있는 화물운송 업체나 여객운수 업체도 대부분 마찬가지인데, 이들 Fleet 업체는 타이어가 완전 마모되기 전 파손이나 이로 인한 사고, 그리고 대량 구매에 따른 재무적 부담에 대한 문제를 안고 있다. 물론 북미나 유럽 등 선진국의 미쉐린 등 일부 프리미엄 브랜드는 CPK(Cost per Kilometer) 방식의 월정액 서비스를 하고 있으나 수많은 전담 엔지니어를 통해 수동식 점검 프로세스를 수행하는 고비용 구조의 한계가 있다. TaaS(B2B)는 이들 트럭/버스 Fleet업체들을 대상으로, 이들의 타이어 안전사고 및 마일리지 관리 그리고 일시불 지불에 대한 문제를 디지털 트랜스포메이션을 통해 해결하는 온디맨드 서비스 모델이다. 각각의 타이어 내부에 센서를 부착하고 차량 내 중계기를 통해 운전자(휴대폰)와 Fleet 업체 타이어 관리자 화면으로 타이어의 공기압, 온도, 마모, 하중 정보 등을 주기적으로 모니터링함으로써 사고 예방 및 타이어 수명 관리를 원격으로 할 수 있고, 사고 발생 시에는 출동서비스카를 통해 문제를 해결해 준다. 또한 기존 타이어 구매방식에서 서비스 비용 과금체계로 전환된다. TaaS(B2B)는 쏘카 등 카셰어링 업체와 같은 승용 Fleet 에게도 유용한 비즈니스 모델이 된다. 공유카는 대부분 원격을 통해 차량관리를 하고 있으나 타이어에 대한 안전 정보나 마모 정보는 전문인력을 통해 관리해야 되는 문제가 있다.

표 4.12. Taas(B2B): Connected Tire Sensor System기반 Biz. Model

구 분	전통적 Biz. (기존 방식)	혁신 Biz. Model
Customer Value Proposition (CVP)	• 고무화학 기반 전통적 타이어 제조, 공급 • 자동차 Parts의 역할 한정 (일반 소모품) • C/M, 개인 자동차 소유자, Fleet업체(택시, 렌트)	• 목표고객: TBR Fleet 업체(B2B) • 문제현황: 타이어 운용 비용 및 문제 시 기회 비용 높음 트럭버스 TPMS 옵션(공기압 관리 부실, 연비영향) • 솔루션: Sensor기반 타이어관리 플랫폼 통한 원격 관리 ───────────── • 목표고객: PCR Fleet (공유카) • 문제현황: 넓은 지역 차량 관리 한계, 경정비인력 한계 • 솔루션: Sensor기반 타이어관리 플랫폼 통한 원격 관리
Profit Formula	• 타이어 공급 경쟁 심화, 판가 운영 제한적 • 재료비 비율, 고정비 지출 높음	→ 타이어+센서+서비스 패키지 판매 → 월정액 안정적 매출 확보 (고객 Locking) → 신규 B2B 고객 매출 창출
Key Resources & Processes	• 전략적 위치 생산 시설 확보/확충 • 유통 채널 확보 • R&D 비용 (실물 모델 계속적 제작/평가)	→ 핵심 알고리즘, 시스템 아키텍쳐 등 핵심 기술(내부자원) → H/W 외주 개발/생산, 일반 통신 시스템 외주 개발 → 타이어 재고 관리, 사용/폐기 관리 등 부가관리 기능 패키지 제공 (계속적 업데이트, 사용자 요구사항 신속 반영)

　　TaaS(B2B)는 센서기반 시스템을 통해 관리자 모드에서 타이어 전반을 원격 관리해 줌으로써 이러한 문제를 해결해 준다. TaaS(B2B)를 통해 여객/화물 및 공유카 Fleet 업체는 인건비 등 관리비용 절감, (타이어의 고장 예방에 의한) 차량사고로 인한 기회비용 절감과 타이어 수명 연장, 그리고 원가(비용) 상승 문제를 해결할 수 있다. 타이어 제조사는 제품 판매에서 서비스 상품 판매를 통해 고정적 고객 확보, 과열된 가격 경쟁 회피를 통한 고마진 등의 수익성 제고 및 고객접점 데이터와 타이어 사용 데이터 등을 확보할 수 있게 된다.

그림 4.26. Taas(B2B) 시스템(예시)

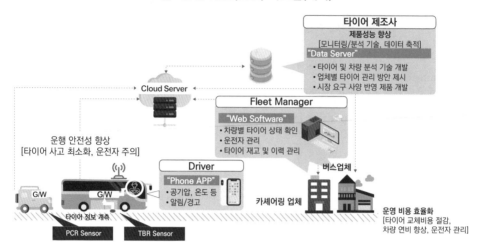

두 번째 비즈니스 모델은 타이어 센싱 시스템 기반 B2C TaaS(Tire as a Service)이다. 일반적으로 고객들은 타이어에 대한 관심이 적으나, 사고 발생 시 또는 구매 시 저관여에서 일시적 고관여 상품이 된다. 특히 타이어 정보의 비대칭성이 심한 여성고객이나 자율주행 레벨이 고도화된 전기차(EV) 고객에게 타이어 원격관리나 안전사고 예방기능은 반드시 해결해야 할 문제일 수 있다. 이들 고객에게는 TaaS와 결합된 이동 타이어 장탈착 서비스도 제공된다. 예를 들어 충전에 30분 이상 소요되는 EV는 충전시간에 이동 타이어 장탈착 서비스도 차별화 포인트가 될 수 있다.

표 4.13. Taas(B2C): Connected Tire Sensor System 기반 Biz. Model

구분	전통적 Biz. (기존 방식)	혁신 Biz. Model
Customer Value Proposition (CVP)	• 당사 타이어 구매자 한정, 제품 보증 서비스 • 특정조건 한정 피동적 제품 보증	• 목표고객: 여성 고객, EV, 고급 자동차 고객 • 문제현황: 타이어정보 비대칭성 → 적정 교체주기 인지 한계 비관심제품이나 사고 시 큰 인적/물적 손실 발생 • 솔루션: Sensor 기반 타이어관리 플랫폼 통한 자동관리 비대면 교체 및 관련 부가 서비스 제공
Profit Formula	• 최소한 고객 심리적 안심 효과에 따른 구매 심리 브라생 or 판매 촉진 마케팅 기법으로 활용 • 적절한 보증 설계를 통한 비용 지출 최소화 관점	→ 타이어+센서+서비스 패키지 판매 → 월정액 안정적 매출 확보(고객 Locking) → 당사 제조품 이외 타사 장착 고객도 확보 → 이동형 비대면 서비스 결합, 실제 제품 마진 확대 → 타이어 세척, 일반 경정비 등 부가 서비스 Fee 확보
Key Resources & Processes	• 품질 정책, CS인력 • 제품 설계 능력 (R&D)	→ 핵심 알고리즘, 시스템 아키텍쳐 등 핵심 기술(내부자원) → H/W 외주 개발/생산, 일반 통신 시스템 외주 개발 → 타이어 재고 관리, 사용/폐기 관리 등 부가관리 기능 패키지 제공 (계속적 업데이트, 사용자 요구사항 신속 반영) → 이동형 장탈착 장비 or 신개념 리테일샵 (중장기 관점)

세 번째 비즈니스 모델은 TaaS 구독서비스이다. 타이어 센싱 시스템 기반 TaaS에 구독서비스를 결합한 모델이다. 유럽, 캐나다, 중국 동북지방, 우리나라 수도권이나 강원, 서해안 같이 겨울철 눈이 내리는 지역은 여름용(또는 사계절) 타이어와 윈터타이어를 계절에 따라 교체하게 된다. 이때 이 지역 고객들은 2세트의 타이어를 구매하고 주기적으로 교체 및 보관료까지 부담하는 문제를 갖고 있다. TaaS

구독서비스 모델은 실시간 타이어 원격관리 및 안전사고 예방 기능은 기본이고, 고객이 원하는 시점에, 원하는 장소에서, 원하는 타이어 타입으로 고객의 문제를 해결해 주는 온디맨드 서비스를 지향한다. 고객은 월정액의 구독료만 지불하고, 사계절 내내 안전한 타이어를 원하는 서비스점(타이어프로) 또는 이동서비스를 통해 관리 받을 수 있는 것이다. 또한 통신사 및 도로공사 등의 시스템과 생태계를 구축, 고객들의 노면 정보까지 공유함으로써 블랙아이스 같은 도로상의 위험으로부터도 보호받을 수 있다.

표 4.14. Taas(B2C) 구독서비스 Biz. Model

구분	전통적 Biz. (기존 방식)	혁신 Biz. Model
Customer Value Proposition (CVP)	• 온라인, 오프라인 매장을 통한 일반 판매 • 할부 금융 프로그램 or 렌탈	• 목표고객: Summer/Winter Tire 교체 사용 고객 • 문제현황: 윈터타이어 고가비용 지불, 차량 교체시 처분 어려움, 교체 시기 개인 판단 및 장탈착 번거로움 • 솔루션: 센서 기반 플렛폼통한 온디맨드 타이어 구독 서비스 이동형 장탈착 서비스 (선택)
Profit Formula	• 제조&판매 마진 • 제한적 서비스 마진(대리점)	→ 타이어+센서+서비스 패키지 판매 → 월정액 안정적 매출 확보(고객 Locking) → Winter 판매 확대 → Multi 브랜드 취급통한 판매 확대
Key Resources & Processes	• 유통 채널 확보 • 도매 딜러상 확보	→ 핵심 알고리즘, 유통점 등은 내부 자원 활용 → 대형 Platform, 카메이커 등 전략적 제휴를 통한 고객 확대 → Winter 구독 프로세스, 서비스 표준화 → 금융 비용 확보

네 번째 비즈니스 모델은 비공기압 에어리스(Airless) 타이어 시스템이다. Tyrepress(2020.6.21)에 따르면 에어리스 타이어는 2024년까지 산업용, 군용차량 등의 수요에 의해 139,000개까지 증가할 것으로 전망된다. 미쉐린은 2025년 쉐보레 볼트 EV 차량에 에어리스 타입의 '업티스' 제품을 OE 공급한다고 발표하였으나, 에어리스 타이어는 표준화 및 기술적 한계로 인해 저속 특수목적형 차량에 우선 적용될 전망이다. 특히 도심형 저속 모빌리티나 자율주행 차량은 사고에 대한 능동적 대처가 필요하나 공기압 타이어는 펑크에 대한 치명적 문제점을 갖고 있다. 또한 환경 측면에서도 트레드면만 재생하여 사용할 수 있다는 측면에서도 에어리스 타이어는 향후 10년 내 신개념 미래형 타이어로 표준화될 가능성이 있다. 에어리스 타이어는 타이어 제조공정도 획기적으로 단순화시킬 수 있으며, 3D프린팅 기술을 통한 맞춤형 제작도 지원한다. 따라서 에어리스 타이어의 상용화는 타이어 산업 전반을 뒤 흔드는 파괴적 혁신이 될 수 있기 때문에 업계의 비범한 결단과 준비가 필요하다.

그림 4.27. 에어리스 타이어; 미쉐린 업티스

출처: 미쉐린 홈페이지

표 4.15. 비공기압 에어리스(Airless)타이어 Biz. Model

구분	전통적 Biz. (기존 방식)	혁신 Biz. Model
Customer Value Proposition (CVP)	• 내연기관 중심 일반형 승용차 • 고속 내구, 핸들링 등 자가 운전 중심 타이어 성능 중시	• 목표고객: 저속/도심형 PBV(목적기반차량) /Military vehicles • 문제현황: 타이어 손상 시 인적 사고, 다양한 기회비용 발생, 타이어 폐기물 문제(비가역) • 솔루션: 저속 적합 Airless 신개념 타이어, Re-Treading
Profit Formula	• 타이어 공급 경쟁 심화, 판가 운영 제한적 • 재료비 비율, 고정비 지출 높음	→ 신개념 타이어 선점 (진입 장벽에 따른 초기 마진 높음) → Re-Treading 추가 마진
Key Resources & Processes	• 기존 타이어 설비 • R&D 비용 (실물 모델 계속적 제작/평가)	→ 조립형 타이어 설비 혁신 요구(내부+외주) → 신개념 타이어 개발 프로세스, 평가방안 → 3D 프린팅 기술 도입

다섯 번째 비즈니스 모델은 도심형 소형 모빌리티용 초저가 타이어이다. 일반적으로 타이어는 다양한 성능에 따라 특수 고무가 배합되는 구조이다. 그러나 도심형 소형 모빌리티는 특정의 성능보다는 기본적인 저속 이동만 필요한 것에 반하여 모빌리티 가격에 비해 타이어의 고가격이 문제이다. 따라서 타이어 공정상 발생되는 자투리 고무(Rework)를 활용하여 가장 기본적인 내마모 및 안전성만 갖춘 타이어를 외주 생산을 통해 개발하는 모델을 설계할 수 있다. 예를 들어 야쿠르트 프레시 매니저들이 운행하는 배달용 모빌리티 코코(COCO)나 치킨 배달용 1인승 마이크로 모빌리티 같은 차량은 특별한 성능보다는 기본성능에 저렴한 가격이 선호될 수 있는 것이다.

표 4.16. 도심형 소형 모빌리티용 초저가 타이어 Biz. Model

구분	전통적 Biz. (기존 방식)	혁신 Biz. Model
Customer Value Proposition (CVP)	• 내연기관 Spec. 중심 자동차 판매 마케팅 • 현재 타이어는 기본적으로 T-Speed(190km/h) – 저속 차량에는 과스펙	• 목표고객: 1~2인승 퍼스널 모빌리티(도심형 저속 EV) • 문제현황: 단순이동 수준 및 저가 모빌리티 가격 감안 시 타이어 교체 비용 높음 • 솔루션: 초저가, 초저중량 타이어 개발 및 판매(외주생산 방식)
Profit Formula	• 타이어 공급 경쟁 심화, 판가 운영 제한적 • 재료비 비율, 고정비 지출 높음	→ 공정상 짜투리 고무 재활용(재료비 Down) 통한 Cost Down → 신규 초소형 모빌리티 Fleet 업체 고객 확보
Key Resources & Processes	• 자사 설비 운영 • 고원가 재료 사용	→ 초저중량 플랫폼 활용(내부 기술) → 타이어 사이즈에 따라 외주 생산 방식 운영

▶ 우선 적용가능 모빌리티

마지막 비즈니스 모델은 Road Information Tire Sensor System 기반 데이터 비즈니스이다. 통상적으로 네비게이션을 이용하는 운전자는 목적지 경로, 교통체증에 대한 정보는 제공 받지만, 다른 운전자가 지나간 노면에 대한 정보는 알 수 없기 때문에 파손되거나 블랙아이스, 블랙홀 같은 특정 상황에 대처하기가 어렵다. 만약 수백만의 운전자가 지나가는 노면을 읽어내는 시스템이 있다면 이를 충분히 극복할 수 있을 것이다. 타이어는 운전자의 의도대로 주행하고 방향전환을 하는 기본 기능 이외에도, 자동차의 노면과 접지되는 유일한 상품으로 타이어 내 고도화된 센서를 통해 노면의 정보를 가져 올 수

있다. 즉 타이어 제조업이 데이터 비즈니스로 전환할 수 있는 혁신적 비즈니스 모델이 되는 것이다. 더 나아가 노면 환경 Big Data 체계 구축을 통한 스마트 교통 시스템 구현의 주체로 참여할 수도 있게 된다.

표 4.17. Road Information Tire Sensor System 기반 데이터 Biz. Model

구분	전통적 Biz. (기존 방식)	혁신 Biz. Model
Customer Value Proposition (CVP)	• 고무화학 기반 전통적 타이어 제조, 공급 • 자동차 Parts의 역할 한정 (일반 소모품) • C/M, 개인 자동차 소유자, Fleet 업체(택시, 렌트)	• 목표고객: V2I업체(티맵, 카카오빌리티, 한국도로공사) • 문제현황: 네비게이션 이용 고객들의 노면 컨디션에 대한 정보 제공 부재로 안전 운행 제한 • 솔루션: Sensor 기반 플랫폼 통한 실시간 노면 정보 제공
Profit Formula	• 타이어 공급 경쟁 심화, 판가 운영 제한적 • 재료비 비율, 고정비 지출 높음	→ 노면 정보(Data) 판매 → 월정액 안정적 매출 확보 (고객 Locking) → 신규 B2B 고객 매출 창출
Key Resources & Processes	• 전략적 위치 생산 시설 확보/확충 • 유통 채널 확보 • R&D 비용(실물 모델 계속적 제작/평가)	→ 핵심 알고리즘, 시스템 아키텍쳐 등 핵심 기술(내부자원) → H/W 외주 개발/생산, 일반 통신 시스템 외주 개발 → 클라우드 서버 기반 실시간 정보 제공 프로세스

이러한 데이터 비즈니스의 1차 목표 고객은 티맵, 카카오모빌리티, 한국도로공사 같은 V2I 업체가 될 수 있으며, 타이어 정보 체계를 통해 타이어 유통점과 연계한 실시간 타이어 유지, 보수 서비스까지도 가능하다. 이럴 경우 기존 자동차 제조사 중심의 수직적 타이어 공급 생태계는 수평적 자율주행 EV 생태계로의 한 주체로 자동차 제조사, 모빌리티 서비스 기업, 공공기관, 유통점 등으로 상호 연결되는 새로운 생태계 내 입지를 강화할 수 있게 된다. 자율주행의 안전과 직결되는 노면 정보는 타이어 공급사의 독점적 영역이기 때문이다.

그림 4.28. Road Information Tire Sensor System 체계도(예시)

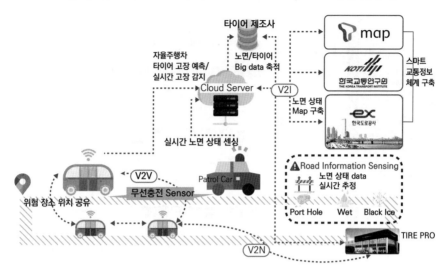

　　그렇다면 이러한 비즈니스 모델에 대한 성공가능성을 높이기 위한 선결 요건은 무엇일까? 아마도 저관여 타이어 상품에 대한 고객의 관심과 고객이 갖는 근본적인 문제 해결일 것이다. 즉 고객의 관심을 받기 위해서는 타이어 자사 유통, 자사 플랫폼, 자사 기술, 자사 상품만이 아닌, 타이어 이외 자동차 및 관련 서비스 상품 간의 결합 비즈니스가 필요하고, 협업생태계가 필수적이다. 타이어 및 서비스가 결합된 비즈니스 모델에 대한 성공은 다양한 산업이 연계된 모빌리티 생태계 내 최적의 전략적 얼라이언스가 필요하다.

그림 4. 29. 타이어 비즈니스와 연계된 모빌리티 생태계

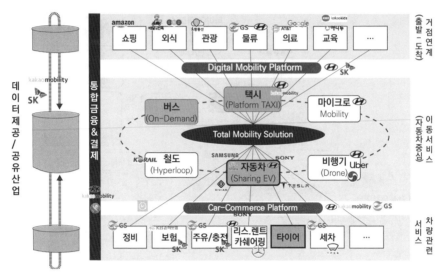

새롭게 제안된 타이어 비즈니스 모델 6가지에 대해 혁신적인 비즈니스 모델의 6가지 특징을 기준으로 평가한 결과, Taas 구독서비스 및 데이터 비즈니스가 5개의 특징을 보유하여 가장 혁신성이 높은 것으로 나타났으며, 나머지 Taas(B2B), Taas(B2C), 에어리스 타이어 및 도심형 소형 모빌리티용 초저가 타이어 모두 3개 이상의 특징을 보유하여 혁신성 있는 비즈니스 모델로 평가할 수 있다.

표 4.18. 타이어 뉴비즈니스 모델 평가 결과

No	비즈니스 모델	맞춤형 제품 /서비스	폐쇄형 루프	자산 공유	사용량 기반 가격 설정	협력적 생태계	민첩성	점수
1	Taas(B2B)	○			○	○	○	4
2	Taas(B2C)	○			○	○	○	4
3	Taas 구독서비스	○		○	○	○	○	5
4	Airless 타이어		○			○	○	3
5	초저가 타이어		○			○	○	3
6	데이터 Biz.	○		○	○	○	○	5

특히 Taas 구독서비스는 목표 고객의 문제를 디지털 트랜스포메이션을 통해 온디맨드 서비스로 해결해 주는 명확한 고객가치명제(CVP)를 제시한다. 고객-제조사-유통점-통신사 등을 플랫폼을 통해 협력적인 생태계를 조성하고, 타이어 정보를 상호 공유하여 리스크를 분산시키며, 기존 타이어의 단순 판매에서 서비스가 결합된 사용량 기반 가격 결정을 적용하여 고마진 구조가 가능하다. 고객의 사용 및 노면 정보에 대한 빅데이터를 활용하여 고객의 안전과 문제를 적극적으로 해결할 수도 있다. 이것은 분명히 기존 타이어 판매보다 훨씬 앞선 형태로 변혁적 비즈니스 모델이 될 수 있다. 다만 에어리스 타이어는 기술의 축적 수준에 따른 일반 자동차의 상용화 시기에 따라 혁신적 모델로 재조명될 수 있을 것이다.

실제 타이어 업계의 디지털 트랜스포메이션을 통한 비즈니스 모델은 점차 제품의 서비스화를 지향하고 있으며, 향후 센서의 고도화를 통해 더욱 진화할 것으로 전망된다. 글로벌 타이어 제조사의 주요 타이어 온디맨드 비즈니스 모델 현황은 다음과 같다〈표 4.19〉.

표 4.19. 타이어 온디맨드 비즈니스 모델 현황

구 분	Web/APP Platform	서비스 모델	서비스 내용
미쉐린	VIAMICHELIN	Map기반 정보제공	• 지도 Map 기반 네이게이션 서비스 시스템(유럽) • 경로 계산, 통행료 산출, 좌표코드, 근접정보 제공 • 운전자 행동, 도로환경 등 data 분석 기능 • 외부업체 Web & Mobile 개발을 위한 API 및 data 솔루션 제공 (Open API)
브릿지스톤	Webfleet Solution	위치기반 Fleet Management System(유럽, 호주)	• 지도 Map 기반 네이게이션 서비스 시스템(유럽) • 차량 위치, 운전자 행동, 연료 사용량, 유지보수 이력 등 • Fleet 운영분석 레포트 제공
	Azuga	위치기반 Fleet Management System (북미)	• 지도 Map 기반 네이게이션 서비스 시스템(북미) • 차량 적재 자산 추적 관리 • 차량 블랙박스, OBD 장치 포함 차량유지보수 및 사고 관리
굿이어	Sightline	타이어 센서 기반 Fleet Management System	• 라스트마일 배송차량 대상 타이어 최적 관리 솔루션 • 타이어 센서를 통한 공기압, 온도, 손상, 마모 관리 • 적정공기압을 통한 연비 절약, 운전자 관리 기능 포함
	andGo	Fleet service S/W Platform(타이어, 차량 유지보수, 세차)	• 렌터카, 공유카 대상 타이어 및 차량 관리 솔루션 • 자사 소매상 네트워크 및 이동형 장탈착 차량을 통한 타이어 점검, 경정비, 세차, 주차공간 제공 등 서비스 제공 • 타이어 센서 장비 포함 가능
컨티넨탈	ContiConnect	타이어 센서 기반 Fleet Management System	• 타이어 센서 기반 타이어 최적 관리 솔루션 • 타이어 센서, 통신모듈, 차량 내 디스플레이 모듈, Web & APP 모니터링 S/W 패키지 구성 • 각 구성품 유무에 따른 패키지 비용 산정
피렐리	Pirelli Cyber Fleet	타이어 센서 기반 Fleet Management System	• 트럭 Fleet Solution기업 'Geotab'과 협업을 통한 타이어 관리 서비스 포함 출시 • 센서를 통한 공기압 최적 관리 및 교체 가이드 제공

특히 타이어 제조사 Big3 브릿지스톤은 프리미엄 타이어 구독서비스 '모박스(MOBOX)'를 통해 미래 타이어 비즈니스의 방향성을 제시한다. MOBOX는 승용차용 타이어 최초의 구독 서비스 모델로, 2017년 10월 프랑스의 오프라인 매장 First Stop(유럽 타이어 및 경정비 리테일 매장) 25개 점포에서 시범운영을 하다가 온라인 플랫폼화 및 스페인, 영국, 독일, 이탈리아, 일본 등으로 서비스 지역을 확대하였다. MOBOX의 타이어 구독서비스 모델은 서비스 패키지별 월정액으로 미쉐린, 브릿지스톤, 굿이어, 컨티넨탈, 피렐리, 던롭 등 6

대 프리미엄 타이어를 선택 취부 가능하며, 경정비까지 풀 패키지 서비스를 제공한다. MOBOX의 차별화된 가치는 ① 제조/판매 중심 → 관리/서비스 확대, ② 자사 제품 한정 → 고객 선택권 확장, ③ 단발적 판매 → 지속적 서비스 구독, ④ 오프라인 중심 → 온라인 확대, ⑤ 타이어 중심 → 차량 종합 관리, ⑥ 교체주기 중심 → 수시관리 확장 등으로 기존 타이어 제조사의 제조-판매 모델을 혁신하는 비즈니스 모델이다. MOBOX의 서비스 가입은 비대면(homepage or Call Center)을 통해 이뤄지며, 월 최저 8유로로 서비스 시기 알람 및 타이어, 휠 밸런싱, 위치교환, 겨울용 타이어 보관 뿐만 아니라 오일교환, 안전점검, 워셔액, 냉각수 등 차량관리를 전국 체인점을 통해 서비스 받을 수 있다.

표 4.20. MOBOX 구독서비스 패키지 현황

mobox	MOBOX 프리미엄 타이어 구독 서비스 패키지 종류			
BOX LIGHT 24M	MOBOX RELAX 24M (패키지 릴렉스)	MOBOX ZEN 24M (패키지 젠)	MOBOX 통합 24M (패키지 일체형)
최저 8 EURO/월	최저 11 EURO/월	최저 12 EURO/월	최저 19 EURO/월
프리미엄 타이어	프리미엄 타이어	프리미엄 타이어	프리미엄 타이어
조립/밸런싱/밸브	조립/밸런싱/밸브	조립/밸런싱/밸브	조립/밸런싱/밸브
모든 손해 보증	모든 손해 보증	모든 손해 보증	모든 손해 보증
	타이어 점검/위치교환	타이어 점검/위치교환	타이어 점검/위치교환
	얼라인먼트	와이퍼/필터	얼라인먼트
			와이퍼/필터

타이어 산업의
블루오션 전략

마이클 포터 교수는 '전략의 본질은 경쟁사와 같은 활동을 더 효율적으로 하는 것이 아니라 다르게 하는 것, 전략의 상쇄 관계를 강조하며 궁극적으로 전략은 무엇을 하고 무엇을 하지 않을 지를 결정하는 것'이라고 말했다.[75] 이와 비슷한 맥락으로 인시아드 대학원 김위찬, 르네 마보안 교수는 '블루오션 전략은 가치혁신을 통해 저비용과 차별화를 동시에 추구할 수 있다'고 주장하며 ERRC 프레임워크를 제시하였다. 이때 가치혁신은 기존 요소 중 고객에게 큰 가치를 주지 않는 요소들을 제거(Eliminate), 감소(Reduce)시켜 비용을 줄이고, 업계가 간과하던 요소 중 고객 가치 창출에 중요한 요소를 증가(Raise)하고, 새로운 요소를 창조(Create)해 차별화하는 것이다.[76]

그림 4.30. 가치혁신의 ERRC 프레임워크(김위찬, 르네 마보안)

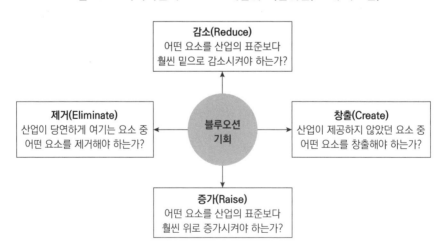

글로벌 타이어 산업의 경쟁구도는 미쉐린(프랑스)-브릿지스톤(일본)-굿이어(미국)의 빅3에 컨티넨탈(독일), 피렐리(이탈리아) 등 5대 브랜드의 1st Tier 체제가 견고하다. 2nd Tier 그룹으로 던롭, 요코하마, 토요, 한국, 금호 등 한일 타이어 메이커가 각축을 벌이고, 중국계 메이커들은 양적 성장을 발판으로 중저가 대형 볼륨 시장을 잠식하고 있다. 이에 반해 국내 시장은 최근 수입타이어(M/S 15%)의 증가세가 있으나 금호, 한국의 양강 구도(M/S 65%)에 넥센(20%)까지 국내 타이어 3사가 주도하는 시장이다. 이러한 경쟁구도 속에서 타이어 시장은 크게 사계절용(또는 Summer)과 겨울용(Winter) 시장으로 대별되는데, 겨울용 타이어 시장에서의 블루오션 전략이 있다. 먼저 타이어 시장의 KBF(Key Buying Factor)는 다음과 같다.

표 4.21. 타이어 구매 KBF(Key Buying Factor),

■■ 1순위 / ■■ 1+2+3순위	Total	현재 이용 브랜드				성별		연령			
		K사	H사	N사	기타	남	여	20대	30대	40대	50대
(Base: n=1, 150)	(1,150)	(403)	(410)	(165)	(172)	(830)	(320)	(46)	(323)	(409)	(372)
■ 오프라인 매장	60.9 86.5	86.6	86.6	85.9	87.0	85.9	88.2	84.8	86.7	84.6	88.7
타이어 전문점/판매점 매장 직원	26.1 51.2	46.9	55.4	48.9	54.9	50.0	54.4	39.1	50.6	53.6	50.8
카센터 및 공업사의 정비사	28.3 49.7	51.5	50.9	43.3	48.2	50.5	47.6	52.2	50.6	45.3	53.3
매장 내 입간판/현수막 광고물	4.3 25.0	26.7	23.3	23.0	28.2	25.1	24.8	26.1	20.8	26.5	26.4
매장 내 리플렛/팜플렛/카탈로그	0.0 15.5	16.1	14.8	17.8	11.9	16.0	14.0	8.7	13.8	16.9	16.1
매장 내 홍보 동영상/영상 광고물	2.2 8.0	7.7	8.1	8.0	8.5	8.3	7.2	6.5	9.6	8.2	6.7
■ 주변 사람	17.4 38.9	40.0	38.2	38.4	37.7	37.9	41.6	34.8	40.8	39.0	37.9
■ TV	8.7 24.4	24.0	25.3	25.4	20.4	23.7	26.1	34.8	223.4	24.7	23.4
■ 온라인(PC/모바일)	8.7 22.0	20.6	21.2	27.5	22.1	23.6	17.5	26.1	30.5	21.6	15.6
인터넷 쇼핑몰 제품 정보	2.2 4.4	4.3	3.1	8.0	3.9	5.2	2.1	8.7	3.4	4.7	4.2
인터넷 쇼핑몰 사용 후기	2.2 4.0	4.0	3.7	5.8	5.2	4.7	3.2	6.5	5.8	3.9	3.3
자동차/타이어 인터넷 커뮤니티	4.3 4.3	4.0	3.5	5.8	5.9	4.8	2.9	6.5	5.3	5.0	2.5
타이어 제조사 사이트	0.0 4.0	3.2	3.5	5.2	6.9	4.4	2.7	4.3	5.0	3.2	3.9
포털 사이트 배너/팝업 광고	0.0 3.4	2.2	4.8	3.3	2.2	3.9	1.8	0.0	5.8	3.8	1.6
타이어 제조사 공식 SNS 채널	0.0 3.3	4.0	3.0	2.3	3.0	3.6	2.3	2.2	6.3	3.0	1.5
■ 길에 다니는 차 관찰	2.2 8.7	8.7	9.5	5.3	11.5	8.4	9.6	13.0	8.5	8.4	8.8
■ 옥외 광고	2.2 5.7	6.0	5.5	6.6	3.5	5.4	6.4	4.3	5.1	6.4	5.2
■ 인쇄물/지면	0.4 3.3	3.1	2.4	4.1	6.7	3.1	4.0	2.2	2.1	2.6	5.2

출처: AC닐슨, 2018

국내 소비자들의 타이어 주요 구매 요인은 성능 〉 가격 〉 내구성/마모 〉 브랜드 〉 점포내 추천 〉 서비스/편의성순으로 나타났다. 이러한 타이어 시장의 KBF(Key Buying Factor) 및 시장조사 결과를 토대로 국내 겨울용 타이어 시장의 경쟁 요소 및 특징을 분석하면 다음과 같다.

표 4.22. 기존 겨울용 타이어 시장의 경쟁 요소

경쟁 요소	주요 특징
가격 경쟁력	1) 겨울용 타이어는 기능성 제품으로 가격이 상대적으로 비싸다 2) 겨울용 타이어는 계절성 제품 특성상 상대적으로 마진을 많이 남기는 구조다 3) 지속적인 신제품 출시를 통해 가격을 인상한다
타이어 성능	1) 타이어의 주요 성능은 승차감/저소음, 마모, 핸들링, 제동력, 연비 등이다 2) 겨울용 타이어는 스노우, 빙판길 제동성능이 중요하다 3) 타이어 기술력은 트레이드 오프관계에 있는 제동력-연비, 승차감/소음-제동력 등의 성능을 동시에 구현하는 것이다
소비자 구매 패턴	1) 타이어는 계절에 따라 소구 성능이 달라져 일반용(사계절 또는 Summer용)과 겨울용 타이어를 교체하여야 한다(강원권, 수도권, 서해안 지역) ※ 계절별 타이어 교체의 번거로움/비용으로 비고객이 다수 존재한다 2) 타이어는 특성상 반드시 전문 소매점에서 교체를 해야 한다 3) 타이어는 마모가 되면 안전을 위해 반드시 교체해야 한다 (그러나 일반적으로 마모 상태를 잘 확인하지 않는다)
타이어 유통	1) 타이어는 타이어 전문점, 대형할인점, 카센터, 정비센터 등에서 구매할 수 있다 2) 다양한 소매점에 진입해 점주 추천을 받기 위해서는 유통마진이 중요하다 3) 최근 온라인 판매가 증가하고 있으나, 여전히 타이어 장착은 오프라인의 서비스가 필요하다 4) 타이어는 구매시점의 매장 내 추천이 매우 중요하다
브랜드 인지도	1) 타이어는 저관여 제품(구매시점 고관여)으로 브랜드 인지도가 중요하다 2) 타이어 브랜드 인지도는 고가수입 〉 한국 ≥ 금호 〉 넥센 순으로 고착되어 있다 3) 특히 겨울용 타이어의 브랜드 인지도는 수입 브랜드가 높은 편이다

이상과 같이 겨울용 타이어 시장은 특화된 성능이 중요하며, 전통적인 타이어 오프라인 유통점을 통해서 구매가 이뤄지는 구조로, 수입 및 리딩 브랜드의 강력한 브랜드 파워를 감안할 때, 업계의 통상적인 신제품 출시와 프로모션을 통해서는 단기간 내 시장점유율을 역전시키는 것은 어려운 것이 현실이다.

그렇다면 겨울용 타이어 시장의 가장 기본적인 구매 특성에 대해 주목해 보자. 타이어는 휠과 조립을 해야 되는 특성상 반드시 전문점에서 교체를 해야 하는데, 겨울용 타이어를 구매하려면 겨울 시즌에 교체를 하고 또 봄이 되면 사계절용이나 여름용 타이어로 두 번씩이나 교체를 하게 되므로 번거로움과 교체 비용뿐만 아니라 보관에 대한 불편함까지 있다. 또한 타이어는 교체 주기가 길고 일반적인 고객들은 타이어에 대한 지식이 많지 않기 때문에 교체 주기나 사용상 관리(편마모 방지, 위치교환, 공기압관리 등)에 소홀하기 쉽다. 이러한 측면에서 구매자 경험 주기(Buyer Experience Cycle)를 통해 고객의 통점(Pain Point)을 다음과 같이 분석할 수 있다.

표 4.23. Buyer Experience Cycle(구매자 경험 주기)

구분	구매	배달	사용	보관	유지	처분
고객 생산성			○ 스노우 성능 ○ 아이스 제동력 ○ 승차감/소음	X 스마트 센서		
단순성		X 장착 편의성				
편의성					X 타이어 관리 상시 모니터링 X 보관 편의성	
위험 감소			X 공기압, 마모 관리			
제품과 이미지						
환경 친화성	X 친환경 소재 X 자원 재활용					○ 폐타이어 회수

〈표 4.23〉에서 나타난 고객의 통점은 장착 편의성, 타이어 관리(공기압, 마모), 보관 편의성, 친환경 소비 니즈 등에 있으며, 이를 통해 파악된 비고객은 다음 세 계층으로 파악된다. 비고객의 첫 번째 계층은 겨울용 타이어가 필요하나 교체 및 보관이 번거로운 고객이고,

두 번째 계층은 겨울용 타이어가 필요하나 올시즌용 타이어 1회에 겨울용 추가 1회 교체에 따른 교체 비용이 부담인 고객이다. 세 번째 비고객 계층은 겨울용 타이어에 대한 필요성을 못 느끼는 고객이다.

그림 4.31. 겨울용 타이어의 비고객 세 계층

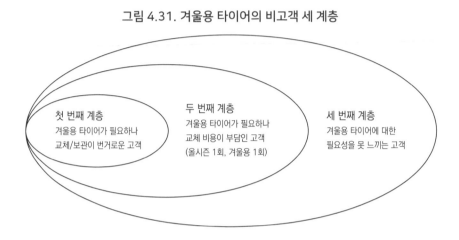

타이어 시장의 블루오션 전략은 겨울용 타이어 고객의 주요 통점이었던 교체 및 보관 편의성과 타이어 관리상 문제점을 해결하는 것으로 출발한다. 이에 대한 새로운 비즈니스 모델로 구독서비스 'T-인텔리전스(가칭)'를 런칭하는 것이다. 'T-인텔리전스'는 스마트형 타이어 구독서비스로 다음과 같은 4가지 특징으로 고객의 통점을 해결해 준다. 첫째, 타이어 내부에 스마트 센서를 부착하여 고객의 휴대폰(앱)을 통해 공기압, 교체 주기, 안전 여부 등 타이어 관리에 대한 실시간 모니터링이 가능하다. 둘째, 월 정액 구독료만 납부하면 올시즌/겨울용 2회 교체에 따른 비용 부담을 줄이면서 일년 내내 계절에 맞는 타이어를 사용할 수 있다. 셋째, 타이어에 대한 모든 관리와 서비스를 타이어프로 같은 전문점에서 알아서 고객관리를 해 주므로 겨울용 타이어 구매 의향이 없는 비고객을 고객으로 전환시킬 수 있

다. 전용 플랫폼(앱)을 통해 타이어 상태 모니터링뿐만 아니라 고객이 원하는 시간에 원하는 장소에서 타이어를 장탈착하는 온디맨드 서비스도 가능하다. 넷째, 타이어 공정상 스크랩 처리되는 자투리 고무를 재활용하여 고가의 원재료를 대체함으로써 친환경 이미지와 함께 원가를 절감하여 가격도 낮추게 된다. 다만 이 경우 고객이 인지하지 못하는 범위 내에서 타이어의 성능 및 마모 수준은 떨어뜨리게 된다. 이를 가치곡선(Value Curve)을 통해 나타내면 〈그림 4.32〉와 같다.

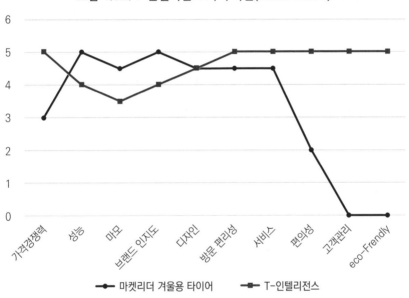

그림 4.32. T-인텔리전스 가치 곡선(Value Curve)

가치혁신은 기존 관행을 고객 관점에서 재평가하는 것이 핵심으로, 다음에서는 ERRC 프레임워크를 통해 스마트형 타이어 구독서비스 T-인텔리전스가 어떤 요소를 제거(Eliminate), 증가(Raise), 감소(Reduce)시켰고, 어떤 새로운 요소를 창조(Create)했는지 살펴보고자 한다.

표 4.24. T-인텔리전스 ERRC Framework

구분	What?
제거(Eliminate)	• 고가의 컴파운드 소재 제거(미사용) • 타이어 마모수명 보증제도
증가(Raise)	• 온디맨드 장탈착 서비스, 타이어 보관 서비스 등 편의성 증대 • 계절과 타이어 마모 상태에 따른 교체 서비스 횟수 증가
감소(Reduce)	통상적으로 타이어는 고객이 실제 체감할 수 있는 성능보다 복잡하고 과충족 상태 • 고객 미체감 범위 내 타이어 성능 일부 감소 • 타이어 관리 강화로 마모 컨트롤 가능 → 제품의 내마모 성능 감소 가능
창조(Create)	• 스마트 센서(실시간 타이어 관리 기능) • 올시즌/겨울용 타이어 구독 서비스로 지속적 고객 관리 가능 • 타이어 공정상 발생되는 재활용 소재 사용으로 eco-Friendly 이미지

T-인텔리전스는 전용 플랫폼(앱) 기반 고객의 타이어 관리가 가능하므로 과충족되었던 타이어의 복잡한 기능(성능)을 낮출 수 있다. 이에 따라 제거(Eliminate) 측면에서는 고가의 원재료(컴파운드 소재)를 제거하여 공정상 재활용 고무로 대체하였고, 각종 보증제도도 제외하여 원가를 낮춘다. 반면 온디맨드 장탈착 서비스, 타이어 보관 서비스 및 계절과 타이어 마모 상태에 따른 교체 서비스 횟수를 늘려 고객 편의성은 증가(Raise)시켰다. 고객이 실제 체감하지 못하거나 과충족된 일부 성능 및 내마모 성능은 감소(Reduce)시켜 원가 경쟁력을 제고시킨다. 마지막으로 스마트 센서를 통한 실시간 타이어 모니터링 시스템을 도입하고, 올시즌 및 겨울용 타이어 구독서비스로 고객 접점 기회를 늘리면서 지속적인 고객 관리가 가능하며, 타이어 공정상 발생되는 재활용 소재 사용으로 eco-Friendly 이미지를 창조(Create)하게 된다. 이러한 T-인텔리전스는 앞에서 비즈니스 혁신 모델에서 제안되었던 Taas(B2C) 구독서비스 모델과 유사한 비즈니스 모델로 자동차 산업의 급속한 모빌리티 패러다임으로의 전환 시점에

타이어 산업이 전환되어야 하는 하나의 방향성이 될 수 있다. 이러한 구독서비스는 능동적 원격 관리가 필요한 쏘카 등 카셰어링 B2B 시장에도 도입이 가능하다.

　T-인텔리전스는 D2C 비즈니스 모델로, 기존 타이어 제조사와 소비자가 구매 시점에 단편적인 관계를 맺는 것에서 정기 구독서비스를 통해 제조사와 소비자가 지속적인 관계를 맺으며 반복적인 구매가 일어나는 것이 특징이다. 따라서 이 모델의 성공을 위해서는 고객과의 장기적인 관계 유지를 위한 다양하고 지속적인 메시지를 전달해야 한다(강신형, 2021).

모빌리티 기업의 ESG 경영

[Case Study]
지속가능한 천연고무 공급망 관리 Tool: Rubberway

그림 4.23. 미쉐린-콘티넨탈- Smag 공동 어플 Rubberway

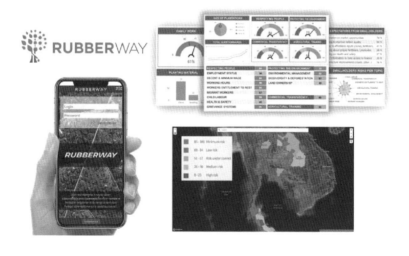

미쉐린-콘티넨탈-Smag의 공동 앱 'Rubberway'는 ESG 및 공급망 관리를 고민하는 기업들에게 방향성을 시사한다. ESG 역시 디지털 트랜스포메이션이 필요하다는 것과 동종 업계의 공동 대응 체계가 효율적일 수 있다는 점이다.

EU공급망 실사법 및 CDP(Carbon Disclosure Project) 평가 대응 체계 구축 등 ESG 경영을 위한 공급망 관리는 필수적이다. 그러나 수많은 공급망의 탄소배출량, 친환경 경영, 인권 수준 등에 대한 데이터를 수합하고 평가하기엔 현실적 제약이 너무 많다. 이에 지속가능한 천연고무 공급망 관리를 위한 미쉐린-콘티넨탈-Smag 간 합작투자를 통해 모바일 어플리케이션 'Rubberway'를 개발하였다. 앱 설문지를 통해 천연고무 소농, 대농장, 가공, 유통중개 등 공급망 Upstream 내 데이터를 취합하며, 설문 결과를 바탕으로 지역별 사회/환경 리스크 Data Base 구축 및 맵핑을 통한 공급망 관리의 효율화를 추구한다. 현재 Rubberway 어플 이용 기업은 콘티넨탈, 굿이어, 미쉐린, Smag, 태국고무공사, 헬시온고무, NTEQ 등으로 알려져 있으며, 경쟁 기업 및 가치사슬 내 협력사까지 포함된 공급망 관리의 효율적 시스템 구축의 좋은 사례로 꼽힌다.

모빌리티 기업의
생존을 위한 ESG 경영

이 책에서는 ESG(Environment, Social and Governance)에 대한 이론적 내용은 배제하고 기업의 생존과 성장관점에서 ESG의 중요성 및 기업의 전략 방향성 제시에 주안점을 두었다.

전통적으로 사회책임 선도 기업으로 꼽히는 포스코(포스코홀딩스)는 18년 연속 존경받는 기업이었으나 대표적인 ESG 평가 기관인 MSCI에서 2023년까지 7년 연속 BBB로 평가하고 있으며, 대표적인 존경받는 기업으로 알려진 유한양행(존경받는 기업 4위) 역시 MSCI의 ESG 평가등급은 BBB에 그치고 있다. 포스코 및 유한양행 같이 대내외적으로 우수한 역량 및 가치 평가를 받는 기업들도 이제는 빠른 ESG 경영 체계로의 전환에 역량을 집중하고 있는 것으로 알려져 있다. 과거 모든 기업이 그렇지는 않았지만 내재화된 철학 없이 기업의 사회 공헌 활동이 홍보 수단이 되거나 전문 검증기관의 객관적인 계량화된 데이터 기준이 불명확했던 기업의 사회적 책임 활동은 ESG를 통해 법제화, 의무화, 공시화되어 비재무적 평가의 기준으로 정착되고 있다.

그림 4.34. 주요 기업별 MSCI ESG 등급(2020년)

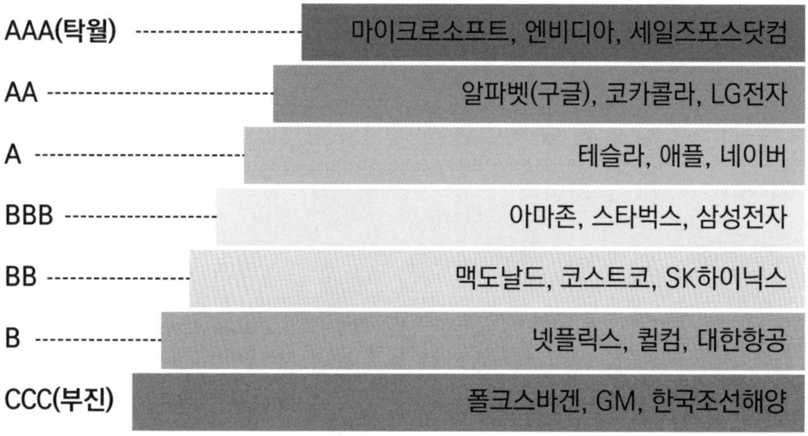

등급	기업
AAA(탁월)	마이크로소프트, 엔비디아, 세일즈포스닷컴
AA	알파벳(구글), 코카콜라, LG전자
A	테슬라, 애플, 네이버
BBB	아마존, 스타벅스, 삼성전자
BB	맥도날드, 코스트코, SK하이닉스
B	넷플릭스, 퀄컴, 대한항공
CCC(부진)	폴크스바겐, GM, 한국조선해양

출처: 조선일보(2020), ESG 투자의 힘, 수익률이 말해준다

이제부터는 객관적 ESG 데이터로 입증받는 기업들이 ESG 선도 기업으로 인정받게 되는 것이다. ESG New Leader의 기준은 이렇게 될 것이다. 첫 번째는 ESG 선도 기업은 꾸준한 지역사회 공헌과 사회적 기여로 평판이 높은 기업이 아니라 MSCI ESG 상위 등급 기업이다. 두 번째로 환경문제 해결에 지속적인 투자를 하거나 탄소중립을 위한 나무심기를 홍보하는 기업보다 SBTi(Science based Target Initiative) 이니셔티브 참여를 통해 탄소중립의 정확한 목표치를 공개하고 실행

력을 검증받는 회사 및 CDP(Carbon Disclosure Progect) 평가 상위 기업이 될 것이다. 세 번째로는 각종 환경문제, 자원 재활용 등에 노력해 온 기업은 RE100(Renewable Energy 100) 이니셔티브에 가입하고, 재생에너지/재활용 관련 비즈니스 전환에 발빠르게 대응하는 기업이 될 것이다.

기업을 둘러싼 이해관계자들의 ESG에 대해 우호적인 분위기도 한몫을 하고 있다. 전통적으로 기후변화 이슈는 환경단체, 정부 등이 주도했으나 기후행동 100+, 블랙록 등 투자자들이 환경, 사회문제에 개입하고 있고, 기업들도 이해관계자 자본주의로의 추세에 동참하고 있는 것이다. 미국 200대 대기업 협의체로 구성된 비즈니스 라운드테이블은 지난 2019년 181명이 기업의 목적에 대한 선언(주주에 대한 봉사와 이윤 극대화라는 가치를 넘어 종업원과 고객, 납품업체 등 모든 이해관계자들에 대한 사회적 책무 강화)을 통해 기존 주주 자본주의(Shareholder Capitalism)에서 이해관계자 자본주의(Stakeholder Capitalism) 로의 전환에 대한 서막을 알렸다.

또한 SNS의 발달과 시민의식의 성숙 등에 따른 사회 환경의 변화로 기업의 사회적 책임이 중요시 되고 있으며, 이에 따라 비재무적 요소인 ESG가 기업의 가치에 미치는 영향력이 높아졌다. 즉 비재무적 리스크로 인해 재무적인 면까지 영향을 주고, 이는 결국 기업의 가치와 지속가능성을 결정하는 중대 요인으로 연결되기까지 한다. 예를 들어 과거 엔론(ENRON)의 회계 부정 사태, 폭스바겐(VOLKSWAGEN)의 디젤게이트, 리먼브라더스(Lehman Brothers)의 자본시장 신뢰 하락 사태 등은 비재무적 리스크로 인해 기업 가치의 폭락으로 이어진 대표적인 예이다.[77]

코로나19 팬데믹을 지나면서 기업 가치 평가 및 투자 의사결정 측면에서 공급망 및 기후 변화 리스크가 중대 이슈로 부각되고 있으며, 기업들은 지속가능경영에 대한 재조명이 불가피한 상황이다. 예를 들어, 콘텐츠 및 물류·유통 기반의 스마트 비즈니스, 의료 부문에서의 특허 및 핵심 기술경쟁력 기반의 중장기 잠재성장력이 좋은 회사, 비즈니스 공급망 관리 리스크가 높지 않으며 수익성이 좋은 기업, 친환경 기반의 비즈니스 포트폴리오를 확대하고 있는 기업 등 공급망 리스크가 낮은 기업들의 가치가 높아지는 현상이 지속될 전망이다. 따라서 지속가능경영을 위한 ESG는 신사업 기회(Opportunity), 리스크 관리(Risk), 파트너십 전략(Business Partnership) 등을 축으로 통합적인 접근법이 필요한 시점이다.[78]

그림 4.35. 지속가능경영 패러다임의 변화(딜로이트)

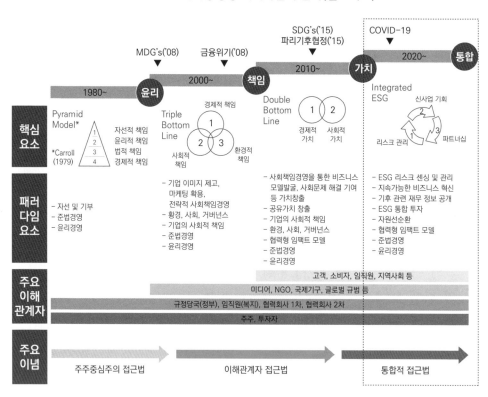

출처: 딜로이트 분석(2021)

한편 국제 정세적으로는 코로나19, 우크라이나 사태, 미·중 전략적 패권 전쟁 등으로 그동안의 자유무역주의에서 신냉전, 보호 무역주의로의 전환이 미국을 중심으로 재편되고 있다. 이러한 상황에 유럽은 탄소국경세(CBAM; Carbon Border Adjustment Mechanism), EU공급망 실사법(CSDDD; Corporate Sustainability Due Diligence Directive) 등 ESG 관련 규제를 통해 새로운 비관세 장벽까지 높아지고 있어 수출 주도형 한국 기업으로서는 적극적인 ESG 대응 전략이 절실한 상황이다. ESG의 최근 트렌드는 지침이나 규범에서 법제화되고, 기업의 자발적 홍보 수단에서 공시 의무화 되며, ESG 관련 각종 이니셔티브의 가입 여부가 아닌 평가 등급의 하한 가이드라인이 설정되고 있고, 활용 범위도 유럽 중심에서 글로벌 국가 및 다양한 공급망으로까지 확대되는 추세이다.

그림 4.36. 국내외 ESG 관련 법제화 동향

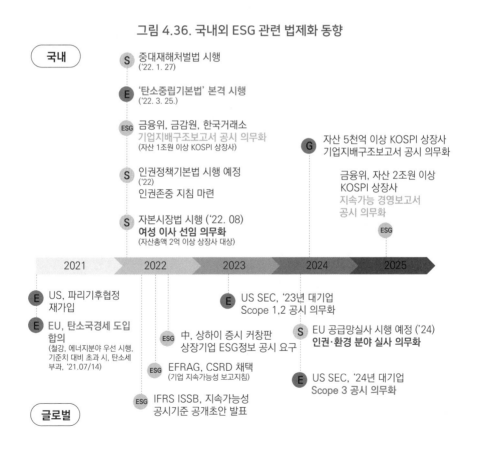

대표적인 ESG 관련 비관세 장벽으로 알려진 EU 탄소국경세, 즉 탄소국경조정제도(Carbon Border Adjustment Mechanism; CBAM)는 탄소배출량 감축 규제가 강한 국가에서 상대적으로 규제가 덜한 국가로 탄소배출이 이전하는 탄소유출 문제 해결을 위하여 EU가 역외에서 탄소를 배출한 기업에도 2026년부터 세금을 부과하겠다는 취지로 도입하는 법안이다. 최근 EU 의회에서 통과된 탄소국경세(CBAM) 적용 대상은 1차 철강, 알루미늄, 비료, 시멘트, 전력 등 5개에서 부과 대상 업종을 유기화학품, 플라스틱, 수소, 암모니아를 추가해 9개로 확대했다.

특히 EU공급망 실사법은 모빌리티 산업 생태계에 직접적인 영향을 미치게 된다. EU집행위는 2022년 2월, 기업의 공급망 내 인권 및 환경보호 강화를 위해 '기업 지속가능성 실사 지침(Directive on Corporate Sustainability Due Diligence)'을 발표함에 따라 실사 적용대상 기업의 공급망 전체에 걸쳐 인권 및 환경 관련 실사를 의무화할 것을 제안하였다.

표 4.25. EU공급망 실사법 대상 기업

구분		대상 기준	예상 기업수
EU 역내	대기업	근로자 수 500인 초과 및 전세계 연간 순매출 1.5억 유로 초과	9,400개사
	중견기업 (고위험산업)	근로자 수 251~500인 및 전세계 연간 순매출 4천만~1.5억 유로 순매출액의 50% 이상이 고위험 산업군에서 발생한 경우	3,400개사
EU 역외	대기업	EU 내 연간 순매출 1.5억 유로 초과	2,600개사
	중견기업 (고위험산업)	EU 내 연간 순매출 4천만~1.5억 유로이며 순매출액의 50% 이상이 고위험 산업군에서 발생한 경우	1,400개사

즉, EU 역내 소재하거나 EU 역내 대기업과 거래하는 기업들은 인권과 환경에 대한 실사 및 공시를 의무화함으로써 폭스바겐, BMW 등 EU 소재 완성차 업체의 공급망에 속한 모빌리티 기업들은 이 법

의 적용을 2024년 이후부터 받게 될 전망이다. 결국 모빌리티 기업들은 자사의 ESG 경영뿐만 아니라 공급망 내 기업들과의 지속가능한 비즈니스를 위해 기준을 준수하고 협력 체계를 갖춰야 하게 되었다. 따라서 모빌리티 기업에게 ESG는 업의 존속 여부와 직결되는 위기이자 기회가 된다. 즉 전통적인 내연기관 자동차의 공급망 체계 및 관련 산업에 속한 기업에게는 업종의 생존과 직결되며 타이어와 같이 유지되는 산업도 글로벌 공급망 일원으로서 환경과 인권 등 ESG가 지향하는 각종 기준과 규제에 직면하게 된다.

기업이 성장하기 위해서는 고객이 제품이나 서비스로부터 얻는 가치가 반드시 자신이 지불하는 가격보다는 높아야 하는데, 앞으로는 이러한 가치-원가 딜레마의 체인 속에 ESG라는 새로운 접근이 필요하다〈그림 4.37〉. 고객의 가치에는 경제적 가치 뿐만 아니라 사회적 가치가 포함되기 때문이다.

그림 4.37. ESG 체계도

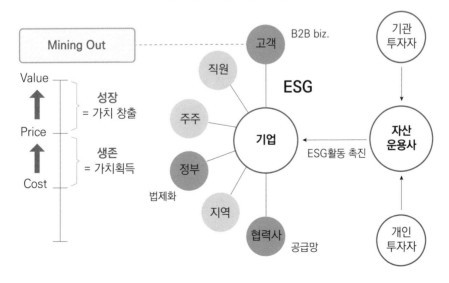

가치 – 원가 딜레마
(Value – Cost Dilemma)

가치 = 경제가치 + 사회가치(ESG)

즉, 과거 소비자들은 기업이 생산한 최종 제품의 디자인, 품질 등에 집중했다면, 최근 소비자들은 내가 사용하는 제품이 어디서 어떻게 생산되는지, 나아가 제품이 담고 있는 가치관과 신념, 사회·환경적 책임은 다하고 있는지까지도 관심을 가지고 구매를 하고 있다. Simon Sinek(2013)은 저서 '나는 왜 이 일을 하는가'에서 골든 서클 (Golden Circle) 이론을 통해 '사람들은 당신이 무엇을 했는가로 제품을 구매하지 않는다. 그들은 당신이 왜 그것을 했는가로 제품을 구매한다'고 설명했다. 이는 과거에는 소비자들에게 차별화된 경험을 제공할 수 있는 '무엇(What)'이 가장 중요한 요소였다면, 최근 소비자들은 '무엇'을 넘어 '어떻게 (How)'와 '왜(Why)'까지 고려하며 제품을 구매를 한다는 것이다. [79]

그림 4.38. 골든 서클로 살펴본 소비자의 행동 변화(Simon Sinek/KPMG)

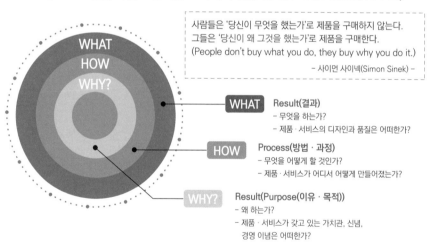

특히 ESG가 강조되는 가치 소비 흐름은 MZ세대의 등장과 궤를 같이 하는데, MZ세대는 자사가 만드는 제품과 서비스가 사회에 기여하길 바라며, '미닝 아웃(Mining Out)[80]' 소비 성향에 따라 ESG는 가

치 소비에 부합한다(전성률, 신현암, 2022). 공정, 환경 등 다양한 사회 이슈에 적극적으로 목소리를 내고, SNS를 통해 이슈를 빠르게 알리는 데 익숙한 MZ세대는 착한 기업을 찾아내 돈쭐을 내거나 기업이 윤리적이지 못하거나, 법을 지키지 않는 등의 사실이 알려지면 SNS를 통해서 불매운동에 나서기도 한다(박고은, 2021). 성장관리 앱 그로우(2021)에 따르면 MZ세대 928명 대상의 설문조사 결과 10명 중 8명이 가치소비자이며, 기업의 ESG 활동 중 가장 관심을 갖는 분야는 '환경'이며, 제품·브랜드 선택 시 ESG 영향을 받는다(5점 척도)가 평균 3.5점을 기록했다.[81]

그림 4.39. MZ 미닝아웃 '나는 가치소비자' (그로우, n=928)

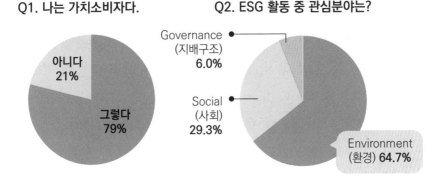

대한상공회의소(2022)의 MZ세대(n=380명) 대상 조사에서 한 응답자는 '과거에는 브랜드와 가격이 상품 선택의 기준이었지만 최근에는 본인이 추구하는 가치와 잘 맞고 품질도 만족스럽다면 주저 없이 장바구니에 담는다'고 말했다. 친환경 제품 중 가장 파급효과가 큰 품목으로는 무라벨 페트병(41.1%), 전기·수소차(36.3%)를 꼽았다(이윤정, 2022). UN Global Compact 보고서 '변화하는 세계와 금융시장의 연결'에서 ESG는 투자자와의 연결성을 강조하고 있으며, ESG는 기업의 지속가능한 경영, 즉 생존과 성장을 위한 필수 요소로 부각되어 비즈

니스를 지속하기 위한 전방위적 니즈에 직면하게 된 것이다. 따라서 ESG의 핵심 가치 환경(E), 사회(S), 지배 구조(G)는 고객들로 하여금 가치를 높여 줄 뿐만 아니라 비즈니스의 지속가능성에도 직결된다.

특히 모빌리티 패러다임의 특징(CASE)과 연계하여 기업의 생존과 성장을 위해 다음과 같은 측면에서 ESG 경영이 필수적이다. 첫째, 모빌리티 패러다임 변화의 근본적 요인이 탄소중립 지향을 위한 친환경에서 출발했기 때문이다. 현대자동차 알버트 비어만 사장(2020)이 독일 베를린에서 열린 'IFA 익스텐디드 스페이스 스페셜'에서 '탄소배출 없는 모빌리티 생태계를 만든다는 현대자동차의 미래 전략에 따라 모든 산업을 하나로 연결할 통합형 친환경 모빌리티 솔루션을 제공할 것'이라고 말했듯이 모빌리티가 지향하는 비즈니스 모델 자체가 ESG 철학과 일맥상통하는 것이다.

둘째, 모빌리티 생태계 내에서 B2B 비즈니스의 지속가능성은 ESG와 직결된다. 즉 유럽 내 비즈니스를 위해서는 탄소 국경세, EU공급망 실사법 준수 및 EcoVadis[82], NQC[83], TISAX[84], CDP[85] 등 각종 ESG 관련 평가 기관의 등급 수준을 맞춰야 완성차(B2B) 업체의 소싱 자격이 주어진다. 즉 ESG 관련 평가 점수를 맞추지 못하면 본업을 접을 수도 있다는 것이다.

셋째, ESG는 모빌리티 선도 기업들에게는 새로운 비즈니스 기회를 창출하게 된다. 예를 들어 테슬라는 자사 EV모델 판매가 본업이지만, 2020년 테슬라의 흑자(7억 2,100만 달러) 전환 배경에는 탄소배출권 거래 수익이 기여한 바가 크다. 캘리포니아 등 미국 13개 주(州)는 친환경 자동차 생산량에 따라 자동차 제조업체에 탄소배출권을 부여하고 있는데, 테슬라는 2020년 탄소배출권을 다른 완성차 업체에 팔아 15억 8,000만 달러의 수익을 창출했다. 만약 테슬라 경영 실적에서 탄소배출권 거래 수익을 제외하면 8억 달러 수준의 적자로 뒤바뀌게 된다. 미국 최대 재생에너지 생산업체인 넥스트에라 에너지(NextEra Energy) 자회사 FPL은 2001년 약 4,100만 배럴의 석유를 통해 전기를 생산했으나 현재는 석유 사용량을 99% 감축한 친환경 신재생 에너지 기업으로 전환하였다. 넥스트에라는 2022년 6월, 2045년까지 넷제로를 달성하겠다는 리얼 제로(Real Zero)를 선언하기에까지 이르렀다. 국내 기업 중 ESG 경영을 선도하는 SK 그룹사 중 SK네트웍스는 2020년 직영 주유소 324개를 1조 3000억 원에 현대오일뱅크 등에 매각한 후 모빌리티 사업에 본격적으로 진출하였다. 자회사인 SK렌터카의 전기차 렌탈 사업 및 SK에너지와도 시너지가 기대되는 전기차 충전소 설치 등 충전 인프라 사업을 확대할 계획이다.

넷째, ESG 경영은 모빌리티 기업에게 지속가능한 경쟁우위 전략이 되며 궁극적으로는 기업가치 제고 및 사랑받는 브랜드가 될 것이다. 경영진의 가치 지향점에 따라 ESG 경영을 잘 하는 기업은 시너지 가치 창출단계에 이를 수 있다.

그림 4.40. Four Modes of Value Creation

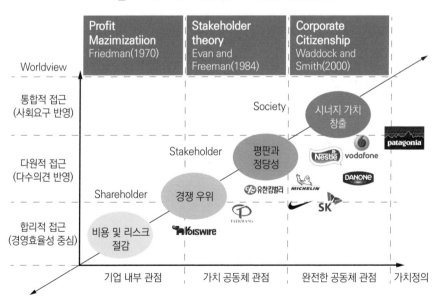

출처: 정세우(2022), Four modes of value creation: business case 재구성, The CSR

모빌리티 기업의
ESG 추진 전략

모빌리티 생태계에 속한 기업에게 ESG는 생존과 성장을 위한 필수 전략임을 살펴보았다. 그렇다면 모빌리티 기업의 ESG 전략은 어떻게 수립하고 추진해야 할까?

'기업의 사업구조가 넷제로와 양립할 수 있는 계획을 공개하라.' 2021년 1월, 세계 최대 자산운용사 블랙록의 CEO 래리 핑크가 기업 최고경영자들에게 보낸 연례 서한에 담긴 이 메시지는 기업의 ESG 방향성에 대한 핵심이라 할 수 있다. 블랙록은 기업이 넷제로를 사업 전략에 어떻게 통합하고 있는지 알려달라고 내세우며, 전 세계 경영진에게 ESG 전략의 중요성을 각인시켰다. ESG 경영전략은 ESG 관점에서 기업의 비전과 목표를 설정하고 이러한 목표를 달성할 수 있는 전략과 과제, 실행 체계 등을 구축해 일관되게 추진하는 것이다. ESG 전략 수립 및 실행을 통해 ESG 관련 비즈니스 시장 성장 및 사업 모델 변화에 대한 선제적 대응이 필요하다. 예를 들어 신재생에너지 사용 증대와 ESG 채권 발행, 친환경 중심의 제품 포트폴리오 구축, 기업의 지배구조 선진화를 위한 활동 등은 ESG 경영 전략에서 수립되는 과제이다. 또한 인공지능(AI), 클라우드 등 디지털 테크를 활용해 기업의 비즈니스 혁신과 사회·환경 문제를 동시에 해결하는 방안도 ESG 경영전략의 주요 과제 중 하나이다. 친환경 소재 기술 확보를 위한 투자 및 M&A 활동도 ESG와 연계하여 전략을 수립하고 실행할 수 있다.[86]

그림 4.41. ESG 경영전략 및 주요 과제 예시(KPMG)

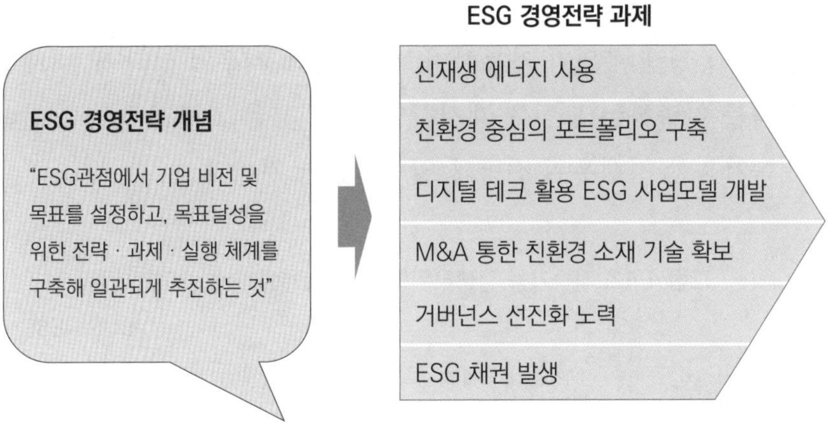

ESG 경영전략 과제

ESG 경영전략 개념

"ESG관점에서 기업 비전 및 목표를 설정하고, 목표달성을 위한 전략 · 과제 · 실행 체계를 구축해 일관되게 추진하는 것"

신재생 에너지 사용

친환경 중심의 포트폴리오 구축

디지털 테크 활용 ESG 사업모델 개발

M&A 통한 친환경 소재 기술 확보

거버넌스 선진화 노력

ESG 채권 발생

이를 토대로 살펴본 모빌리티 기업의 ESG 추진 전략은 다음과 같다. 첫째, 기업의 리더는 기존의 경영체계를 ESG 경영체계로 재설계하면서 실질적인 관심을 집중해야 한다. 즉 기업의 목표와 비전을 ESG 기준에 맞추고, 조직 및 성과 체계(KPI)를 재무성과와 비재무성과를 통합한 새로운 체계로 재편해야 한다. ESG의 성패는 최고경영자의 의지에서 출발한다고 해도 과언이 아니다. 마이크로소프트 부활의 주역, 사티아 나델라(CEO)는 새로운 경영 환경에 대해 '센스메이킹(Sense Making)'하고, 소통이 탁월한 리더로 알려져 있다. 당시 사티아 나렐라는 뒤처진 모바일 사업을 과감히 포기하고 클라우드 사업에 올인하고 성과 관리의 방법과 기준 변경을 통해 기업 문화를 혁신했다. 그는 이러한 회사의 전략적 방향성에 대해 직원들과 충분히 소통하고, 목표와 달성 방법을 공유하는 노력(대화-경청-설득)을 통해 마이크로소프트를 글로벌 Big2 기업으로 부활시킨 것이다. ESG 역시 경영자가 ESG 패러다임 변화에 대해 센스메이킹하고 경영자의 의지 및 방향성을 갖고 조직화하고 내부 구성원의 공감대 형성을 통해 실행하며 그리고 장기적 안목의 투자가 필요하다. Husted and Allen(2001) 연구에서 기업은 사업 전략과 사회적 책임 전략을 통해 지속가능한 경쟁 우위가 가능하며, 이를 통해 재무적 성과 및 비재무적 성과를 창출하는 모델을 제시하였다〈그림 4.42〉. 결국 ESG 전략은 지속가능한 경쟁우위 전략과 일맥상통한 것이다.

그림 4.42. 지속가능 경쟁우위(Husted and Allen, 2001)

출처: 정세우(2022), Husted and Allen 모델 재구성, The CSR

둘째, ESG 리스크관리 측면에서 모빌리티 산업 생태계 내 B2B 비즈니스의 지속가능성을 위한 ESG 대응 체계를 구축해야 한다. ESG 평가기관으로부터 높은 점수를 받는 것만이 ESG 경영의 궁극적인 목표나 지향점이라고 할 수는 없을 것이다. 그러나 때로는 ESG 평가, 공시, 인증 기관 및 주요 관련 법제화 대응 체계를 선제적으로 구축하면서 B2B 비즈니스의 지속가능 경영이 가능함과 동시에 ESG 전략의 구체화를 역으로 진행할 수도 있다. 주요 ESG 평가/인증 기관은 다음과 같다.

표 4.26. 주요 ESG 평가/인증 기관 및 평가 개요

	평가명	평가 방법	평가 척도	평가 항목
플랫폼 기반 평가	에코바디스(Ecovadis) 공급업체 CSR 평가	• 평가 플랫폼을 활용하여 협력사의 제출자료를 기반으로 평가 실시	100-0 Scorecard	공급업체에 대하여 5가지 주제-일반(3문항), 환경(14문항), 노동관행 및 인권 정책(9문항), 공정한 비즈니스 관행(7문항), 지속 가능한 조달(6문항)-총 39개 CSR 질문으로 구성
	다우존스지속가능경영지수 (DJSI) S&P	• 피평가자가 질문지에 답변한 내용을 기반으로 평가 실시	0-100	공통 평가항목 및 산업별 항목으로 구분 - 공통 항목: 기업지배구조, 윤리경영, 리스크 관리, 공급망 관리, 환경성과, 인적자본개발, 사회환경 정보 공개 - (금융)ESG Framework 구축, ESG 상품/서비스 이름 및 금액 공시 등
	탄소정보공개프로젝트(CDP) 기후, 수자원, 산림자원	• 피평가자가 질문지에 답변한 내용을 기반으로 평가 실시	A to D-, F	환경 관련 세 가지 영역에 대해 질의 - 기후변화: 온실가스 배출량, 지배구조, 전략, 감축목표 등 - 삼림: 산림훼손 원자재, 원자재 의존도, 관련 정책, 의사결정 구조 등 - 물: 수자원 사업상 중요도, 수자원 관련 정책, 의사 결정 구조, 취수량 등
공시정보 기반 평가	모건스탠리 캐피탈인터내셔널(MSCI) ESG 평가	• 공개 정보 기반으로 평가 실시 • 피평가자는 정보 검증 과정에 참여 가능	AAA to CCC (leader, Average, Laggard)	ESG 관련 37개 이슈로 구분하여 평가 - 환경 이슈: 탄소 배출, 전자폐기물, 친환경 기술 관련 기회 등 - 사회 이슈: 인적자원개발 등 - 거버넌스 이슈: 이사회, 급여, 소유권 통제 등 *이슈별 세부 평가항목이 있으나 피평가 기관 별도 요청 필요
	서스테널리틱스 (Sustainalytics) ESG 리스크 평가	• 공개 정보 기반으로 평가 실시 • 피평가자 요청 시 보고서 발간 전 리뷰 및 정보 업데이트 가능	0-100 (neglogible, low, medium, high, severe)	지배구조, 주요 ESG 이슈(산업별 상이), 특수 사건을 평가 *각 산업별 최소 70개 항목을 평가하나, 세부 평가항목 외부 비공개
	블룸버그(Bloomberg) ESG 공개 평가	• 공개 정보 기반으로 평가 실시	0-100	에너지&배출, 폐기물, 여성임원, 이사회 독립성, 임직원 사고, 산업 특정 데이터 등을 포함한 ESG 정보 공시의 투명성에 대해 평가 *Bloomberg Terminal 이용자만 평가 및 내용 접근 가능
	ISS Quality Score	• 공개 정보 및 기관 제출 자료를 기반으로 평가 실시 • 피평가자 정보 검증 과정 참여	1 to 10 (low to high risk)	이사회 구조, 보수, 주주권리, 감사 및 리스크 관리 4가지 영역에 대해 약 230개의 평가항목을 평가 *상세 항목 공개되어 있음

출처: 딜로이트 분석(2021)

또한 EU공급망 실사법(EU), 탄소국경세(EU), 중대재해 처벌법(한국), 탄소중립 기본법(한국), SEC 탄소배출공시 의무(미국) 법안 등은 해당 국가 내 비즈니스 지속가능성과 연계되므로 내부 대응 체계를 완벽히 갖춰야 한다. 특히 에코바디스, NQC, TISAX 같은 ESG 인증은 유럽 및 중국계 주요 완성차 업체의 소싱 자격 기준이 되므로 B2B 비즈니스를 유지 또는 확대하기 위한 필수 조건에 해당된다〈표 4.27〉.

표 4.27. 주요 완성차 업체의 ESG 평가 기준(소싱 기준)

구분	ESG 평가 기준(소싱조건)				비고
	CDP	ecoVadis	NQC	기타 ESG	
HKMC				LCA	ESG 평가 도입
Renault	B-등급	45점			CDP '25년
Benz			70%이상		
VW			70%이상	TISAX	
GM		O			
GEELY			70%이상		
Stellantis		O		에너지원	
일기 VW				RE100	
RIVIAN		O		ESG전략	

MSCI, DJSI, 한국 ESG 기준원 등 ESG 평가 기관을 통한 ESG 평가 등급 및 CDP, TCFD, SBTi, SASB 등 각종 이니셔티브나 공시 표준 대응 또한 투자유치, 자금조달 등에 영향을 미치게 되므로 체계적인 대응 체계가 필요하다. 이때 참고할 것은 모든 평가, 인증, 이니셔티브를 가입하고 평가 받는 것이 이상적이지만 모빌리티 기업 내부 역량 및 로드맵에 따라 효율적인 대응이 필요하다. 첫째 CDP, TCFD, SBTi, SASB 등 각종 이니셔티브나 공시관련 가입 순서는 ① UNGC 등 글로벌 이니셔티브 가입을 통해 ESG 관련 내부 관리 체계 갖추기, ② TCFD, CDP 등 ESG 경영 현황을 제출하는 협약 가입, ③ SBTi, RE100 등 ESG 경영 관련 목표 설정이 수반되는 협약 가입 등으로 효율적인 내재화가 가능하다.

그림 4.43. ESG 이니셔티브 가입 순서안(KPMG 자료참조)

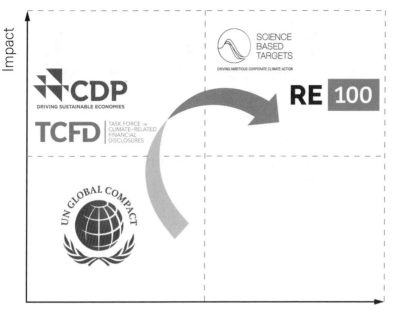

    다음은 ESG 평가 기관 대응안으로 현실적으로 국내외 모든 ESG
평가 기관에 대응할 수도 없고, 기관별 평가 등급의 편차도 존재하
기 때문에, 이 역시 모빌리티 내부 역량 및 비즈니스와 연계된 선택
과 집중이 필요하다. 특히 MSCI는 30여 개 세부 ESG 항목을 기반으
로 기업의 ESG 성과를 평가하고 있으며, 글로벌 주요 투자기관이나
핵심 이해관계자들은 기업의 ESG 수준을 판단할 때 MSCI ESG 평가
결과에 대한 활용도가 높기 때문에 선호되고 있는 ESG 평가 기관이
다. 또한 모빌리티 기업들은 에코바디스(ecovadis)와 같은 공급망 대
상 ESG 평가 등급에 대해서는 체계적 대응이 필수적이다.

그림 4.44. ESG 평가 기관 대응안(KPMG 자료참조)

셋째, 새로운 가치 창출(Value Creation) 측면에서 ESG 대응을 통해 지속가능성을 고려한 비즈니스 모델 혁신의 기회로 삼아 미래 성장 전략을 수립하는 것이다. 먼저 모빌리티 생태계내 기존 본업이 유지되는 기업은 탄소중립(Net Zero) 로드맵을 통한 새로운 가치 창출이나 비즈니스 기회를 모색할 수 있다. 통상적으로 제조업은 Scope3, 즉 제품 사용 단계에서 전체 탄소배출량의 약 80%를 차지하므로, 이를 감소시키는 것이 넷 제로(Net Zero)달성의 관건이 된다. 예를 들어 타이어 산업의 Scope3는 모빌리티 패러다임에 따라 EV용 타이어 공급을 확대하는 방향으로 회사의 역량을 집중하는 전략이 필수적이다.

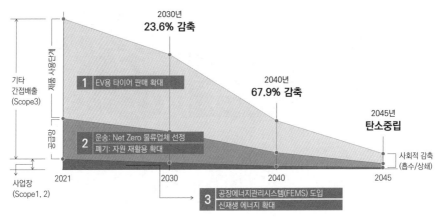

그림 4.45. 금호타이어의 2045 탄소중립(Net Zero) 로드맵

1) 타이어 사용 중(차량 운행 중) 매출량(C11)
2) 원재료, 운송, 제품 폐기 등 C11을 제외한 기타 간접 배출량

출처: 금호타이어(2022), 지속가능경영 보고서, 금호타이어 홈페이지

　　Scope1, 2 감축은 신재생 에너지 사용 확대를 위한 생산시설 지붕
에 태양광 발전설비를 자가로 운영하는 비즈니스를 검토할 수 있다.
아울러 Scope3의 폐기 단계에서 폐타이어를 열연료로 재생하는 비
즈니스와 생산공정상 폐기되는 스크랩 고무를 활용한 전략적 CSR 비
즈니스도 고려할 수 있다.

Case1) 스크랩 고무 재활용한 전동 Mobility 타이어 개발(아이디어)

〈공정상 스크랩 고무를 재활용, 전동 Mobility 타이어 사업 진출〉

스크랩 고무   재가공

1) 타이어의 제조 공정상 스크랩 고무는 헐값으로 매각되거나 폐기되어 연간 수천톤의 손실이 발생하고 있다. 이러한 폐기 자원을 재가공하여 전동 휠체어를 포함한 전동 Mobility 타이어를 개발함으로써 신사업 진출 및 Scope3 탄소 배출량도 감소시킬 수 있다.

2) 스크랩 고무는 재가공될 경우 성능상 하락이 발생하나 타이어 기본 성능상 저속 모빌리티 사용에는 문제가 없다.

3) 스크랩 고무 재가공은 기존 타이어 제조사의 생산(기존)설비, 기존 인력 활용이 가능하며, 타이어 디자인은 주요 산업 디자인 대학과 산학 협력이 가능하다. 타이어 제조는 중소기업 Off-Take(외주공장) 생산을 활용하여 원가를 낮추게 된다.

4) 이를 통해 낭비되는 자원(스크랩 고무)을 활용한 전동 휠체어용 타이어를 개발함으로써 장애인/노약자 등 사회적 약자 및 탄소배출 감소에도 기여하고, 개인 Mobility용 타이어 신시장을 개척, 회사 매출액 제고도 기대할 수 있다.

Case2) 스크랩 고무 재활용, 신규 신발 비즈니스 진출(아이디어)

〈軍 전투화 밑창용 고무 개발, 신규 신발 비즈니스 진출〉

스크랩 고무　　　　　　　재가공

1) 타이어의 제조용 고무는 계절 및 용도에 따른 기능성 극대화가 가능하다.
예를 들어 Summer용은 높은 온도에 견디는 내구성 및 접지력이 우수한 반면,
Winter용은 극한(영하)의 온도에도 유연함으로 눈길, 빙판길 접지력이 유지된다.

2) 따라서 타이어 스크랩 고무를 전투화 밑창에 적용할 경우 기본적으로 내구성
향상은 물론 일반 전투화 및 방한 전투화의 기능성이 최적화될 수 있다.

3) 스크랩 고무가공 및 디자인 기술은 기존 타이어 제조사의 기존설비, 인력 활용이
가능하며, 영세 군납 전투화 제조업체에 고기능성 밑창 고무 공급 및 기술 지원이
가능하다.

4) 낭비 자원을 재활용 비즈니스와 연결함으로써 공익기관인 군인의 발 건강 및
군 전력 향상을 지원하면서 신발 고무기술 노하우 축적을 통한 신발 Biz.
진출 기반을 마련할 수 있다.

한편 모빌리티 생태계 내 기존 본업이 파괴되는 기업은 탄소중립 과정을 통해 신규 비즈니스 기회를 모색해야 한다. GS칼텍스는 CES2021에서 내연기관의 상징인 주유소가 EV 충전 스테이션, 드론 배송의 거점으로 활용되는 미래형 주유소 전환 모델을 발표했다. 이는 주유소가 전기·수소차 충전, 카셰어링, 마이크로 모빌리티, 드론 배송 등으로 활용되며 향후 드론 격납·충전·정비, 드론 택시 거점 등으로도 활용될 수 있는 미래 비즈니스 모습을 보여준 사례이다.

그림 4.46. GS칼텍스의 미래형 주유소 전환 모델(CES 2021)

표 4.28. 국내 에너지 기업의 신사업 진출 현황

업체명	신사업 진출 현황
Hyundai Oilbank	• 롯데제과와 전략적 제휴하여 폐식용유를 바이오 디젤 원료유로 재활용 • '23년 대산공장에 연산 13만톤 규모의 차세대 바이오 디젤 제조공장 건설 • 미국 대니머 사이언티픽社와 바이오 플라스틱 사업 협력을 의한 MOU 체결 • '22년 수소연료전지용 고순도 수소 정제 설비 구축
SK innovation	• '19년 태양광 발전 사업, 20개 주유소에 2.3MW 규모의 태양광 발전시설 가동 중 • 신사업으로 전기차 배터리 사업 집중 투자, '22년 Global 5위 배터리 기업 등
GS Caltex	• 수소 생산과 충전소를 중심으로 수소사업 포트폴리오 구축중 • 한국동서발전, 여수시와 협력, 환경 수소 연료전지 발전사업 및 수소 생태계 강화
S-OIL	• 삼성물산과 수소 동맹 체결하여 수소 및 바이오 연료 사업 공동개발 추진 중 • '22년 초 차세대 연료전지 벤처기업 에프씨아이(FCI) 지분 20% 확보

넷째, ESG 대응을 통한 지속가능경영을 위해서는 동종 산업 및 이종 업계 간 다양한 전략적 제휴를 통한 경쟁력을 제고하는 것이다. 예를 들어 화석연료 기반 산업에서 친환경 화학/소재 비즈니스 전환을 시도할 경우, 이미 해당 비즈니스를 주 업으로 하거나 관련 기업 간 전략적 협업을 하는 것이다. 실제 A 정유회사는 친환경 부타디엔(Bio/Circular SBR), 재생 카본 블랙(recovered CB) 등 친환경 원재료의 타이어 적용성 평가와 제품화에 대한 협력 파트너를 찾고 있으며, 미국의 M사는 친환경 청록수소 추출 과정에서 발생하는 부산물 중 하

나인 친환경 카본블랙 수요 기업이 필요하다. 이는 ESG를 통한 친환경 비즈니스 전환 소재 기업과 해당 원재료를 공급받는 제조기업 모두에게 탄소중립 경쟁력을 제고할 수 있는 기회가 된다. 타이어 제조사 입장에서는 탄소중립 원재료 사용 목표 달성〈그림 4.47〉을 위해서는 다양한 산업군의 새로운 친환경 비즈니스 제안이 필수적이다.

그림 4.47. 탄소중립 원재료 로드맵 (예시)

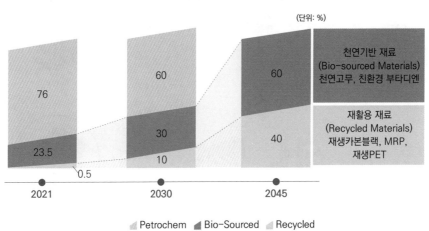

출처: 금호타이어

미래 대형 모빌리티(수소전기차)의 에너지원으로 화석연료를 대체할 수소 생산에는 상당량의 CO_2가 배출되는데, 최근에는 기존 수소 생산 방식대비 CO_2 배출량이 최대 97%까지 감축되는 청록 수소[87] 생산방식이 등장하였다. 이는 플라즈마를 활용, 천연가스(CH_4)를 열분해(Pyrolysis)하여 청록수소($2H_2$) 생산 과정에서 상당량의 친환경 고체탄소(C)를 획득하게 된다. 이때 고체탄소는 코크스, 흑연 등 고부가화학 소재로 가공, 판매할 수 있는데, 타이어의 핵심 원재료(보강재)로 사용되는 카본블랙으로도 가공할 수 있다. 만약 고순도 카본블랙으로 가공된다면 타이어 제조사 입장에서는 청록 수소 생산 업체와 함께 탄소중립 소재를 공유하게 되는 것이다.

그림 4.48. 친환경 수소 제조 부산물인 친환경 카본블랙 추출 원리

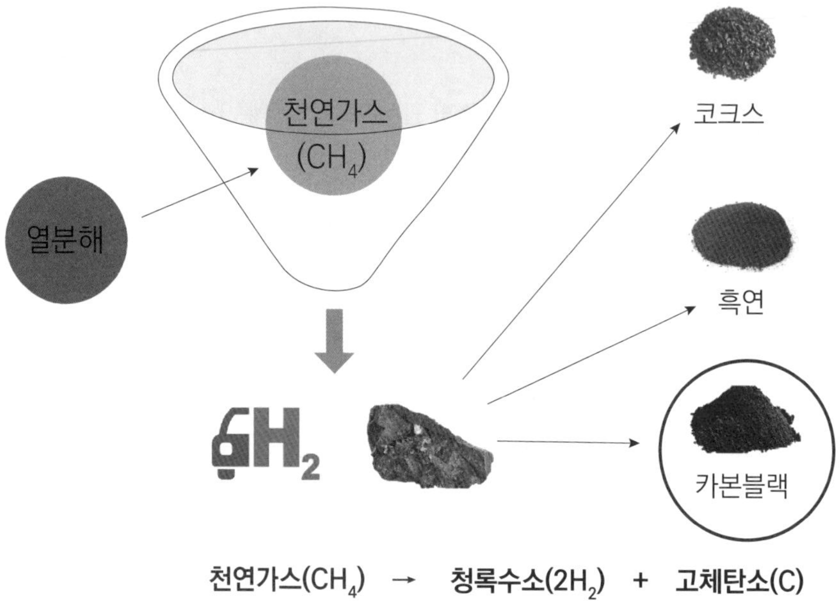

천연가스
(CH4)
열분해
코크스
흑연
카본블랙
천연가스(CH4) → 청록수소(2H2) + 고체탄소(C)

특히 2021년 국내 온실가스 배출량 중 87%가 에너지 분야에서 발생하면서 발전, 플랜트 관련 업종은 ESG를 통해 수소 비즈니스에 주목하고 있으며, 수소 생산시장은 2025년 1,504억 달러 규모로 성장할 것으로 전망된다. 이러한 수소경제 밸류체인 전반에서 약 13가지의 비즈니스 기회가 도출되어 국내 플랜트 기업들은 전후방 산업 변화 대응 및 미래 성장 동력 발굴을 위해 수소 산업에 진입하고 있다.[88]

그림 4.49. 수소경제 비즈니스 기회 및 플랜트 기업의 진입 현황(KPMG)

생산
- ① 결국 목표는 그린 수소
- ② 경제성 있는 수소 생산 방식은?

저장
- ③ 저장 용량을 올리기 위해서는?
- ④ 친환경성·경제성 보유 저장 매체

운송
- ⑤ 국내에서 효과적 운송 방안
- ⑥ 해외 생산 수소 운송 방안

충전
- ⑦ 수소 충전소 구축 수준 미비
- ⑧ 충전소 내 수소 공급 불안정

활용
- ⑨ 수소 연관 시장 중 성장 영역
- ⑩ 탄소중립에 필수적인 시장은?

- 그린 수소 생산 수전해 설비
- 천연가스 기반 수소 생산
- 이산화탄소 포집·저장·활용 시장
- 액화 수소 플랜트·액화 수소 충전소
- 블루·그린 암모니아 시장
- 액화 수소 운송 (기술 및 전용 선박)
- 암모니아 운송 (기술 및 전용 선박)
- 타입4 수소 튜브트레일러
- 이동식 수소 충전소
- 수소 복합 충전소
- 수소 상용차 시장
- 수소환원제철
- 청정 연료전지

		삼성 엔지니어링	현대 엔지니어링	DL E&C	삼성물산	현대건설	GS건설	두산 에너빌리티	삼성 중공업	현대 중공업[1]	효성 중공업
수소경제 밸류체인 기반 비즈니스 기회	그린 수소 생산 수전해 설비	●	●	●	●	●	●	●	●	●	◐
	이산화탄소 포집·저장·활용 시장	●	●	●	●	●	●	●	●	●	◐
	액화 수소 플랜트·액화 수소 충전소	●	●	●	●	●	●	●	●	●	◐
	블루·그린 암모니아 시장	●	●	●	●	●	●	●	●	●	◐
	액화 수소 운송 (기술 및 전용 선박)	●	●	●	●	●	●	●	●	●	◐
	암모니아 운송 (기술 및 전용 선박)	●	●	●	●	●	●	●	●	●	◐
	수소 복합 충전소	●	●	●	●	●	●	●	●	●	◐
	청정 연료전지	◐	◐	●	◐	◐	◐	●	◐	●	◐

- 진출·진출 예정 산업
- 미진출 산업

출처: KPMG(2022), 플랜트 산업이 주목하는 수소경제 비즈니스 기회

다섯째, ESG라는 공동의 목표 달성을 위한 동종 산업의 지속가능성 이니셔티브를 통한 협력 대응이 필요하다. 전세계 천연고무 생산량의 60~70%를 타이어 생산에 사용하고 있는데, 2016년 WWF(World Wild Forest)로부터 천연고무의 지속사용가능 영향력 행사로 인해 타이어 및 자동차 업계 공동의 천연고무 지속사용가능 플랫폼이 만들어졌다. 2017년 TIP(Tire Industry Project) CEO 회의에서 천연고무 지속사용가능 플랫폼 개발에 동의하였고, 2018년 10월 TIP CEO Meeting

에서 독립적인 조직인 GPSNR(Global Platform for Sustainable Natural Rubber) 신설이 의결 완료되어 총 18개 회원사로 출범하였다. GPSNR의 비전은 공정, 공평하며 환경적으로 건강한 천연 고무 Value Chain을 형성하는 것이며, 이를 통한 사회-경제적-환경적 성과 향상을 주도하는 것이 미션이다.

그림 4.50. GPSNR 현황

여섯째, ESG의 성공적인 안착을 위한 ESG 경영 거버넌스 체계를 구축하고 ESG 워킹그룹, ESG 플랫폼을 통한 실행 관리가 필요하다. 즉 이사회 산하 ESG 위원회를 두고, ESG 전담 조직(ESG부문, 팀, 파트)을 통한 컨트롤 타워를 구축하고 기후변화, People & Culture(인권), 책임있는 공급망, 윤리경영, 지배구조 등 5대 ESG 핵심 지표를 기준으로 Working Group을 운영함으로써 내재화를 실행해야 한다. 또한 ESG 플랫폼을 통해 내부 ESG 데이터 관리뿐만 아니라 공급망 관리까지 연결할 필요가 있다.

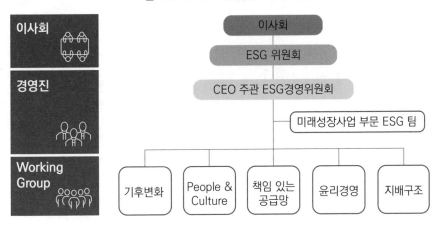

그림 4.51. ESG 거버넌스 체계 예시

출처: 금호타이어(2023), 지속가능경영 보고서

미쉐린의 'All-Sustainable' 비전 for 2030

글로벌 1위 타이어 회사 미쉐린(Michelin)은 2021년 지속가능경영 전략 '미쉐린 인 모션(Michelin In Motion)'을 통해 2030년까지 핵심 사명에 충실하면서 타이어를 넘어 새로운 고부가 가치 활동으로 영역을 확장해 그룹의 아이덴티티를 강력하게 변화시킨다고 발표했다. 미쉐린의 전략은 다방면으로 모빌리티 진화에 발을 맞추면서도 모빌리티가 사회와 환경에 미치는 부정적인 영향을 최소화하는 데 있으며, 고효율 제품 설계, 차량의 사용과 관리를 최적화하고 에너지 소비를 줄이는 서비스 솔루션 개발, 수소 연료 전지 등 새로운 모빌리티 솔루션 개발을 목표로 하고 있다고 밝혔다.[89]

미쉐린은 비전 2030을 이끄는 3대 축을 사람(People)·환경(Planet)·이익(Profit)이라고 봤다. 여기서 사람(People)은 직원 몰입 85% 이상 달성,

여성 관리자 비율 35% 이상 달성, 공장 내 총 사고율(TCIR) 0.5 미만을 글로벌 표준으로 설정하였다. 다음 항목인 환경(Planet)에는 2050년까지 탄소중립을 목표로 2010년 대비 Scope 1&2 배출 50% 감축, 2018년 대비 Scope 3 배출 15% 이상 감축, 2050년까지 전 제품 대상 지속가능한 재료 사용 100% 달성, 2030년까지 2019년 대비 수자원 사용 33% 절감을 추진하고, 2024년까지 공급망 내 협력사의 70%를 SBT(-Science-based Target)를 보유하는 것을 목표로 한다. 마지막으로 이익(Profit)은 연평균 성장률 5%로 지속가능한 성장 달성을 목표로 타이어 외 사업 매출 비중을 20~30%로 높이고, 연 평균 10.5% 이상의 사용자본이익률(ROCE) 달성을 목표로 구성되어 있다.

표 4.29. 미쉐린의 ESG 경영 목표

✔ **PEOPLE** (인권, 임직원, 고객, 공급망, 지역사회)

- 직원 몰입 85% 이상 달성
- 여성 관리자 비율 35% 이상 달성
- 공장 내 총 사고율(TCIR) 0.5 미만 수립

✔ **PLANET** (기후변화 대응, 생물 다양성, 자원 절감)

- 2050년 탄소중립 목표
- 2010년 대비 Scope 1&2 배출 50% 감축
- 2018년 대비 Scope 3 배출 15% 이상 감축
- 전 제품 대상 지속가능한 재료 사용 100% 달성 (~2050)
- 2030년까지 수자원 사용 33% 절감('19년 대비)
- 협력사 70% SBT(과학기반감축목표) 보유 목표 (~'24)

✔ **PROFIT** (이익 창출)

- '23~'30년, 연간 성장률 평균 5%로 지속가능한 성장 달성
- 타이어 외 사업 매출 비중 20~30%로 증대
- '23년~'30년, 10.5% 이상 사용자본이익률(ROCE) 달성

MICHELIN

미쉐린의 주요 ESG 활동은 다음과 같다. 먼저 환경(Environmental)은 CDP 참여 및 SBTi 기반 탄소 배출량 관리, 타이어 유지보수 및 재생 관련 자원순환 기술 연구, Bio 기반 또는 재생가능 재료 파트너십을 통해 친환경 기술 도입 가속화를 추진한다. 사회(Social) 측면에서

는 임직원 대상 의료자문위원회 운영, 근무지별 스트레스 관리 프로그램 운영, 지역 보건교육 이니셔티브, 공공보건 캠페인 진행, 천연고무 업스트림 관리 툴 Rubberway 합작 투자 등을 진행하고 있다. 거버넌스(Governance) 활동은 순환 경제 운영위원회를 구성하여 지속가능발전 전략 기획 및 리스크/기회 분석, 법률 준수 모니터링을 하고, 이사회 산하 CSR 위원회를 통해 CSR 및 ESG 성과 분석, 개선 방안 도출 활동을 전개하고 있다.

표 4.30. 미쉐린의 ESG 활동

E (Enviornment)	• CDP 참여 및 SBTi 기반 탄소 배출량 관리(Scope 1/2/3 카테고리별 관리)
	• 자원순환 기술 연구
	   – 타이어 유지보수 및 재생, ELT(End-of-Life Tire, 폐타이어) 재활용/회수, Bio 기반 또는 재생가능 재료
	• 파트너십을 통해 친환경 기술 도입 가속화
	   – 복합재료 및 폴리머 개발, 재활용 플라스틱 등

S (Social)	• 임직원 대상 의료자문위원회 운영 • 근부지별 스트레스 관리 프로그램 운영 • 지역 보건교육 이니셔티브, 공공보건 캠페인 진행 • 천연고무 업스트림 관리 툴(Rubberway) 합작투자 • 천연고무 지속가능한 조달을 위한 글로벌 플랫폼(GPSNR) 가입 • WG 참여를 통한 세부과제 추진(정책, 역량개발, 조달투명성, 소농지원 등)

G (Governance)	• '17년 순환경제운영위원회 구성
	   – 지속가능발전 전략 기획 및 리스크/기회 분석, 법률 준수 모니터링 등
	• 이사회 산하 CSR 위원회 운영
	   – CSR 및 ESG 성과 분석, 개선 방안 도출, 자체환경성과지표(i-MEP) 개발
	• 여성 관리자 비율 28.2%('20년 기준)

미쉐린은 지속가능한 Value Chain을 구축하고 있다. 타이어의 원재료가 되는 천연고무 수급 시 생물 다양성 및 삼림을 훼손하지 않는 방식을 지원하고 있다. 타이어 원료 중 하나인 부타디엔을 친환경 바이오매스에서 생산하는 기업(악센스, IFP 에너지 누벨), 폐폴리스티렌으로부터 합성고무 생산에 필요한 스티렌을 생산하는 기업(파이로웨이

브), 페트 플라스틱 폐기물에서 재생 섬유를 생산하는 기업(카비오스) 등이 미쉐린에 협조하고 있다. 현재 미쉐린 그룹에서 생산하는 타이어의 약 30%에 달하는 소재가 천연 소재 또는 재활용 소재로 이뤄져 있다. 제품 측면에서도 지속가능한 모빌리티에 초점을 두고 신개념 에어리스 타이어 업티스(Uptis)를 개발하였고, 2021년에는 무빙온서밋에서 내구 레이스용 '그린 GT 미션 H24' 수소 구동 프로토타입용으로 46%의 지속가능한 소재가 포함된 레이싱 타이어를 공개했다(문은주, 2022).

그림 4.52. 미쉐린의 지속가능한 Value Chain

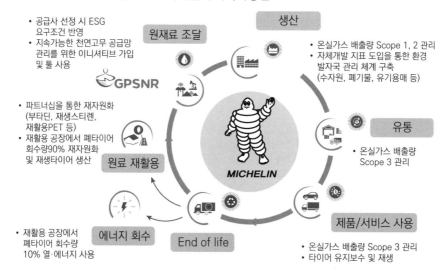

ESG, 디지털
트랜스포메이션으로 레벨업

이상의 내용에서는 모빌리티 기업 관점에서 가장 효율적인 ESG 대응 방안에 대해 살펴 보았다. 그러나 ESG 경영이 자칫 법제화에 따른 리스크 관리 측면만 강조될 경우, 단기적인 투자 비용(Cost)로 인식되어 기업 내부 활동이 ESG 평가, 공시 위주로 전개될 수도 있다. 이럴 경우 ESG관련 조직에서만 지속가능경영 보고서 작성, ESG 평가, 인증, 공시를 위한 부문별 관련 증빙, 데이터 수합 등 단기적 업무를 수행하게 되며, 현장 조직들은 수동적 대응에 그치기 쉽다.

따라서 ESG의 체계적 대응 및 관리 고도화를 위한 디지털 트랜스포메이션이 필수적이다. ESG의 디지털 트랜스포메이션를 통한 플랫폼 필요 이유는 수작업에 따른 현업에서의 다음과 같은 문제점이 발생하기 때문이다. 첫째, 전사 ESG 전략과 사업성 및 제조현장 개선활동의 연결고리가 되는 과제 도출 및 추진이 미흡할 수 있다. 둘째, ESG 전략과 실질적 기업 운영 혁신 간 괴리가 발생한다. 셋째, ESG 인프라(Data, System) 부족으로 대응 비효율이 발생한다. 즉 데이터 정확도의 불확실성, 데이터 누락 등에 대한 즉시 대응이 어렵다. 넷째, 가이드 및 규제가 다양화, 상세화되나 대부분 수작업으로 관리함에 따라 비효율적이며, GRI, SASB, TCFD 등 ESG 규제는 지속적인 업데이트가 필요하다. 다섯째, ESG Data 오류로 외부기관 평가대응 및 제3자 검증 시 자료의 객관성이 저하될 수 있다. 마지막으로 Value Chain 전반의 ESG 개선 활동에 대한 모니터링 어려울 경우, ESG 경영 가시성 부족에 따른 ESG 측면에서의 적시에 적합한 경영의사결정 수행이 어렵게 되기 때문이다.

결국 ESG는 초기 전략 방향 및 목표설정 이후 시스템 기반 관리체계 도입 및 기업의 실질 경영가치 달성에 필요한 현장 혁신을 연계해야 한다. 즉 기존의 ESG 경영이 전략 방향과 목표 설정을 통해 KPI와 연결하는 수준이었다면, 향후 ESG 경영은 ESG 경영 프레임 구체화 시스템 기반 ESG 운영이 필요하고, 디지털 트랜스포메이션을 통한 ESG 전문 솔루션 도입을 확대하는 방향으로 추진될 전망이다.[90]

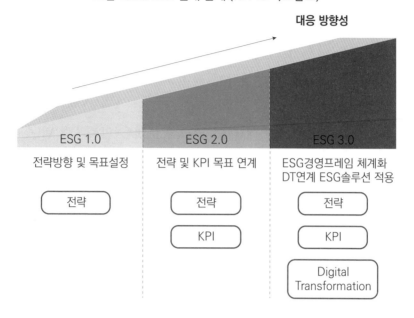

그림 4.53. ESG 전개 단계 (KPMG 자료참조)

BCG의 글로벌 디지털 트랜스포메이션 설문 조사(2021)에 따르면 응답자의 60% 이상이 디지털 트랜스포메이션 대상 우선 순위에 ESG를 선택하였다〈그림 4.54〉. 산업별로는 재료 및 공정 산업, 에너지, 자동차 산업 등은 탄소 배출 감소 및 보다 지속가능한 제품으로 이동하는 데 중점을 두고 있으며, 의료 부문은 건강 평등과 같은 지속가능성의 사회적 요소에 초점을 맞추면서 ESG의 디지털 트랜스포메이션 우선 순위 응답자의 비율이 가장 높은 산업에 속했다〈그림 4.55〉. 특히 디지털 트랜스포메이션에 성공한 디지털 리더 기업은 후발 기업보다 ESG를 우선순위로 삼을 가능성이 거의 두 배나 높은 것으로 조사되었다. 디지털 리더 기업은 디지털 트랜스포메이션을 통해 투자자, 고객, 직원 및 미래의 기회에 대해 유리한 위치를 점하고 있다.[91]

그림 4.54. 디지털 트랜스포메이션과 ESG를 연결하는 응답자 비율(BCG, 2021)

Share of respondents linking digital transformation and sustainability

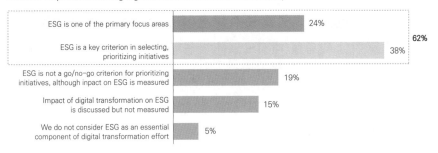

그림 4.55. 산업별 디지털 트랜스포메이션과 ESG 연관성(BCG, 2021)

Share of respondents by link between digital transformation and sustainability

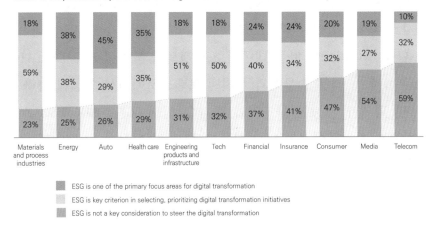

출처: BCG(2021), Performance and Innovation Are the Rewards of Digital Transformation

앞에서 살펴 본 바와 같이 디지털 트랜스포메이션은 온라인과 오프라인이 완벽하게 결합되어 있고 온라인에서 오프라인을 통제할 수 있는 구조를 갖추는 것으로, 이를 위해서는 오프라인의 자원이나 프로세스가 표준화, 모듈화, 디지털화되어 있어야 한다. 즉 오프라인에 존재하는 물리적 자원과 프로세스를 완벽하게 디지털로 변환하는 ESG의 디지털화가 필수적이다. 이때 ESG 디지털화의 4가지 핵심 과제 다음과 같다.[92] 첫째, 자동화(Automate)로 예약된 미리 알림을 사용하여 양식 및 워크플로우로 데이터 수집을 자동화한다. 둘째, 검증 (Validate)으로 데이터 검증 프로세스를 통한 인적 오류를 제거한다. 셋째, 완화(Mitigate)로 목표 추적을 통한 추세 분석 및 벤치마킹과 핵심 인물을 위한 맞춤형 대시보드를 제공한다. 넷째, 탐색(Navigate)으로 탄소공개 프로젝트(CDP), 탄소중립 목표, 각종 평가에 대한 유연한 대응이 가능해야 하며, 신속한 변화에 대응 가능한 낮은 코드 기반 솔루션을 활용해야 한다.

이렇게 디지털화된 ESG 데이터는 시스템 기반 ESG 대응체계의 원동력이 되고, 각 부문별 전문 솔루션 및 플랫폼으로 확대할 수 있으며, ESG 지표 개선을 위한 모니터링 및 현장 혁신활동의 ESG 관리시스템의 기반이 된다. ESG Management System은 ESG 데이터를 활용 시나리오에 따른 데이터소스 정의를 통하여 ESG Data Hub로 통합하고, 적용 솔루션과 디지털 트랜스포메이션 활동에 따라 추가 및 확대가 가능한 구조여야 한다〈그림 4.56〉. 첫째, ESG 성과 KPI 관리 시스템에서는 ESG 항목별 목표 지수 정의 및 데이터 소스를 수집하고 ESG 항목별 목표 대비 성과, 경쟁사 수준을 분석한다. 둘째, 운영 관점의 ESG Risk 모니터링을 통해 KPI 유관 Risk 구조를 정의하고 리스크 모니터링 및 센싱(Sensing) 체계를 구축한다. 셋째, ESG 개선 목표, 일정 및 진척 사항 관리를 통해 Value Chain 내 실질 ESG 과제 정의 및 주요 과제별 이슈 및 성과를 관리한다. 넷째, 내부 레포팅은 ESG KPI, 성과 및 리스크 시각화 대시보드를 통해 공유되며, 외부로는 지속가능보고서 작성을 시스템화하여 공시한다. 다섯째, ESG Data Hub는 ESG 관련 내외부 데이터를 통합, 표준화하며 Value Chain 별 실시간 현장 모니터링 위한 시스템 인터페이스 Hub로서의 역할을 수행한다.[93]

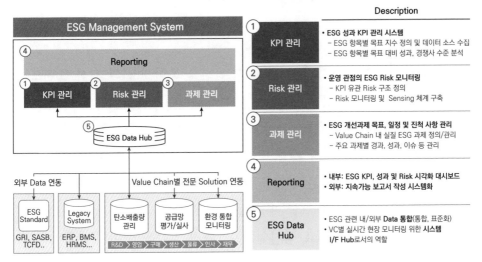

그림 4.56. ESG Management System 예시(KPMG)

출처: KPMG(2022), ESG@ Digital 및 공급망 ESG 관리 방향

경영학의 구루 피터 드러커(Peter F. Drucker)는 '측정할 수 없으면 관리할 수 없고, 관리할 수 없으면 개선시킬 수도 없다'는 명언으로 측정(계량화)의 중요성을 말했다. ESG Data Hub는 GRI, SASB, TCFD, ISSB 등 글로벌 ESG 공시 기준에 부합하는 Reporting 정보를 지속 업데이트하고, Value Chain(Scope1,2&3)별 에너지 사용량, 탄소배출량 등에 대한 모니터링 및 측정을 기반으로 실시간 리스크 관리 및 지표 개선이 진행되는 온디맨드 플랫폼을 지향해야 한다. 이러한 ESG 플랫폼은 반드시 기업의 전략적 방향성이 반영된 ESG 전략과 연계되어 설계되어야 하며, Scope 1&2, 3의 개선과도 연결된 통합 ESG Framework 접근이 필요하다.[94]

디지털 트랜스포메이션, ESG 최신 트렌드

디지털 트랜스포메이션을 통한 ESG의 최신 트렌드는 다음과 같다.[95] 첫째, 디지털 트랜스포메이션을 활용, ESG 성과와 기업 성장을 융합하는 사업 포트(Portfolio)를 재구축하는 것이다. BCG(2020년)가 300개의 기업 지속가능성 이니셔티브를 조사한 결과, 상위 25%는 ESG의 근본 원인을 해결하기 위해 비즈니스를 완전히 재구축하는 것으로 나타났다. 예를 들어 노르웨이의 Yara International ASA는 광물성 질소 비료 생산업체로, 환경 영향을 줄이며 수확량 및 품질을 높일 수 있는 Digital 농업 솔루션 FarmCare 앱을 무료로 제공하며, 화학 비료의 필요성을 최대 90%까지 줄여 지속가능성을 개선하는 IoT 및 디지털 지원을 통해 '스마트 농업'의 리더를 목표로 하고 있다.

둘째, 디지털 기술 발전에 따른 데이터 수요의 급증으로 데이터 센터의 그린 IT화가 추진되고 있다. 전 세계 데이터 센터는 글로벌 전력 사용량의 1%에 해당하는 약 200TWh를 사용하고 있으며, 이는 글로벌 온실가스 배출량의 2%를 차지한다. S&P 글로벌 마켓 인텔리전스(S&P Global Market Intelligence)의 조사결과에 따르면 On-premise data center를 클라우드로 전환할 경우 탄소배출량을 최대 80%까지 감축할 수 있다. 이에 주요 IT 기업들은 전력효율지수(PUE)를 낮추기 위해 신기술을 도입하고 있으며, SK C&C는 AI·빅데이터·클라우드 등 디지털 기술 역량을 활용한 데이터센터 에너지 효율화를 추진하고 있다. 즉 AI 기반의 머신러닝을 통해 IT 부하에 따른 냉방 기능을 설정하고, 저탄소 지향의 데이터 센터 냉각장치 고효율화 및 에너지 통합 관리 시스템 구축을 추진하고 있다.

셋째, Net Zero 달성을 위한 데이터 중심 기술(Data-centric Technology)을 도입하고 있으며, 디지털 기술을 활용한 ESG 관련 데이터 수집의 범위가 확장되고 있다. AI를 통해 탄소발자국 산정 및 절감 예측, 위험 분석을 실시하고, 석유화학 기업이 광학 센서와 결합된 기계 학습을 사용하여 유정이나 파이프라인에서 발생되는 메탄 배출량을 절감하기도 한다. 쉘(Shell)은 노르웨이의 Nyhamna 가스 공장에 디지털 트윈 기술을 통합하여 운영 성능 탐색 및 에너지 소비 최소화를 추진하고 있다. 최근에는 IoT를 활용하여 ESG Data 측정 및 수집 범위가 확장되고 있는데, 블록체인 기술을 사용하는 가치사슬 투명성 솔루션은 공급원에서 생산자, 유통업체, 소비자에 이르기까지 제품의 무결성과 안전성을 보장하여 탄소발자국 시스템에 도입되기 시작했다.

넷째, ESG 관련 다양한 이해관계자(정부, 평가기관, 인증기관, 투자자, 공급망)의 새로운 요구에 적시 대응하기 위해서 ESG 데이터의 집계, 리스크 관리, 성과 개선, 인증/평가/공시, 공급망 등의 통합 관리를 위한 플랫폼을 도입하기 시작했다.

글로벌 주요 기업들은 이러한 ESG의 디지털 트랜스포메이션을 적극적으로 실행하고 있으며, 다음에서는 모빌리티 기업들의 사례를 살펴보고자 한다. 독일의 포르쉐(Porsche AG)는 완성차-공급망 간 블록체인 기반 탄소배출 추적관리 시스템을 시범운영하고 있다. 포르쉐가 부품 공급사인 바스프(BASF)와 마더선(Motherson)과 함께 진행하는 시험 프로젝트가 미국 투자 회사 플러그 앤드 플레이로부터 글로벌 이노베이션 어워드를 수상했다. 상을 받은 프로그램은 베를린에 설립된 스타트업 서큘러트리(CircularTree)가 개발한 카본블록(CarbonBlock)이다. 이 블록 체인 응용 프로그램은 공급망에서 발생하는 온실가스 정보를 추적한다. 참여 기업들이 맺은 스마트 계약에 따라 공급망 구성 요소에서 발생하는 이산화탄소 배출량을 디지털 방식으로 추적한다. 이 방식을 이용하면 탄소 발자국을 표준화해서 정량화할 수 있다.[96]

스웨덴의 볼보(Volvo) 자동차는 공급망 및 탄소 추적 스타트업 서큘러(Circulor)와 협력해 완성차-배터리 공급망 간 블록체인 기반 탄소배출 추적관리 시스템을 도입했다. 2019년부터 공급망 추적을 위해 코발트의 근원을 추적했으며, 2020년 서큘러에 투자해 플랫폼을 자사 배터리 공급망에 적용하여 전기 자동차의 충전기에 사용된 코발트를 100% 추적하고 배터리의 탄소 영향력을 줄이기 위해 배터리 주요 소재를 재활용하는 방안을 마련했다. 볼보의 자회사인 폴스타(Polestar)는 2030년까지 고성능 전기차를 만들기 위해 니켈, 리튬 및 마이카를 조달하는 과정에서 발생하는 환경 및 인권 위험을 평가할 예정이다. 참고로 서큘러는 오라클 데이터베이스, 블록체인, 머신러닝 등 다양한 기술을 결합한 플랫폼 TaaS(Traceability as a Service)를 개발해 공급망 내 원자재를 채굴에서부터 최종 제품 생산까지 모든 과정을 추적한다. 광물 자원별 디지털 ID를 할당하고 생산에서부터 재활용 및 폐기까지 단계별 배출되는 탄소와 공급망 데이터를 기록한다. 제조업체들은 이 데이터로 전기자동차나 배터리 부품의 탄소 배출량을 확인할 수 있다.[97]

그림 4.57. 서큘러 (Circulor)의 플랫폼 TaaS(임팩트온)

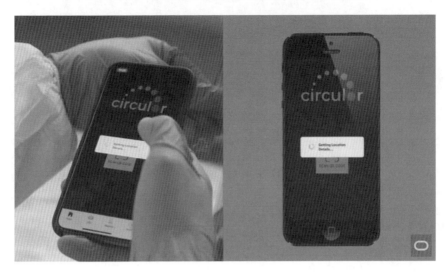

　독일의 보쉬(Boshe)는 공장의 탄소 배출량 감소를 위해 에너지 관리 플랫폼을 도입했다. 보쉬의 독일 홈부르크(Homeburg) 공장에 자회사 보쉬 렉스로스의 넥시드 에너지 플랫폼(Nexeed Energy Platform)을 통해 공장 개별 설비의 에너지 소비량을 관리, 분석하여 기계를 작동하는 압축공기의 누출을 잡아내어 전력 소비를 40% 감축함으로써 연간 80만 유로를 절약하였다.

V

성장을 위한
또 다른 성공
조건

기술과 속도(Timing of Entry): 진입 타이밍

[Case Study]
후발주자로 SNS 시장 진입에 성공한 페이스북

그림 5.1. SNS 시장의 진입 및 경쟁 현황

∞ Meta [f]

1960's	**Six Degrees of Separation(관계의 6단계 법칙)** – Stanley Milgram의 연구: 한 편지가 평균 6명을 통해 전달
1997	**최초의 Social Networking Site "SixDegree.com"** – 300만명의 회원확보까지 하였으나, 흥미를 이끌 컨텐츠 부족으로 2000년 폐쇄
2003	**Friendster, 동일 컨셉의 시각화를 한 SNS** – 7백만명 회원 보유, 페이지로드 지연 등 효율적 SNS 운영 지식 한계
2005	**MySpace, Friendster의 인기기능 모방 + 속도/컨텐츠 개선** – 회원 프로파일 개방, 컴퓨팅시간 단축, 개인블로그및 사진전시 공간, 음악감상 기능 추가
2006	**Facebook (Mark Zuckerberg등), 04년 대학생 → '06년 일반인 서비스 개시** – 투자유치(5천만불), 광고없는 사이트 및 고객 스스로 페이지를 만들게 함으로써 18세~30세 대중들의 선택을 통해 사진과 정보를 교환하는 세계 No.1 SNS로 자리매김 (전세계 22억명)
2012	**Instagram 인수 → 사용자가 코멘트와 함께 사진/비디오를 공유**(월간 활성 사용자 수(MAU) 2억 명)
2023	**스레드(Threads) 런칭 → 텍스트 중심의 눈, 일론 머스크의 'X'와 직접적인 경쟁 개시**

SNS의 강자 페이스북(회사명 Meta)은 시장의 승자가 되기 위한 진입 타이밍(Timing of Entry)에 대한 힌트를 준다. 새로운 산업에 대한 기업의 진입 시기는 신산업의 상용화 사이클을 참조하여 기업이 보유하고 있는 핵심 역량에 따라 진입 시기를 결정할 필요가 있다. 변화하는 소비자의 니즈를 적시에 잘 충족시키는, 학습능력이 뛰어난 회사가 최종 승리자가 된다.

　SNS 시장의 사례를 통해 신산업에 대한 기업의 진입 시기의 중요성을 볼 수 있다. 과연 이 시장을 선도하고 있는 페이스북은 최초 진입자(First Mover)였을까? 최초의 SNS(Social Networking Service) 플랫폼인 SixDegree.com은 1997년 Andrew Weinrech가 관계의 6단계 법칙(1960, Milgram)에 착안, 300만 명의 회원확보까지 하였으나, 흥미를 이끌 컨텐츠 부족으로 2000년 망하였다. 2003년 설립된 Friendster는 동일 컨셉의 시각화를 통해 7백만 명까지 회원이 증가하였으나, 페이지로드 지연 등 효율적 소셜네트워킹 운영 지식의 한계로 MySpace로 회원들이 빠져나가게 되었다. MySpace는 Friend－ster의 인기 있는 기능은 모방하고 회원 프로파일의 개방, 컴퓨팅시간 단축, 개인블로그 및 사진 전시 공간, 음악감상 기능등 새로운 서비스를 통해 2005년부터 2008년까지 세계에서 가장 인기 있는 소셜네트워킹 사이트가 되었다.

　대학생 Mark Zuckerberg 등 4명은 2004년 Facebook을 출시, 초기 하버드대학생 대상에서 2006년부터 일반인 서비스를 시작하였는데, 이들은 기존 대기업의 MySpace 인수 사례에 의해 보다 쉬운 투자액(5천만 달러)을 유치, 광고 없는 깨끗한 사이트를 유지했고, 시장이 사이트를 만들어 가도록 함으로써 다양한 소셜게임, 제품 리뷰, 동호회들이 자생적으로 만들어지게 함으로써, 18~30세 대중들의 선택을 통해 사진과 정보를 교환하는 세계 최고의 사이트로 자리 잡았다. 2007년 Facebook은 인구 통계에 따른 사용자 수, 지리적 위치 등의 선호에 따라 세분화된 광고 판매를 시작, 2008년 봄 MySpace 를 제쳤고, 2021년 10월에는 사명을 '메타(Meta)'로 변경하였으며 전세계 인구 78억 명 중 약 30억 명이 사용하는 세계 최대 SNS로 자리매김했다. 한편, Microblogging 사이트로 Jack Dorsey가 2006년 출시한 Twitter는 일론 머스크가 2022년 10월 440억 달러에 인수한 이후 플랫폼명을 'X'로 변경하였고, 2023년 현재 약 3억 5천만 명의 사용자를 확보하였다. Facebook은 사용자가 코멘트와 함께 사진/비디오를 공유할 수 있는 인스타그램(2012)을 인수하여 월간 활성 사용자수(MAU) 20억 명을 넘겼으며, 2023년 7월 텍스트 중심의 SNS '스레드(Threads)'를 런칭하여 'X'의 확실한 경쟁자로 등장시켰다.

결론적으로 새로운 모빌리티 산업에 대한 기업의 진입 시기는 신산업의 상용화 사이클을 참조하여 기업이 보유하고 있는 핵심 역량에 따라 진입 시기를 결정할 필요가 있으며, 변화하는 소비자의 니즈를 적시에 잘 충족시키는, 학습능력이 뛰어난 회사가 최종 승리자가 된다는 것이다. 참고로 EV 시장의 침투율은 2023년부터 침투율 10%~20% 구간에 진입하여 퇴출기업이 발생하기 시작할 것이며, 2025년경에는 침투율 20%~50%대에 들어가 규모의 경제효과에 따른 과점화, 독점화로 기업 간 확실한 차별화가 진행될 전망이다.[98]

혁신 기술의
상용화 사이클

혁신 기술에 기반한 혁신적인 비즈니스 모델의 성공에는 주변 인프라의 구축 수준 및 진입 타이밍 또한 중요한 요소가된다. 기업의 C-Level에서는 혁신 기술이나 패러다임 변화에 대해 남다른 관점 및 통찰력을 갖고 진입 타이밍을 결단하는 것이 기업의 운명을 가르게 된다. 1900년대 초반 내연기관 자동차의 대중화 이전에 일련의 사전 혁신들이 존재하였다. 먼저 영국의 공기압 타이어 개발(1888년)에 따른 기술 혁신으로 촉발된 1895년~1900년 사이 Cycle Boom으로 자전거 수요가 급격히 증가하였다. 당시 자전거 기업은 하이테크 성장주였으며, 기술의 진화는 주식시장의 과열로도 투영되었다. 1895~1897년 671개 자전거 기업이 신규 상장되었으며 자전거 기업 주가는 1896년 첫 5개월 동안 258% 상승한 뒤 1898년에는 최고점 대비 71%나 하락하는 급등락을 경험하였다. 당시 주가 급등 배경은 신기술에 대한 기대감과 완화적 통화 정책 때문이었으며, 주가 급락 배경은 공급 과잉이었다.[99]

표 5.1. 영국의 자전거 기업 상장 현황(1895~1897)

연도	분기	기업 수 (개)	평균 명목자본 (천파운드)	총 명목자본 (천파운드)
1895	Q1	17	21.03	357.5
	Q2	12	15.21	182.5
	Q3	15	108.27	1,624.0
	Q4	26	56.77	1,476.1
1896	Q1	34	48.27	1,641.1
	Q2	94	147.31	13,847.2
	Q3	96	55.38	5,316.6
	Q4	139	46.44	6,454.6
1897	Q1	156	47.24	7,370.0
	Q2	82	58.09	4,736.6
Total		671	64.13	43,033.2

자료: William Quinn(2016), 메리츠증권 리서치센터

1900년 미국의 EV 등록 대수는 1,575대인 반면, 가솔린 자동차는 936대에 불과했다. 당시에는 도로 시스템의 미비로 단거리 운행으로 충분했고, 가솔린은 수동 시동으로 불편했기 때문에 EV를 선호했던 것이다. 그러나 불과 5년 뒤 1905년에는 EV는 1,425대인 반면, 가솔린 자동차는 18,699대로 급증하였다. 이는 급속하게 확장되는 포장 도로 인프라로 인해 보다 먼 거리를 주행할 수 있는 가솔린의 장점 및 1908년 Ford의 대량생산으로 인한 가격경쟁력(EV $1,000~1,200 vs 가솔린 $650~850)이 결정적이었다. 자동차 대중화 사이클은 침투율 10%대까지 신규 진입이 급속히 증가하면서 주가도 상승하다가 이후 퇴출기업이 정리되면서 지속적인 성장을 보인다.

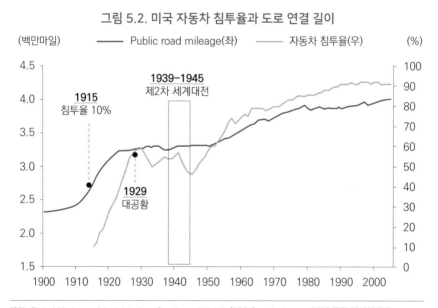

그림 5.2. 미국 자동차 침투율과 도로 연결 길이

자료: Fedral Highway Administraion, Comin and Hobijn(2004) and others, 메리츠증권 리서치센터

침투율을 기준으로 구간별로 보면, 침투율 0~10%에서는 신규 기업 대거 진입으로 경쟁이 치열하지만 시장 성장이 경쟁심화를 상쇄

하고 주가는 상승한다. 침투율 10~20% 사이에서는 퇴출기업이 발생하기 시작하고, 시장 성장과 주가는 마찰적 상승을 보인다. 침투율 20~50%대에서는 규모의 경제효과에 따른 과점화, 독점화로 기업 간 주가 차별화가 수반된다. 이후 침투율 50% 이상이 되면 시장 성장 속도는 정점에 이르고, 주가 또한 정체기를 나타낸다.

그림 5.3. 미국 자동차 기업의 신규 진입 및 퇴출 현황

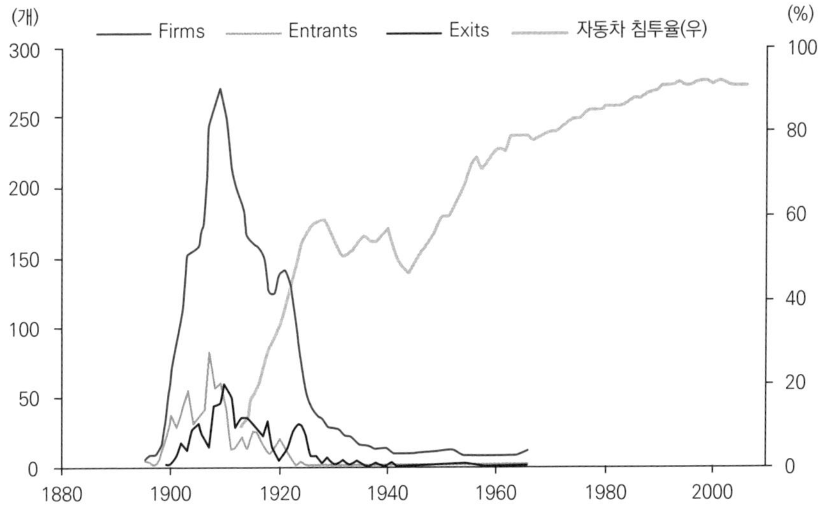

주: 자동차 상업생산이 되지 못한 기업은 신규 진입, 퇴출 기업에서 제외
자료: Steeven Klepper(2001), Comin and Hobijn(2004) and others, 메리츠증권 리서치센터

통상 신기술로 인해 시장이 열리기 전의 전조 현상은 참여 기업이 먼저 뜨고, 평균 8년 후 소비가 폭발적(Firm Takeoff Always Precedes Sales Takeoff)으로 증가한다(Golder and Tellis, 1997). 즉, 새로운 신기술의 상용화(Commercialization) 과정은 참여 기업(Firm Take-off)이 먼저 폭증한 8년 후 판매가 폭발(Sales Take-off)하는 사이클에 주목할 필요가 있다. 다만 최근에는 전반적인 사이클이 단축되는 경향이 있다.

표 5.2. 신산업의 상용화 연도와 기업 및 판매 증가 연도

New Industry	Commercialization Year	Firm Take-Off Year	Sales Take-Off Year
Phonograph Record	1897	1917	1919
Outboard Engine	1913	1916	1936
Electric Blanket	1915	1923	1952
Dishwasher	1915	1951	1955
Clothes Washer	1921	1923	1933
Freon Compressor	1935	1938	1964
Cathode Ray Tube	1935	1943	1949
Clothes Dryer	1935	1946	1950
Electric Razor	1937	1938	1943
Styrene	1938	1943	1946
Piezoelectric Crystals	1941	1944	1973
Home Freezer	1946	1947	1950
Antibiotics	1948	1950	1956
Turbojet Engine	1948	1949	1951
Ball-Point Pen	1948	1957	1958
Garbage Disposer	1949	1953	1955
Magnetic Recording Tape	1952	1953	1968
Heat Pump	1954	1960	1976
Hime Microwave Oven	1970	1974	1976

그림 5.4. 신산업의 상용화 사이클

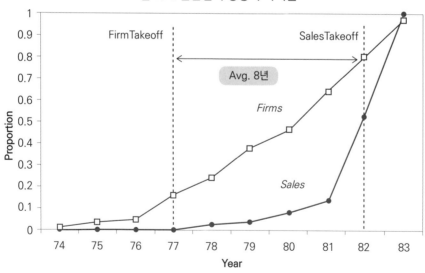

출처: 김길선(2021), 제품과 서비스 혁신

혁신 신산업에 대한
기업의 시장 진입 타이밍

　　새로운 혁신 산업에 대해 기업은 신기술의 발명(Invention)에서부터 경쟁과열(Firm Peak) 단계 과정에서의 기술적 통계(Descriptive Statistics)를 참조하되, 기업이 보유하고 있는 핵심 역량에 따라 기술적 불확실성 해소 시기와 수요의 불확실성 해소 시기를 감안하여 진입 시기를 결정할 필요가 있다.

그림 5.5. 기업의 진입 시기 결정 예시

　　우리는 흔히 시장 최초, 선점하는 혁신 선도기업(Leader)이 시장의 승리자(Winner)가 될 것으로 생각하지만, 역사적으로는 후발진입자(Fast Follower)가 승리자(Winner)가 되는 확률이 높게 나타났다. 즉 실제로는 변화하는 소비자의 니즈를 적시에 잘 충족시키는, 학습능력이 뛰어난 회사가 최종 승리자가 되었다. 최초 진입자(First Mover)는 경쟁자의 응전 전까지 독점적 지위 및 수확체증 이익이 가능하고, 희소 자원 및 표준의 선점 기회를 갖고 구매자의 전환비용을 구축(Switching cost)하는 장점이 있으나 높은 수요의 불확실성에 따른 리스크도 그만큼 높아진다. 반면, 후발 진입자 (Follower or 2nd Mover)는 수요 불확실성이 감소하고 최초 진입자의 경험으로부터의 학습 및 모방 업그레이드가 가능한 반면, 자칫 시장 선도자의 브랜드 로열티 등 진입 장벽에 가로막힐 수도 있다〈표 5.3〉.

표 5.3. 최초 진입자 및 후발 진입자 간 장단점 비교

구분	최초 진입자 (First Mover)	후발 진입자 (Follower or 2nd Mover)
장점	• 경쟁자의 응전 전까지 독점적 지위/ 수확체증 이익가능 • 희소 자원의 선점 • **표준선점 기회 / 구매자 전환비용 구축 (Switching cost)** • 소비자와 브랜드 로열티 구축	• **수요 불확실성의 감소** • **최초 진입자의 경험으로부터의 학습 및 모방 업그레이드** • 소비자의 제품인지도와 교육활용 • 보다 나은 제품을 위한 R&D시간 확보
단점	• 높은 수요의 불확실성(시장 개척의 부담) • 높은 R&D 비용, 인프라 구축 비용 • 미성숙한 보완/보조기술 및 보완재 미비, 대체재 위험 • 비표준기술과 디자인 선택 Risk	• 브랜드 로열티 축적 기회 상실 • 초기 진입으로부터 상당한 양의 학습이 발생한다면 경쟁적 우위를 상실할 수 있음 ※ **얼마나 빨리 시장에 진입하느냐 / 경쟁력이 성공의 관건**

출처: 김길선(2020), 기업의 진입 시기

시장 발달 초기에는 기술이 미숙하고 소비자 니즈 확인이 불명확한 반면, 성숙기로 갈수록 기술에 대한 이해도는 높아지겠지만 다수의 경쟁자들이 이미 높은 시장점유율을 확보했을 가능성이 높기 마련이다. 이런 딜레마에 대해 기업의 최적 진입 시기에 영향을 주는 요인들은 다음과 같다.[100]

첫째, 소비자의 선호도에 대한 확실성이다. 신기술이 처음에 소개되면 소비자는 기술에 대한 이해가 낮고 생산자 및 소비자 모두 기술의 다양한 특성이 갖는 중요성을 인지하기 어렵다. 초기에는 매력적으로 보였던 기능이 불필요하게 되거나 중요하지 않았던 기능이 중요한 것으로 판명되기도 한다. Sony가 다기능의 PlayStation2를 출시하면서 게임기능에 초점을 맞춰 면도기-면도날 전략으로 기기는 싸게 팔고 게임 타이틀로 수익을 올릴 것으로 기대했다. 그러나 소비자들은 DVD 능력을 1순위로, 그리고 게임기능을 2순위로 고려하게 됨으로써 Sony의 예상은 빗나간 것이다. 이 사례를 지켜본 마이크로소프트는 Xbox에 DVD 재생기능을 넣지 않았고, DVD 재생키트를 별도로 구입하도록 하였다.

둘째, 혁신은 이전 기술보다 얼마나 많은 개선을 제공할 수 있는 가에 따라 달라진다. 신기술이 이전 기술에 비해 개선 정도가 클수록 기업의 조기 진입 성공률이 높아진다. 결과적으로 소비자의 기대는 빨리 파악될 것이며, 이에 따른 기술의 수요도 빨라져 판매량 증가 속도가 빨라질 것이다.

셋째, 혁신이 보조기술을 필요로 하는지와 보조기술의 발달 정도가 중요하다. 대부분의 신기술 개발은 그 기능을 뒷받침해 줄 핵심 보조기술이 필요하다. 보조기술이 성숙되어 있을수록 조기 진입은 바람직하며, 그렇지 않다면 보조기술이 더 보완될 때까지 기다리는 것이 나을 것이다. 전기차는 배터리 충전 기술과 충전소가 없다면 무용지물이 될 것이며 자율주행 기술은 센서, 5G 통신망 등 ICT 기술에 따라 발전 속도가 영향을 받게 되는 것이다.

넷째, 보완재가 혁신의 가치에 영향을 주는지, 그 보완재가 충분히 가용한 수준인지가 중요하다. 혁신의 가치가 보완재의 가용성과 질에 의해 결정된다면 진입의 성공가능성은 보완재의 상태에 의해 결정된다. 혁신이 시장에 존재하지 않는 보완재를 필요로 할 경우, 그리고 기업이 보완재 개발능력이 없는 경우는 초기 진입에 의한 성공가능성은 희박하다.

다섯째, 경쟁 기업들의 진입 위협이 얼마나 높은지가 중요하다. 중대한 시장 진입 장벽이 있거나 또는 시장에 진입할 자원과 능력이 있는 잠재적 경쟁자가 존재하지 않는 경우, 기업은 소비자 욕구가 파악되고 기술이 발전될 때까지 시장 진입을 늦출 수 있다. 그러나 경쟁기업의 진입 위협이 크다면 기업은 시장에 조기 진입함으로써 브랜드 이미지를 구축하고 시장점유율을 확보하면서 공급업자 및 유통업체와의 관계를 다져 놓을 필요가 있다.

여섯째, 수익체증이 가능한 산업인지에 따라 진입의 시기는 달라져야 한다. 강한 학습효과나 네트워크 외부성으로 인해 수익이 체증하는 플랫폼 비즈니스 같은 경우, 경쟁자가 먼저 고개 기반을 구축하도록 내버려두는 것은 매우 위험한 일이다.

일곱째, 기업이 초기 손실을 감내할 능력의 보유 유무이다. 최초 진입자는 신기술 개발, 유통점 개척 등에 따른 막대한 비용과 위험을 감수해야 한다. 때로는 초기 신기술의 느린 수용에 따라 많은 신생기업을 파산으로 이끌었다. 그러나 방대한 자원을 보유한 기업은 조기 진입자를 보다 쉽게 따라잡을 수 있다. 후기 진입자는 공격적으로 기술개발, 광고, 유통업체 관계 증진에 대한 대대적인 투자를 통해 빠른 속도로 브랜드 이미지를 구축하여 시장점유율을 뺏어 올 수 있다. 네슬레는 Taster's Choice라는 상표로 냉동 건조커피 시장 진출이 늦었지만, 막대한 자원을 우수한 제품개발과 광고비에 투자하여 General Foods의 Maxim을 제치고 빠르게 선두기업이 될 수 있었다.

여덟째, 기술의 시장 수용을 가속화시킬 자원의 보유 유무이다. 많은 자본을 가진 기업은 초기의 느린 도약기를 견딜 수 있을 뿐만 아니라 자원을 투자하여 시장의 도약기를 앞당길 수도 있다.

마지막으로 기업 명성으로 소비자, 공급업자, 유통업자의 불확실성을 경감시킬 평판이 중요하다. 자본력 외에도 기업의 명성과 신용도 역시 최적 진입 시기에 영향을 미칠 수 있다. 기업의 평판은 신기술의 성공가능성에 대해 강력한 신호가 될 수 있다. Micrsoft는 비디오게임기 시장에서 하드웨어를 생산해 본 경험이 전혀 없음에도 불구하고 기존 개인용 컴퓨터 시장에서의 평판을 기반으로 공급, 유통업체를 끌어들일 수 있었다.

표 5.4 최초 진입자와 추종자, 누가 승자인가?

제품	최초 진입자	유명한 추종자	승자(Winner)
8mm비디오카메라	Kodak	Sony	추종자
일회용 기저귀	Chux	Pampers Kimberly Clark	추종자
성형 판유리	Pilkington	Corning	최초 진입자
그룹 웨어	Lotus	AT&T	최초 진입자
즉석 카메라	Polaroid	Kodak	최초 진입자
마이크로 프로세서	Intel	AMD Cyrix	최초 진입자
마이크로웨이브	Raytheon	Samsung	추종자
개인용 컴퓨터	MITS(Altair)	Apple, IBM	추종자
PC 운영체제	Digital Research	Microsoft MS-DOS	추종자
스마트폰	IBM Simon	Apple	추종자
스프레드시트 SW	SixDegrees.com	Facebook	추종자
비디오 게임기	VisiCalc	Microsoft Excel	추종자
웹브라우저	NCSA Mosaic	Microsoft Explorer	추종자
워드프로세스 SW	MicroPro WordStar	Microsoft MS Word	추종자
워크스테이션	Xerox Alto	Hewlett-Packard	추종자

출처: Melissa A. Schilling(2020), 기술 경영과 혁신 전략, McGraw Hill

2

지정학적 리스크에 대응한 컴플라이언스 체계 구축

[Case Study]
세계 2위의 담배회사 BAT, 대북 제재 위반
6.29억 달러의 벌금 부과

그림 5.6. BAT의 대북 제재 위반에 대한 거래 구조

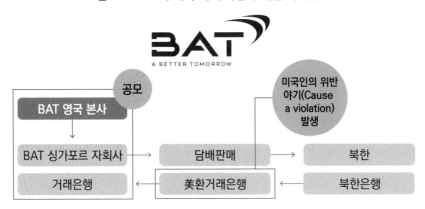

2023년 11월, 세계 최대 가상화폐 거래소 바이낸스가 대북제재 위반으로 역대 최대 벌금(43억 달러)을 부과받았고, 지난 4월 담배회사 BAT는 6.3억 달러에 달하는 벌금부과를 미국정부와 합의하였다. 이

에 대해 재닛 옐런 재무부 장관은 '어디에 있는 어느 기관이든 미국 *금융체계의 혜택을 받고 싶다면 우리 모두를 테러리스트, 외국 적대*
세력과 범죄로부터 안전하게 하는 규정을 따르거나 결과를 감수해야
한다'고 말했다. 날로 강화되는 해외 규제에 대응하는 기업의 컴플라
이언스 체계가 필요한 대목이다.

2023년 4월 25일, 미국 법무부는 영국의 글로벌 2위 담배회사 브리티시 아메리칸 토바코(BAT)가 대북 제재 위반 혐의로 6억 2천9백만 달러에 달하는 벌금을 부과하는 것에 합의하였다고 발표했다. 이는 당시 단일 대북 제재 건으로는 역대 최대 규모로, BAT가 싱가포르 소재 자회사(BATMS)를 통해 2007년부터 2017년까지 북한에 약 4억 1천 500만 달러 상당의 담배를 수출하고, 수익금 등을 미국 은행망을 이용해 송금한 혐의를 시인했으며, 거래에는 페이퍼컴퍼니 등여러 위장회사가 이용되었다고 미 법무부는 설명했다. BAT는 미국의 법무부와는 기소유예 합의(DPA)를 하였고, 재무부 산하 해외자산통제국(Office of Foreign Assets Control, OFAC)과는 민사 합의를 하였으며, BAT의 싱가포르 페이퍼컴퍼니는 법무부와 양형 합의를 체결했다. 이와는 별도로 북한의 담배 판매를 중개한 혐의로 북한 은행가(심현섭)와 중국인 조력자들(친궈밍과 한린린 등 3명)에 대해서도 현상금을 걸고 수배에 나섰다.

매슈 올슨 미 법무부 국가안보차관보는 브리핑을 통해 'BAT의 경우, 법무부 역사상 단일 건으로는 역대 최대 규모의 대북 제재 벌금으로 미국의 제재를 위반할 경우 치러야 할 대가에 대한 최신 경고'라고 말했다. 한편 잭 보울스 BAT 최고경영자(CEO)는 성명에서 '우리는 이런 합의를 끌어낸 과거 사업 활동에서 발생한 위법 행위를 깊이 유감스럽게 생각하며 회사가 미국 제재 준수 프로그램을 개선했고, 합의의 일환으로 다른 변경 사항도 적용했다'고 밝혔다.

BAT와 BATMS에는 북한에 대한 무역과 금융 거래를 법으로 금지하는 대북제재법 위반, 은행 사기 및 국제긴급경제권한법 등 총 3개 혐의가 적용되었는데, 이번 사례는 몇 가지 시사점이 있다. 첫째, 제재 대상인 BAT가 최우방국으로 분류되는 영국계 회사라는 점과 세계 2위의 글로벌 기업이라는 점이다. 둘째, 실제 위반 거래는 싱가포르 자회사(BATMS)에서 이뤄졌지만, 영국 본사가 책임을 지게 된다는 것이다. 셋째, 영국 본사는 싱가포르 자회사의 거래에 대한 직접적인 승인은 없었으나 보고를 받은 기록만으로 공모자로 분류되었고, 감형의 기회가 주어지는 자진신고(VSD)나 사내 컴플라이언스 체계가 작동하지 않았다는 점이다. 이제 우리 기업들은 이러한 사례를 교훈 삼아 비즈니스에 직접 영향을 미치는 해외 규제, 즉 '금융 규제', '수출 통제', 'EU 공급망실사법 및 CBAM'등에 대한 컴플라이언스 체계를 갖추고 지정학적 리스크 대응을 해 나가야 할 것이다.

지정학적 리스크의
도래 배경

2023년 11월 10일, 르노코리아자동차는 폴스타 및 길리홀딩측과 2025년 하반기부터 부산공장에서 순수 전기차 '폴스타 4'를 생산하는 합의에 도달했다고 발표했다. 스웨덴의 볼보와 폴스타를 소유한 중국의 길리그룹은 2022년 르노코리아 지분 34%를 인수해 이미 2대 주주에 올라 있는 상태이다. 토마스 잉엔라트 폴스타 CEO는 "폴스타는 2024년 중국 청두와 미국 사우스캐롤라이나에서의 폴스타 3 생산을 시작으로, 2025년 한국 부산에서 폴스타 4 생산에 이르기까지 총 3개국, 5개의 생산 거점을 기반으로 글로벌 성장 목표를 달성해 나갈 것"이라고 강조했다. 이번 합의 배경에는 미국의 인플레이션 감축법(IRA; Inflation Reduction Act)에 대응하는 글로벌 공급망 재편의 성격이 강하다.

IRA의 직격탄을 맞은 중국계 모빌리티 기업의 이러한 행보는 점점 가시화되고 있다. 미국 대표적인 자동차 제조사 포드는 2023년 2월 13일 중국의 CATL과 전기차 배터리 합작 공장을 미시간주에 건설한다고 발표했다. 포드가 투자금 35억 달러를 전액 부담하여 지분 100%를 갖고, CATL이 배터리 생산에 필요한 기술을 제공하여 2026년 가동한다는 계획이다. CATL은 미국 본토 기업과의 '소유와 운영을 구분하는 방식으로 합작'함으로써 IRA의 우회로를 찾은 것으로 보인다.

블룸버그는 중국 모빌리티 기업의 IRA대응 전략에 대해 '중국이 미국 시장에 접근하기 위해 한국을 이용하려 한다. 전기차 등 첨단산업의 공급망에서 중국을 배제하려는 바이든 행정부의 노력을 약화시킬 수 있다'고 분석했다. 최근 중국 모빌리티 업계의 한국 진출은 위협적인 속도로 가속화되고 있다. KG모빌리티는 2023년 11월 2일 중국 BYD와 '배터리팩 공장 건설 및 하이브리드 시스템 공동개발 협약'을 체결하였다. 이에 따라 BYD는 KG모빌리티의 창원 엔진공장 부지에 배터리 팩 공장을 건설하고, 여기서 생산되는 배터리팩은 토레스 'EVX'와 전기 픽업트럭 'O100'에 탑재될 예정이라고 밝혔다. 한편 중국은 한국의 신규 배터리 공장 5곳에 5조 1000억 원을 투자하기로 했다. 2023년 한 해 동안 중국의 롱바이커지는 삼원 전구체 생산공장 건설 방안을 승인받았고, 거린메이는 SK온과 배터리 소재 생산 합작 투자를 발표했으며, 중웨이(CNGR)는 포스코홀딩스와 이차전지용 니켈 및 전구체 생산공장 건설 계약을 발표했다. 또한 화유코발트는 LG화학, 포스코퓨처엠과 새만금 및 포항에 니켈·전구체 생산 공장을 건설하기로 했다고 밝혔다.

그동안 모빌리티 업계는 동종 또는 이종 업종 간의 합종연횡을 통해 새로운 생태계를 형성해 오고 있었으나, 최근에는 지정학적 리스크 대응을 위한 '글로벌 동맹'이 생존을 위한 키워드로 부상하고 있다. 이러한 미.중 전략적 경쟁시대의 '지정학적 리스크'에 대한 배경은 2012년 중국의 시진핑 주석이 집권하면서 도광양회(韜光養晦)를 버리고 중국몽(中國夢), 대국굴기(大國堀起)를 천명하면서 시작되었다. 특히 2015년 '중국 제조 2025'를 발표하였는데, 이는 10개 핵심산업에 대해 1단계로 2025년까지 70%를 자급자족하여 제조업 강국 대열에 진입하고, 2단계로 2035년까지 제조업 선진국과 어깨를 견주는 수준으로 첨단기술을 끌어올리며, 3단계로 2050년까지 세계 제조업을 선도하는 국가로 올라선다는 계획을 대외에 공표한 것이다. 10개 핵심산업은 5G 통신을 포함한 차세대 정보기술(IT), 로봇 및 첨단 공작기계, 항공우주, 해양엔지니어 및 하이테크 선박, 선진 궤도교통, 신에너지 자동차, 전력 장비, 농기계 장비, 신소재, 바이오 의약 및 고성능 의료기기 등으로, 한마디로 중국은 4차 산업혁명의 대표적인 첨단기술 산업을 적극 육성함으로써 미국의 경제패권을 뛰어넘겠다는 의도가 분명해진 것이다. 유엔 통계국 자료에 따르면 중국은 2019년 글로벌 제조업 생산량의 28.8%를 차지하여 지난 10년 새 이미 미국을 추월하였다.

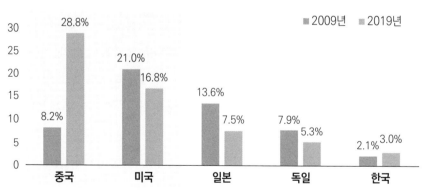

그림 5.7. 글로벌 제조업에서의 국가별 비중 변화(유엔통계국)

이러한 중국의 야심찬 행보에 대해 트럼프 정부(2017~2021)는 중국산 제품에 천문학적인 고율관세를 부과하면서 대표적인 ICT기업 화웨이를 타겟 제재하는 직접적인 방식으로 반 중국, 적대적 노선을 노골화하기 시작했다. 이에 한술 더 뜬 바이든 행정부는 첨단기술에 대한 수출통제, 금융제재, 서구적 관점의 인권 등을 통한 전방위적 규제에 돌입하여 중국을 배제하는 우방국 중심의 글로벌 공급망 재편을 추진하고 있다. 이와 함께 지난 3년간 전 세계를 휩쓴 코로나 팬데믹의 정치, 경제적 여파가 아직도 진행중이고, 2022년 발발한 러시아와 우크라이나 간의 전쟁은 신냉전 체제를 가일층 부추기고 있으며, 2023년에는 이스라엘과 하마스 간의 예기치 못한 전쟁 돌입으로, 글로벌 경제는 불확실성이 심화됨과 동시에 한 시대를 풍미했던 다자무역체제와 자유무역의 기조는 급변하고 있다. 이제 지정학적 리스크는 새로운 글로벌 경제체제를 형성하는 데 있어 가장 중요한 요소가 될 전망이다.

디리스킹(De-risking)과
기업의 전략적 대응 방향성

수출 주도의 한국 기업들은 미·중 전략적 경쟁으로 인한 글로벌 환경의 구조적 변화에 보다 민감한 대처가 필요한 것은 자명한 사실이다. 그동안 우리는 미국 중심의 1강 체제하에서 글로벌 자유무역시스템의 안정적 운용에 익숙한 나머지 '경제적 논리'에 의거한 글로벌로 분업화된 공급망에 치중(거의 몰빵)하여 왔다. 그러나 앞에서 살펴본 미·중 양강의 경쟁 시대에서 글로벌 자유무역시스템은 붕괴되었고, 단순한 저원가 생산 기지보다는 지정학적 논리에 따른 경제안보 측면에서의 공급망 재편이 중시되고 있다.

그림 5.8. 글로벌 공급망 구축에 대한 관점의 변화

출처: 김병국(2023), 기업의 공급망 관리 및 신규 전략 마련 방안, 법무법인 세종

그러나 수십년 동안 '세계의 공장'에서 '세계 최대의 시장'으로, 일약 2강의 존재감으로 자리 잡은 '중국'을 완전히 배제하는 것은 서방국가는 물론 미국조차도 쉽지 않은 상황이다. 이에 2023년 3월 말, 우르줄라 폰데어라이엔 EU 집행위원장은 프랑스 마크롱 대통령과 함께 중국을 방문했을 때 '나는 중국으로부터 디커플링하는 것이 가능하지도, 유럽의 이익에 들어맞지도 않는다고 생각한다. 우리의 관계는 흑백이 아니고 대응 역시 흑백일 수 없다'고 밝히면서 중국과의 완전한 단절(디커플링) 보다는 위험 요소를 없애는데(디리스킹) 집중해야 한다고 주장하였다. 심지어 중국을 배제하는 데 앞장선 바이든 대통령도 지난 5월 G7 정상회의를 마친 후 기자회견에서 '우리는 중국과 분리(디커플링)하려는 것이 아니라 위험을 제거(디리스킹)하고 중국과의 관계를 다변화하려고 한다'고 강조하기에 이르렀다. 한마디로 디리스킹(탈위험화)은 중국을 배제, 고립시키지 않고 중국발 위험 요소만을 억제하겠다는 것으로, 반도체, 인공지능(AI) 같은 첨단 기

술 분야에서는 중국을 배제하지만 그 밖의 분야에서는 교류를 지속한다는 전략으로 해석된다.

특히 미국의 우방국이자 중국 의존도가 높은 우리 기업에게 '미·중 전략적 경쟁시대, 지정학적 리스크에 어떻게 대응하느냐'에 따라 존망이 갈릴 수도 있다. 이에 공급망 재편 및 해외 규제 대응 컴플라이언스 체계 구축을 중심으로 방향성을 제시해 본다.

먼저 기업의 공급망 관리(Supply Chain Management)는 그동안 '관리의 최적화'를 의미하였으나, 지정학적 리스크가 부상하는 글로벌 환경변화는 기존의 효율성보다는 법적 규제를 회피하는 최적화된 전략을 요구하고 있다. EU는 ESG의 핵심 항목 중 친환경(E)에 대한 법제화를 통해 비관세 장벽을 높이고 있으며 EU 공급망 실사법(CSDDD), 탄소국경세(CBAM) 등을 단계적으로 추진하고 있다. 이에 따라 모빌리티 기업은 공급망 실사 지침 등 관련 규제 및 수행 정보의 종합적 관리 시스템 구축을 시작으로 고도의 기업 내재화 전략이 필요하다.[101] 첫째, 글로벌 공급망 규제 및 이슈 관련 정보의 지속적인 관심과 모니터링이 필요하다. 광범위한 적용 기준에 따라 해당 기업의 공시 대상 포함 여부 및 부과 의무의 범위를 디테일하게 확인해야 한다. 둘째, 기업의 전후방 가치사슬을 포괄한 정보 수집 시스템 및 인프라 구축이 필요하다. 기업 및 협력사 등 전체 공급망에서 직·간접적으로 배출하는 온실가스 배출량, 인권 및 근로환경 정보 등이 요구되므로 공급망에서 발생 가능한 모든 리스크 관련 데이터의 수집, 관리, 분석 및 대응 시스템이 필수적이다. 셋째, 기업의 지속가능경영 활동의 내재화가 동반되어야 한다. 기업이 제공하는 지속가능성 정보의 신뢰성과 투명성 확보를 위해 기업 내부 감사위원회의 역할과 책임이 강조됨에 따라 지속가능 경영활동의 정보를 전담하는 조직을 구축해야 한다. 넷째, 중장기적으로 전통적 기업인 경우 넷제로를 위한 점진적인 공정 혁신 또는 비즈니스 모델 혁신을 추진하고, 스타트업 기업인 경우에는 비즈니스 모델 구상단계부터 이를 반영하여 대비할 필요가 있다.

그림 5.9. EU/미국 중심의 공급망 관련 규제/법제화 동향

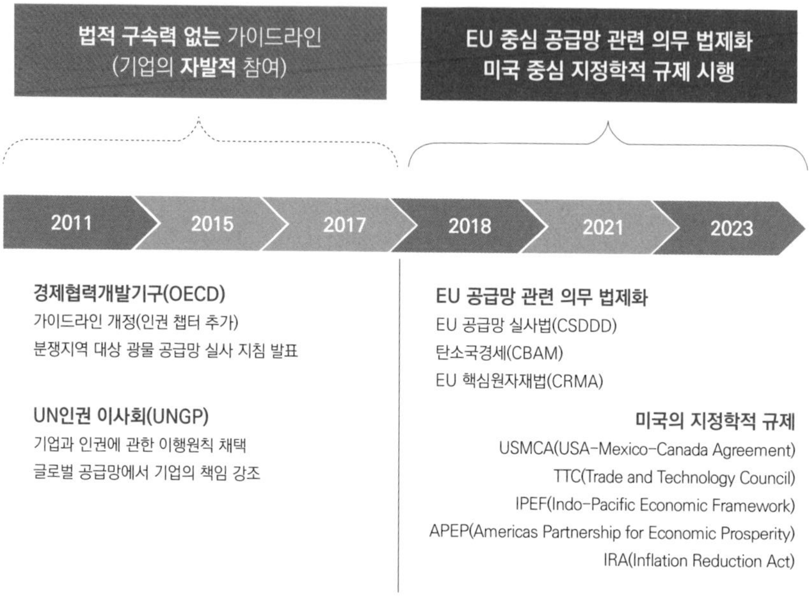

법적 구속력 없는 가이드라인
(기업의 자발적 참여)

EU 중심 공급망 관련 의무 법제화
미국 중심 지정학적 규제 시행

2011 › 2015 › 2017 › 2018 › 2021 › 2023

경제협력개발기구(OECD)
가이드라인 개정(인권 챕터 추가)
분쟁지역 대상 광물 공급망 실사 지침 발표

UN인권 이사회(UNGP)
기업과 인권에 관한 이행원칙 채택
글로벌 공급망에서 기업의 책임 강조

EU 공급망 관련 의무 법제화
EU 공급망 실사법(CSDDD)
탄소국경세(CBAM)
EU 핵심원자재법(CRMA)

미국의 지정학적 규제
USMCA(USA-Mexico-Canada Agreement)
TTC(Trade and Technology Council)
IPEF(Indo-Pacific Economic Framework)
APEP(Americas Partnership for Economic Prosperity)
IRA(Inflation Reduction Act)

미국의 IRA, USMCA, IPEF 등 지정학적 규제는 중국 견제와 동시에 미국 또는 우방국 중심의 글로벌 공급망 재편을 요구한다는 측면에서 그 결이 다르다. IRA(Inflation Reduction Act)는 친환경 에너지, 헬스케어 등의 분야에 4,370억 달러 규모의 재정을 투입해 미국 내 인플레이션 억제와 기후 변화 대응을 목적으로 하는 법이지만, 전기차 및 이차전지 관련 세제 지원 규정이 담긴 Section 13401은 우방국 중심의 공급망 재편을 촉진하고 있다. 즉, 미국 내 전기차 세액공제 혜택(대당 최대 $7,500)을 적용받기 위해서는 ① 최종 조립 조건(북미 생산), ② 배터리 핵심 광물 조건(미국 또는 FTA 체결국가), ③ 배터리 부품 조건(북미 제조) 등의 IRA 법상 규정된 단계적인 조건들을 충족

해야 되기 때문에 전기차 및 2차 전지 산업 전반의 공급망 재편이 불가피한 선택인 것이다.

그림 5.10. 전기차 배터리 핵심 소재의 중국 의존도

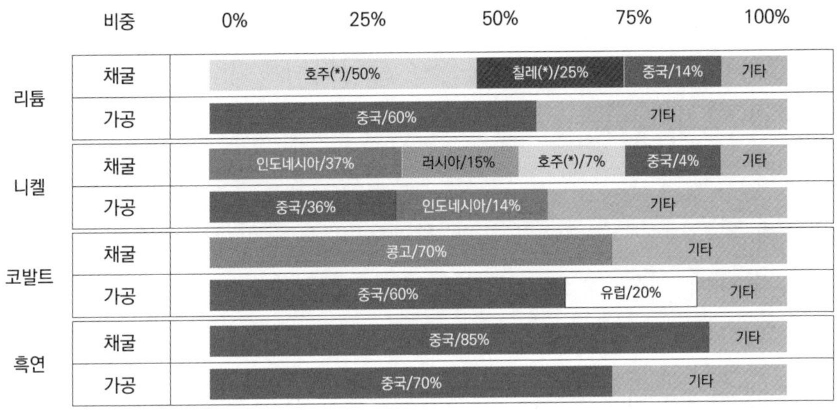

비중		0%	25%	50%	75%	100%
리튬	채굴	호주(*)/50%		칠레(*)/25%	중국/14%	기타
	가공	중국/60%			기타	
니켈	채굴	인도네시아/37%	러시아/15%	호주(*)/7%	중국/4%	기타
	가공	중국/36%	인도네시아/14%		기타	
코발트	채굴	콩고/70%			기타	
	가공	중국/60%		유럽/20%	기타	
흑연	채굴	중국/85%				기타
	가공	중국/70%			기타	

출처: KOTRA 및 미국지질조사국(USGS) 자료를 참조하여 김병국 전문위원이 편집,
(*) 국가는 미국과 FTA 체결 국가를 표시

이에 따른 기업의 대응 방안은 핵심광물, 구성재료 등 업스트림 공급망 국가의 우려국 포함 여부 및 현지화 비율 변화에 대응하고, 세액공제 혜택을 극대화할 합작법인 발굴과 선별이 필요하다. 현대기아자동차는 북미 지역 내 EV전용 공장을 신설(HMGMA, 2025년)하고 기존 앨라배마 및 조지아공장 내 EV라인 증설을 추진하고 있으며, SK온 및 LG에너지솔루션과 각각 합작(JV)으로 배터리 생산 거점을 조성하고 있다. 특히 2차 전지 3사(LG에너지솔루션, SK온, 삼성SDI)는 2020년 발효된 USMCA 협정에 따라 북미 내 생산 거점을 이미 구축 중에 있었으며, IRA를 계기로 북미 진출을 전방위적으로 확대하고 있다. 또한 에코프로, LG화학, 포스코퓨처엠 등 배터리 소재 기업들도 국내 공장을 신·증설 하거나 미국 내 생산 거점을 확대하고 핵심 광물의 중국 의존도를 줄이는 한편 호주, 캐나다, 칠레 등 미국의

우방국을 중심으로 자원 확보에 박차를 가하고 있다.

그러나 이러한 글로벌 공급망에 대한 규제를 대응함에 있어 반드시 점검해야 될 사항이 있다. 첫 번째, 북미 지역 중 어디에 투자할 것인가, 즉 국가 및 주별로 법률, 세제, 노동력, 임금, 관련 산업 및 유틸리티 인프라 등을 꼼꼼히 따져 최적지를 선정해야 한다. 또한 경쟁사 및 관련 산업계의 투자 동향을 모니터링하여 과잉투자를 방지해야 한다. 국내 배터리 3사의 북미 지역 공장 건설이 예정대로 진행되면 2025년부터 전기차 약 695만 대에 공급할 수 있는 생산능력을 확보하게 되는데, 이는 미국 전기차 예상 수요대비 2배 이상의 규모로, 과잉 투자에 대한 리스크가 벌써부터 대두되고 있다는 점에 주목할 필요가 있다. 두 번째는 투자 방식에 대한 고민으로 높은 원가, 인력 운영 문제(높은 이직률, 낮은 숙련도, 높은 임금) 등 북미 공장 운영의 애로 사항을 고려하여 직접 투자, JVC, 전략적 제휴 등을 결정해야 한다. 이는 북미 국가의 법적 이슈와 함께 글로벌 공장 운영 능력에 따라 반드시 그린필드 전략이 우선시 되지 않을 수도 있다는 것이다. 마지막으로 마케팅 전략 관점에서 북미의 고원가 구조의 생산공장에서 IRA 보조금이 주어지는 중저가 전기자동차를 생산, 공급하는 것이 비합리적일 수 있으므로, 중장기적 관점에서의 전사 마스터플랜(글로벌)을 수립하고 IRA 대응 전략을 수립하는 것이 바람직할 것이다.

다음으로는 해외규제 환경의 급변에 따른 불확실성 증대로 인한 기업 내 컴플라이언스 체계 구축이 반드시 필요하다. 기업 입장에서 기존의 외부 규제 환경이 예측가능하고 케이스별 사후 대응이 가능하였다면, 현재는 미국, 유럽 등에서 수시로 각종 규제가 쏟아지고 있어 예측도 불가능하고 이슈에 대한 상시 관리 체계가 필요한 상황이다. 해외규제 컴플라이언스의 핵심은 '우리 기업 비즈니스에 직접 영향을 미치는 해외 규제'로 금융제재, 수출통제, 위구르강제노동방지

법 등 주로 미국을 중심으로 한 해외 규제가 이에 해당된다. 이를 대비한 방안으로는 사업장별 맞춤형 컴플라이언스 프로그램을 도입하는 것이다.[102] 먼저 사업분야, 수출대상국, 수출품목을 고려하여 관련 규제를 파악함으로써 사업장별 맞춤형 규제 맵핑(Mapping)을 한다. 그 다음, 관련 규제에 따른 컴플라이언스 매뉴얼을 작성하여 컴플라이언스 프로그램을 준비하고, 실시간으로 변하는 규제의 내용과 범위에 대해 상시 모니터링 시스템을 구축하는 것이다.

앞에서 살펴본 BAT 사례와 달리 호주의 물류기업 톨홀딩스(Toll Holdings)는 대북 제재 위반을 각종 제재 위반으로 벌금을 부과받았으나 감액을 받은 케이스이다. 톨홀딩스는 2013년 1월부터 2019년 2월까지 선박, 항공, 철도를 이용해 북한, 이란, 시리아 등으로 화물을 운송한 혐의로, 총 2,958건, 4,840만 달러 상당의 거래 규모에 달한다.

그림 5.11. Toll Holdings의 대북 제재 위반에 대한 거래 구조

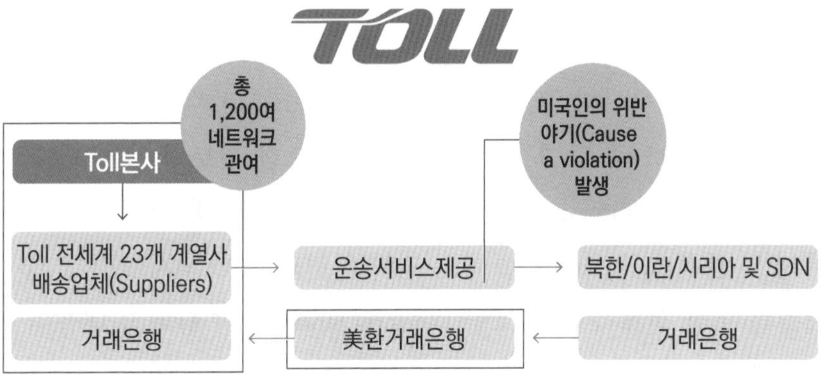

다만 미국 재무부는 8억 달러 이상의 벌금에서 무려 99% 이상을 감액하였는데, 이는 톨홀딩스가 제재 위반을 자발적으로 신고하

였고, 재무부 산하 해외자산통제국(Office of Foreign Assets Control, OFAC)의 조사에 적극 협조했을 뿐만 아니라 사내 컴플라이언스 프로그램을 활용한 것을 인정받았기 때문이다. 한편 톨홀딩스는 리스크 맵핑을 통해 제재 위반 방지 노력 및 컴플라이언스 프로그램을 지속 변경, 개발하였고, 별도 컴플라이언스 조직을 구성하여 C-레벨의 책임 강화 및 직원 교육을 실시하였으며, 톨홀딩스의 이해관계자(대리점, 중개인, 하청업체 등)에 대해서도 컴플라이언스 기준을 적용한 것이 리스크 관리에 도움을 준 것이다.

BAT 및 톨홀딩스 사례를 통해 우리 기업의 해외 규제에 대응방안은 다음과 같이 정리할 수 있다. 첫째, 기존 규제에 대한 사내 컴플라이언스 프로그램을 구축하는 것으로, 초기 세팅 단계에서는 로펌과 같은 전문가의 지원을 받는 것이 좋다. 특히 BAT의 사례에서와 같이 주된 책임은 본사가 지는 것이므로, 국내외 자회사, 계열사, 글로벌 영업장, 협력사 등에 대한 지속 관리 및 모니터링이 필수적이다. 잘 구축된 컴플라이언스 프로그램은 사업상 리스크 방지, 벌금 경감, 기업의 평판 및 안정적 비즈니스 기반에 긍정적으로 작용하게 된다. 둘째, 신규 규제에 대한 리스크의 조기 경보 및 대응 체계를 구축하는 것이다. 이때 글로벌 사업 관련 리스크의 수시 관리를 위해 ① 수많은 정보 중 당해 기업과 관련된 중요한 정보의 탐지 및 식별(Detecting & Identifying), ② 당해 정보에 대한 신속한 분석 및 충분한 이해 및 분석(Analyzing), ③ 기업 전략 마련과 CEO 의사결정 및 문제 해결을 위한 선제적 전략 고안(Devising Strategy) 등 단계적 대응이 필요하다. 또한 향후 발생 가능한 지정학적 리스크에 대비한 컨틴전시 플랜(Contingency Plan)을 수립하고, 수시로 변화하는 관련 정책 및 규정 변화를 지속적으로 업데이트하는 것도 반드시 챙겨 두어야 한다.

EY한영 산업연구원(원장 변준영, 2023)에서는 신냉전 시대의 6대

메가 트렌드를 제시하고 기업의 대응전략을 다음과 같이 발표하였다.[103] 먼저 신냉전 시대의 6대 메가 트렌드는 1)진영간의 지정학적 갈등, 2)정부의 공급망 개입 증가, 3)친환경 정책의 무역 장벽화, 4)자원의 무기화, 5)기술 보호주의 강화, 6)인플레이션과 경기침체 등이다. 이에 따른 기업의 대응전략 첫번째는 비용절감 및 재무 최적화이다. 위기 시의 비용/재무 최적화의 4대 전략은 Downsizing(비효율자산 축소; 비핵심 사업 매각 및 인력합리화), Optimizing(운영 효율화; 원가경쟁력 제고), Reshaping(사업영역 변경; 비즈니스모델 전환 및 고수익 해외지역 진출), Financing(재무구조 개선; 투자 유치, 리파이낸싱) 등이다. 두 번째는 충분한 유동성을 확보해야 한다. 경기 침체에 대비한 유동성 위기 대응을 위해 손익계산서 중심의 경영에서 재무상태표 경영으로 전환이 필요하다. 즉 현금흐름 관리, 운전자본 관리, 투자비 관리, 재무구조 목표관리 등을 통해 재무상태표 경영체계를 확립해야 한다. 세 번째로는 해외사업 재편 등 리스크관리를 해야 한다. 비효율적인 해외 사업은 매각 또는 철수하고, 미국의 IRA 및 관세(AD/CVD) 등 지정학적 리스크에 대응한 공급망 및 생산기지 다변화를 검토해야 한다. 네 번째, Worst Case에 대한 시나리오별 대응전략을 수립해야 한다. 효과적이고 신속한 위기 대응을 위한 TF팀을 구성하고, MI(Market Intelligence) 기능을 강화하며, 시나리오별 컨틴전시 플랜(Contingency Plan)을 수립하여 위기 대응 능력을 적시성 있게 갖춰야 한다. 마지막으로 Upturn 시점의 회복탄력성에 대비하여 공급망의 ESG 모니터링을 강화하는 등 친환경 로드맵을 실천적으로 추진해야 한다.

3

디지털 변혁을 위한 리더십

[Case Study] 마이크로소프트 CEO 사티아 나델라, 사람과 시장, 미래에 공감[104]

출처: AFP(2023), 오픈AI 개발자데이 컨퍼런스

디지털 트랜스포메이션을 실행하는 주체는 결국 사람이며, 디지털 시대의 리더십은 '사람'이 중심이 되어야 한다. 즉 CEO의 비전 공유를 통해 직원의 자율성을 유도해야 하며, 이를 위해 직원의 역량을 끌어 올리고, 스스로 결과를 가져오도록 하는 '휴머니즘', '사람 중심의 기업가 정신'이 필요한 것이다. 마이크로소프트의 제2의 전성기를 이끄는 사티아 나델라는 디지털 리더십의 모본을 보여준다.

마이크로소프트는 빌게이츠가 1975년 창립 이래 1998년 GE를 제치고 글로벌 시총 1위 기업에 등극하였으나 두 번째 CEO 스티브 발머가 재임하면서 2011년 시총 1위 자리를 애플에게 내주면서 암흑기가 시작되었다. 마이크로소프트는 모바일 시장에서 애플과 구글의 안드로이드에 밀렸고, 클라우드 시장도 대응이 늦었던 것이다. 이때 1992년 인도 출신의 평범한 엔지니어로 마이크로소프트에 입사한 사티아 나델라는 스티브 발머의 뒤를 이어 2014년 2월, 세 번째 CEO로 등장하였다. 사티아 나델라 체제 출범 이후 마이크로소프트는 모바일 클라우드 기업으로 빠르게 변모하기 시작했다. 사티아 나델라가 취임 이래 마이크로소프트는 인프라, 플랫폼, 소프트웨어 등 모든 클라우드 서비스를 통합 집계한 부문에서 세계 1위의 기업으로 올라섰고, 2023년 11월 현재 시총은 2조 7,300만 달러까지 증가하여 1위 애플과의 격차는 5% 수준으로 빅2 기업으로 등극하게 되었다.

　빌 게이츠에서 스티브 발머로 이어진 마이크로소프트의 경영철학은 경쟁사를 시장에서 퇴출시키기 위해 수단과 방법을 가리지 않은 것으로, 스티브 발머는 애플과 구글, 리눅스를 적으로 규정하고 이들과 치열하게 경쟁했다. 하지만 사티아 나델라는 취임 이후 애플의 iOS와 구글 안드로이드에 사용할 수 있는 오피스앱을 발표하면서 이전 두 CEO와는 전혀 다른 미래를 향한 협력과 연결을 추구하는 파트너십을 선보였다. 마이크로소프트의 모든 제품의 개발과 공급은 사용자 중심 체제로 전환되었다. 또한 경쟁보다는 공존을 꾀하며 제로섬 게임 논리에 갇히지 않고 시장의 파이를 키우고자 했던 경계 없는 파트너십은 마이크로소프트의 재도약에 날개를 달아주었다. 이 모든 혁신의 중심에 바로 사티아 나델라가 있었다.

　이처럼 사티아 나델라가 마이크로소프트의 문화를 새롭게 바꾸고 대담한 도전을 이어나갈 수 있는 원동력은 바로 '공감(Empathy)'에 있었다. 뇌성마비라는 장애를 안고 태어난 아들을 통해 타인의 삶에 깊이 공감하게 되었다는 사티아 나델라는 '공감'을 거대한 기술의 발전이 가져올 세상에서 그 무엇보다도 가치 있는 의미로 받아들인다. 사티아 나델라는 취임 후 관료주의와 부서 이기주의가 팽배해진 조직을 혁신하고 관성에 물들고 패배의식에 빠진 조직원들에게 새로운 열망과 비전을 불어넣는 것을 첫 번째 과제로 삼았다. 동시에 마이크로소프트가 이루고자 했던 목표, 세상을 변화시키겠다는 최초의 목표로 되돌아갈 수 있도록 혁신을 가로막는 모든 장벽을 없애겠다고 공언했다.

또한 사티아 나델라는 CEO의 본질이 문화(Culture)를 큐레이팅하는 데 있다면서, 공감의 기치를 내걸고 마이크로소프트의 영혼, 자사의 독특한 가치를 되살려 변화와 다양성을 존중하는 기업문화로 전환할 수 있는 길을 모색한다. 그리고 나아가 문화의 쇄신을 이끌어내는 '성장하는 사고', 다시 말해 개인의 성장을 중시하고 이를 극대화할 수 있는 방안을 찾아 실행에 옮긴다. 그 일환으로 사티아 나델라는 마이크로소프트의 모든 구성원들에게 자율적으로 일할 수 있는 권한을 부여(Empower)함으로써 구성원들이 조직의 비전과 개인의 비전을 동일시할 수 있도록 변화를 이끌었다. 경직되고 수직적인 조직문화에서 탈피해 호기심 많고 도전적인 사람들이 최선을 다할 수 있는 수평적 문화로 탈바꿈시킨 것이다.

사티아 나델라는 공감 능력이 단순하게 개인의 삶이나 기업의 문화를 바꾸는 것에 그치지 않고 이 사회까지도 변화시킬 수 있다고 말한다. 실제로 태양광 발전 패널을 제작해 케냐 오지마을의 삶을 변화시키고, 클라우드 데이터를 통해 자연재해를 예측하고, 난독증을 앓는 수백만 명의 증상을 개선시키는 사례 등은 인간의 삶과 기술의 본질에 대한 깊은 공감을 바탕으로 이루어진 것이다. 기술은 세상을 바꾸고, 그 기술에는 엔지니어의 영혼이 깃들어 있다. 그들의 영혼을 뒤흔드는 특별한 영감은 바로 공감으로부터 나온다. 이것이 바로 사티아 나델라의 핵심 경영철학이다.

마이크로소프트는 오픈 AI를 통해 세계 어느 기업보다도 미래를 향해 발 빠르게 움직이고 있으며, CES 2023에서 ① 회복탄력성을 높이는 지속 가능한 협업 공급망 구축, ② AI 및 커넥티드 데이터를 사용한 민첩한 비즈니스 프로세스 구축, ③ 개인화된 차내 경험 및 고객 경험 제공, ④ 소프트웨어 기반 및 자율 주행 차량의 혁신 수용, ⑤ 영감, 연결, 역량 강화를 위한 메타버스의 새로운 경험 설계 등 모빌리티의 5가지 미래와 혁신 사례를 소개했다. 한편 모건스탠리는 2023년 7월 보고서에서 'MS가 3조달러 가치에 도달하는 다음 메가캡(초대형주)이 될 것'이라고 관측하면서 '생성형 AI는 소프트웨어에 의해 자동화될 수 있는 비즈니스의 범위를 크게 확장할 것이고, MS는 그 확장을 수익화하기 위해 가장 좋은 위치에 있다'고 분석했다.

디지털의 특성과
리더십

모빌리티 패러다임을 야기한 4차 산업혁명 시대의 새로운 뉴노멀은 VUCA, 즉 변동성(Volatility), 불확실성(Uncertainty), 복잡성(Complexity), 모호성(Ambiguity)이라고 할 수 있다. 새로운 뉴노멀 VUCA에서 기업들은 기업가 정신과 디지털에 대한 이해력을 높여야 하며, 이때 갖춰야 할 조직역량은 ① 빛의 속도로 방향을 바꾸는 능력, ② 끊임없이 새로운 시도를 하는 능력, ③ 소프트웨어를 통해 하드웨어의 가치를 높이는 능력, ④ 조직 안팎의 역량을 모두 활용하는 능력이다(김성남, 2017). 이와 같이 기업의 내외부 환경 및 소비자의 변화에 따라 기업들이 갖춰야 할 조직 역량이 달라지며, 디지털 트랜스포메이션에 기인한 비즈니스모델 혁신의 성공을 위해서는 리더십 또한 변화가 필요하게 되었다.

리더십이란 조직 목표의 달성을 위해 구성원이 자발적이고 능동적으로 행동하도록 동기부여 및 조정하는 창의적인 기술이며, 개개인의 역량의 총합보다 큰 시너지를 발생시키는 과정으로 정의된다. 먼저 전통적인 리더십 모델은 시대적으로 특성이론, 행동이론, 상황이론, 변혁적 리더십이론 순으로 발전해 왔다. 특성이론(Trait Theory)은 리더의 특성이 인간의 선천적 자질, 즉 신체적 특징, 사회적 배경, 지적 능력, 사회적 특성, 과업 지식 등에 있다고 본다. 행동이론(Behavioral Approach)은 리더의 유효성은 리더의 특성보다는 부하를 대하는 리더의 행동에 있다고 보며, Michigan 대학의 리더십 연구는 ① 리더의 지원적 태도, ② 상호작용의 촉진, ③ 목표 강조, ④ 과업촉진 등 4가지 요인의 리더 형태가 효과적인 조직성과와 관련이 있음을 밝혔다. 상황이론(Situation Theory)은 리더에게 가장 효과적일 수 있는 특성, 기능, 행동 등의 구체적인 상황이 잘 부합될 때 효과적이라고 주장하는 이론이다. 변혁적 리더십(Burns, 1978)은 구성원들에게 장기적 비전을 제시하고, 그 비전을 함께 달성하기 위해 구성원들로 하여금 성취할 수 있다는 자신감을 고취시키고, 구성원들의 조직에 대한 몰입을 강조한다. 이와 같이 전통적 리더십 이론은 시대적 상황 따라 계속 발전해 오고 있으며 디지털 시대의 환경에 맞게 재정립할 필요가 있다.

디지털 트랜스포메이션은 오프라인의 물리적 자원과 프로세스를 표준화, 모듈화, 디지털화하여 온라인과 오프라인이 완벽하게 결합되어 있고 온라인에서 오프라인을 통제할 수 있는 구조를 갖추는 것이다. 그렇지만 기존 기업이 디지털 트랜스포메이션하는 것은 쉽지 않으며, 이는 디지털 기술(Digital Technology)의 특징 때문이다. Daniel Nylén(2014)은 'Digital Innovation Strategy'에서 디지털 혁신에 참여할 때 기존 기업과 신규 진입자 모두 예외적인 복잡성을 보여주는 도전과 기회에 직면하는데, 이는 다음과 같은 디지털 기술의 3가지 특징으로 설명하였다. 첫째, 디지털 혁신 프로세스의 빠른 속도이다(The rapid pace of digital innovation process). 이러한 빠른 속도는 디지털 기술의 유연성, 즉 재구성할 수 있는 용이성에 의해 가능해졌다. 기업들이 '하이브리드' 또는 '스마트' 제품 설계에 참여하기 때문에 디지털 혁신 프로세스의 빠른 속도는 특히 어려운 과제이다. 예를 들어 주요 자동차 제조업체가 GPS 시스템을 내장할 때 복잡한 도전에 직면하는 한편, 근본적으로 다른 속도로 분리된 아날로그 및 디지털 혁신 프로세스가 동시에 전개되는 방식에서 찾을 수 있다. 둘째, 디지털 혁신 프로세스가 제어 및 예측하기 어려운 이유 중 하나는 디지털 기술의 생성성이다(the generativity of digital technology). 이러한 생성성으로 인해 누구나 쓸 수 있으므로 변동성이 높아지게 된다. 사용자가 디지털 기술을 구성요소 또는 플랫폼으로 활용하여 원래 설계 의도를 벗어난 새로운 제품과 서비스를 만들면 혁신이 단계적 혁신으로 이어질 수 있으며, 각 혁신은 다음 단계를 위한 플랫폼을 제공할 수 있다. 데이터는 비용 없이 확장 가능하기 때문에, 새로운 디지털 경제에서 Uber와 같은 기업이 새로운 운영 모델을 만들 수 있게 하며, 또한 매우 빠르게 개선될 수 있게 한다. 셋째, 디지털 기술은 더 큰 처리 용량과 더 낮은 비용으로 끊임없이 발전(evolve toward higher processing capacity and lower cost), 진화가능성이 높아진다는 것이다. 디지털 기술이 점점 더 보편화되고 저렴해짐에 따라 디지털 혁신에 관여하는 데 걸림돌이 제거되어 새로운 행위자들이 새로운 디지털 제품과 서비스를 생성, 개발 및 후원할 수 있게 된 것이다. 넷플릭스 초창기에는 고객이 본 영화를 평가할 때마다 행동을 관찰했고 알고리즘은 시간이 지날수록 강화되어 나중에는 나보다 더 나를 잘 아는 플랫폼으로 진화되는 것이다.

디지털 기술은 빠른 변화 속도, 생성성 그리고 끊임없이 발전, 진화하는 특징을 갖고 있다. 이러한 디지털 기술의 특징에 적합한 리더십 모델은 한마디로 디지털 이해도를 높인 기업가 정신에 변혁적 리더십 모델로 요약할 수 있다. 앞서 언급한 대로 변혁적 리더십은 리더가 장기적 비전을 제시하고, 그 비전을 함께 달성하기 위해 구성원들로 하여금 성취할 수 있다는 자신감을 고취시키고, 구성원들의 조직에 대한 몰입과 자율성을 강조하는 것이다. 디지털 트랜스포메이션을 실행하는 주체는 결국 사람이며, 디지털 시대의 리더십은 '사람'이 중심이 되어야 한다. 즉 CEO의 비전 공유를 통해 직원의 자율성을 유도해야 하며, 이를 위해 직원의 역량을 끌어 올리고, 스스로 결과를 가져 오도록 하는 '휴머니즘', '사람중심의 기업가 정신'이 필요한 것이다. 디지털 시대 리더십과 관련하여 Bersin(2016)은 'Digital leadership is not an optional part of being a CEO'(HBR)에서 디지털 DNA의 중요성을 강조하면서 새로운 관리 모델, 권한 부여, 실험 활동, 협업, 데이터, 스피드, 작고 완벽한 팀, 실시간 모바일 정보 플랫폼, 아키텍처(Architecture), 문화, 조직 지표, 외부전문가 채용, 비즈니스 변화에 회사를 변하게 하는 능력 등 디지털 시대의 리더십 요소들에 대해 언급하고 있다. Bersin(2016)의 또 다른 연구에서는 디지털 리더십을 현재의 비즈니스를 파괴하고 변혁하기 위한 디지털 전략을 개발하고, 조직을 혁신적이고, 반복적이며, 협력적으로 만드는 것이라고 설명한다. 세계 최대의 인사조직 컨설팅사 콘페리(Korn Ferry)의 연구 결과 탁월한 디지털 리더는 모호성(Ambiguity)을 관리하는 역량이 뛰어나고, 적응성이 높으며, 혁신을 배양하는 특성을 가진다. 또한 감성 지능이 매우 뛰어나고 민첩하게 최적의 선택을 내린 후 팀원을 설득하고 참여를 유도한다.

디지털 트랜스포메이션을
성공으로 이끄는 디지털시대의 리더십

조지 웨스터먼 등은 디지털 트랜스포메이션(2017)을 통해 디지털 리더십은 디지털 트랜스포메이션의 원동력이자 견인차 역할을 하며, 이에 필요한 핵심 요소들은 ① 디지털 비전, ② 조직의 대규모 참여, ③ 디지털 거버넌스, ④ 기술 리더십 역량 등이라고 설명한다. 첫째, 디지털 비전을 수립하는 것이다. 디지털 트랜스포메이션은 경영진을 중심으로 강력한 디지털 비전을 갖는 것으로부터 시작된다. 조직을 이끌어 가는 리더들이 명확한 비전을 제시하고 직원들을 설득함으로써 전 직원이 이를 실현하기 위한 새로운 방법들을 모색하여 변화를 이끌어가도록 방향성을 명시하는 것이다. 둘째, 조직의 대규모 참여를 이끌어내는 것이다. 디지털 트랜스포메이션은 '전면적인 변혁'으로 전사 구성원들의 참여를 통해서만 달성할 수 있다. 이를 위해서는 반드시 디지털 비전이 설득력을 가지고 있어야 하며, 리더들은 명확한 기대치를 보여주어야만 한다. 특히 '최신 기술을 도입'이 아닌, 그 기술을 통해 '현재의 비즈니스를 어떻게 변화시킬지' 개념화에 초점을 둬 모든 이의 참여를 이끌어내야 한다. 셋째, 디지털 거버넌스를 구축하는 것이다. 리더와 디지털 전략을 전담하는 팀을 통해 주요 아젠다의 우선순위를 조정하고, 핵심 과제를 실행할 수 있도록 돕는 거버넌스 체계를 구축해야 한다. 넷째, 기술 리더십 역량을 구축하는 것이다. 이는 IT 리더들과 비즈니스 리더들의 스킬과 관점을 한데 모아 디지털 트랜스포메이션을 추진하는 것을 의미한다.

SAP 총괄매니저 Maxwell Wessel는 'THE NEW LEADERSHIP IM-PERATIVE: Embracing Digital Transformation'(2017)에서 제시한 다

음 5가지, 즉 ① 현실 수용, ② 자신이 하는 일에 대한 명확성, ③ 비전 제시, ④ 새로운 기회 대응 조직/지표 설계, ⑤ 파이 확대에 역량 집중 등을 수용하면 모든 조직에서 디지털 트랜스포메이션이 가능하고 주장한다. 첫째, 현실을 받아들이고 변화해야 한다는 것이다 (ACCEPT REALITY). 대규모 변혁을 주도할 수 있었던 리더와 그렇지 못한 리더의 가장 극명한 차이는 현실을 인정하는 조직이 더 잘한다는 점이다. 둘째, 우리가 제공하는 것에 대해 명확하게 해야 한다(BE VERY CLEAR ABOUT WHAT YOU ARE OFFERING). 우리 조직의 많은 사람들이 우리가 성과를 정의하는 방식으로 성과에 관심을 갖고 있다고 믿고 있지만 실제로는 그렇지 못하다. 실제로 하는 일의 핵심을 명확히 하면 데이터가 이러한 작업을 대체할 수 있는 방법에 대해 생각하기가 훨씬 쉬울 것이다. 셋째, 북극성(장기 비전)을 제시한다(ESTABLISH A NORTH STAR). GE 제프 이멜트는 리더들에게 미래의 비즈니스를 차별화할 비전을 수립하도록 한 결과, 데이터를 수집하여 고장을 예측하고 연결 장치를 사용하여 사용 패턴을 최적화하는 것이 이치에 맞았기 때문에 GE의 모든 리더들은 향후 15~25년 동안 소프트웨어 지원 산업 제품이 널리 보급될 것이라고 입을 모았다. 또한 비즈니스 15~25년 목표를 설정하고 나면 GE 임원들이 3~5년 일정에서 수행해야 할 작업에 대해 논의하기가 훨씬 쉬워졌다. 자동차 산업에서 20년 후 EV로의 변화에 아무도 주장할 수 없다면, 미래 비전을 갖고 과감히 EV를 선도하는 기업이 20년 후 자동차 산업에서 승리할 것이다. 넷째, 새로운 조직, 지표 기준 및 파트너를 구축한다(BUILD NEW ORGANIZATIONS, METRICS AND PARTNERS). 오늘날 ROI에 집중하는 리더는 매우 다른 규칙에 따라 경쟁하는 경쟁업체와 경쟁할 수 없다. 이제 비즈니스를 잘 운영하는 리더는 업계에서 차세대 Uber를 막아낼 유형에 대한 투자의 우선 순위를 체계적으로 낮추고, 결과적으로 앞으로 나아가기 위해서는 새로운 조직과 지표가 필요하게 된다. Visa는 결제 플랫폼에서 마이크로 서비스 및 개발자 중심 솔루션 구축에 중점을 두는 조직의 일부를 분리하여 이를 잘 수행했다. Visa가 전자상거래 기반 결제가 미래라고 믿는다면, 조직의 일부가 항상 그것에 대해 생각하는 것이 중요하다. 다섯째 전체 파이를 확대하는 일에 집중해야 한다(ENLARGE THE PIE). 디지털이 제로섬 게임이 아니기 때문에 경제 성장이 2~3% 할 때 두 배, 세 배로 성장할 수 있다. 따라서 리더는 전략을 수립할 때 사용 가능한 전체 파이를 확대하기 위해 할 수 있는 일에 집중해야 한다. 디지털로 새로운 서비스, 새로운 유저 그룹, 새로운 디지털 판매 채널, 비사용자 등으로 시장을 확대하기 위한 리더의 역할이 중요하다.

다니엘 핑크(2009)는 그의 저서 'Drive'를 통해 외적보상('만약-그러면'의 보상)이 오히려 동기부여의 역효과를 불러일으키며, 당근과 채찍이 내재 동기와 성과를 감소시키고 창의성을 말살하며 선행을 흐리게 한다고 주장한다. 즉 외적 보상이 20세기의 기계적이고 규칙적인 업무에는 효과가 있을 수 있으나 21세기 현대 경영에서 중시되는 기계적이지 않은 개념상의 업무에는 업그레이드가 절실하다는 것이다. 이때 21세기 경영에 필요한 업그레이드된 동기 3.0은 내적 동기부여, 즉 외적보상보다는 행동 자체에 만족하는 I유형의 행동에 의지하고 조장되며, 자율성(Autonomy), 숙련(Mastery), 목적(Purpose) 등 3가지가 동기부여의 중요 요소로 설명한다.

콘페리의 보고서에 따르면 한국이 세계에서 가장 혁신적인 기술 기반 기업들이 포진하고 있음에도 디지털 리더십에 대한 개선이 필요하다고 지적한다. 한국의 리더들은 책임감에 기반한 강력한 기업가 정신을 가지고 있지만, 모호함에 대한 인내심이 적고 도전과 위험을 감수하지 않는 경향을 보인다. 더 나아가 한국의 리더들이 디지털

환경의 태생적인 특성, 즉 불확실성을 포용해야 하고, 조직 구성원들이 '항시 변화하는' 시장 환경에 즉각적으로 대처할 수 있도록 '지배적인 리더십'에서 벗어나야 한다고 강조한다. 따라서 우리는 디지털 트랜스포메이션을 성공적으로 수행하기 위해 기존의 전통적 리더십 관점에서 탈피하여 '사람'중심의 디지털 리더십을 구축해야 할 것이다.

4

자율주행 자동차와 법적 이슈

[Case Study] 자율주행 자동차, 사고의 책임 이슈

자율주행 자동차는 기술적 진보와 함께 법률 측면의 쟁점을 해결해야
만 상용화 및 대중화의 길로 나아갈 수 있게 된다. 자율주행 자동차
의 리스크보다 공공적 편익이 크다는 것이 확인될 경우 국가 역시 법
체계를 고도화할 것이다. 결국 자율주행 자동차는 제어권의 전환으
로 인하여 사고책임의 주체가 다양한 이해관계자들로 분산될 것이다.

2023년 7월 28일, 미 애리조나주 매리코파 카운티 검찰은 차량호
출업체 우버의 자율주행 시험차량 운전자로 탑승했던 라파엘라 바스
케즈(49)가 과실치사 혐의로 매리코파 고등법원에서 보호관찰 3년형

을 선고받았다고 밝혔다. 바스케즈는 2018년 3월 애리조나주 템페에서 자율주행 시험 중인 볼보 SUV의 운전자로 탑승했다가 자전거를 타고 무단횡단하던 여성을 치어 숨지게 한 혐의(과실치사)로 기소됐다. 당시 사고는 자율주행 차량이 일으킨 첫 사망사고다. 미국교통안전위원회(NTSB)는 2019년 11월 바스케즈가 전방 주시 등 주의 의무를 게을리 한 게 주 원인이라고 결론지었다. 그는 사고 당시 스마트폰으로 TV를 보고 있었고, 사고 발생까지 주행 시간 총 45분 중 30% 이상을 도로를 주시하지 않은 것으로 조사됐다. 하지만 검찰은 우버에 대해선 기소하지 않았다. 당시 애리조나주에 우버를 처벌할 법적 근거가 마련되지 않았기 때문인 것으로 알려졌다.[105] 이는 차량의 자율주행 기술과 상관없이 교통사고 발생시 그 책임은 아직 운전자에게 있다는 것을 분명히 한 판결로 자율주행차량 운전자들에게 경각심을 일깨워주는 계기가 될 것이지만, 만약 레벨 4이상의 완전자율주행 차량이었다면 책임 소재는 운전자에게만 부여되지는 않았을 것이다.

한편 2023년 11월 22일, 이와 반대로 최근 자율주행 자동차에게 책임이 있다는 판결이 나와 주목을 받고 있다. 2019년 미국 마이애미 북쪽에서 소유주인 스티븐 배너가 테슬라 모델3를 자율주행 기능으로 운전을 하던 중 사고가 나 사망한 사건이다. 플로리다주 법원은 테슬라 최고경영자(CEO) 일론 머스크와 다른 관리자들이 테슬라 자율주행 차량에 문제가 있음을 인지하고도 자율주행 기능을 차량에 넣어 사망 사고를 발생하게 했다고 판단했으며, 사망 사고의 원고가 테슬라를 상대로 고의적인 위법 행위 및 중과실에 대한 징벌적 손해배상 청구를 제기할 수 있다고 판결했다. 앞으로 배심원단의 평결이 남아 있지만, 플로리다 법은 고의적인 위법 행위나 중과실이 확인될 경우 징벌적 손해배상을 청구할 수 있게 돼 있으며, 이에 따른 배상 금액은 수십 억달러에 달할 수 있다. 테슬라가 자율주행 관련 소송에서 불리한 판결을 받은 것이 이번이 처음으로, 지난 4년 동안 자율주행 사고가 여러 차례 발생했지만 테슬라는 관련 소송에서 모두 승소했다. 워싱턴포스트는 2019년부터 2023년 상반기까지 테슬라 자율주행 자동차의 충돌 사고가 총 736건이 발생했고, 이 중 17명이 사망했다고 전했다. 이번 판결은 앞으로 테슬라가 직면할 자율주행차 관련 소송에서 결정적으로 불리하게 작용할 전망이다.[106]

위임된 자율성과
분산되는 책임 소재

자동차관리법 제2조에 의하면 '자율주행 자동차란 운전자 또는 승객의 조작 없이 자동차 스스로 운행이 가능한 자동차'를 말하는데, 법률측면의 본질은 '운전자 없이 운행되는 자동차(Driverless Driving Vehicle)'로 자율주행 자동차가 어떤 법률문제를 가져올지에 대하여 누구도 확신할 수 없는 전인미답(前人未踏)의 영역이다. 자동차의 제품수명주기(Product Life Cycle)별 관련 법률을 살펴볼 때, 자율주행 자동차의 제조, 운행, 교통사고에 대한 새로운 가이드라인 및 법 제정이 필요한데, 특히 '교통 사고' 관련 법적, 윤리적 딜레마는 사회적 합의과정에서 상당한 진통이 예상된다.[107]

그림 5.12. 자동차의 제품수명주기(PLC)별 관련 법률 현황

	제조	운행	교통사고	폐기
목적	자동차 자체의 안전성 확보	운행면의 안전성 확보		수명이 다 된 자동차의 안전한 폐기, 재활용
관련 법률	• 자동차관리법 및 자동차 규칙 등	• 도로교통법	• 민사책임: 자배법, 제조물책임법 • 형사책임: 교특법	• 자동차관리법, 자원순환법 등
의무자	• 자동차 제작자	• 운전자	• 운전자(&소유자)	• 소유자
자율주행 자동차	• 새로운 표준과 기준 제정	• "자율주행시스템"이 운전자를 대체	• "자율주행시스템"의 관여자	• 큰 차이가 없음

출처: 이용우(2023), 자율주행 자동차의 법적 쟁점, 법무법인 세종

　자동차의 운행 시 교통법규의 존재 이유는 자동차는 기본적으로 '위험한 물건'이라는 개념에서 출발함에 따라 자연인인 '운전자'에게 다양한 운행상의 의무를 부과한다. 예를 들어 일반 자동차에 적용되는 도로교통법 제49조에서 규정하는 '운전자'의 준수사항은 고인 물이 튀지 않도록 할 의무, 승객이 차 안에서 춤추는 등 소란행위를 방치하지 않을 의무, 운전 중 휴대전화를 사용하지 않을 의무, 운전 중 영상표시장치를 조작하거나 표시하지 않을 의무 등 매우 촘촘하게 의무를 규정하고 있다. 한편 부분 자율주행 자동차의 '운전자'는 시스템의 직접 운전 요구에 즉각 대응할 의무를 부담하는 것으로 도로교통법 제50조의 2항에 규정되어 있다. 그러나 완전 자율주행 자동차의 경우, '자율주행시스템'이 운전자를 대체하므로, 운전자는 안전운전 의무에서 해방됨에 따라 '자율주행 시스템'의 고장 및 교통사고 시의 구호 등 예외적인 상황에서는 누가 의무를 부담할 것인지에 대한 논의가 필요하게 된다. 또한 일반 자동차는 '보험 제도'를 통해 민사책임 및 형사책임의 위험을 회피할 수 있다. 즉 민법의 '자동차손해배

상보장법'을 통해 의무보험 가입을 강제화함으로써 사고 시 다른 운전자의 자력에 대한 걱정에서 해방되고, 형법의 '교통사고처리특례법'에 따라 보험 가입된 경우 '업무상과실치상' 불처벌을 적용받아 과실에 의한 사고 시 형사책임의 공포에서 해방되는 것이다. 반면 자율주행 자동차는 민사책임에 대해 현행법상 자율주행 사고조사위원회를 신설하여 사고책임 규명의 복잡함에 대처하고 있으나, 형사책임에 대해서는 현행법상 특례가 없는 상황이다.

결국 자율주행 자동차는 제어권의 전환으로 인하여 사고 책임의 주체가 변화될 것이다. 즉 운전의 제어권을 갖는 '시스템'에는 다수 주체의 관여가 불가피하며, 이에 따라서 '운행상의 의무'를 부담하는 의무자도 다수가 될 것이다. 이에 따라 사고 발생 시 사람(운전자)의 책임은 경감될 것이나, 제조자, 소유자의 책임이 강조될 것이며 운전자에게만 부여되었던 '구호의 의무'가 동승자에게도 적용될 가능성이 높아진다. 이러한 관점에서 법률적으로 민사책임은 다수의 관여 주체로 분산될 것으로 예상되고, 형사책임은 대체로 적용범위의 축소가 예상되지만 대형사고의 경우 책임이 무거워질 수도 있다.

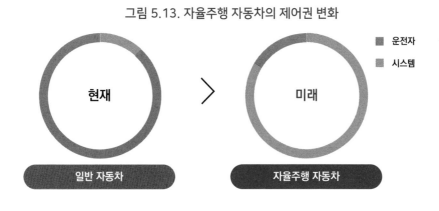

그림 5.13. 자율주행 자동차의 제어권 변화

■ 운전자
■ 시스템

현재 > 미래

일반 자동차   자율주행 자동차

앞에서 살펴본 바와 같이 완전 자율주행 자동차는 기술적 진보와 함께 법률 측면의 쟁점을 해결해야만 상용화 및 대중화의 길로 나아갈 수 있게 될 것이다. 먼저 제조 단계에서 '완전 자율주행 자동차의 제작 안전 가이드라인'을 제시하여 안정성 확보를 위한 표준이 필요하며, 나아가 기준의 법제화가 필요하다. 운행 단계에서는 '운전자'를 운행의무자로 규정한 체계에 대한 근본적인 변화와 예외적인 상황에서의 의무 부담 주체를 포함한 도로교통법 체계의 전면개정이 필요하다. 특히 교통사고 단계에서는 인간이 운전하지 않게 되면서 민형사상의 책임에 대한 근본적인 변화가 불가피하다. 민사책임은 다양한 주체 간 책임의 분배문제가 주된 이슈이며, 형사책임은 고의, 과실의 기준이 엄격하여 주로 예외적인 경우에 문제가 될 것으로 예상되는데, 책임에 대한 이슈는 사회적인 합의가 동반되어야 한다.

윤리적 딜레마와
사회적 합의에 의한 상용화의 길

프랑스 툴루즈경제대(TSE) 장 프랑수아 보네퐁 교수팀(2016)은 '자율주행차의 사회적 딜레마(The social dilemma of autonomous vehicles)'라는 제목의 논문을 사이언스지에 발표했다. 자율주행 자동차의 윤리적 딜레마에 대한 고전과도 같은 이 논문은 '트롤리 딜레마(Trolley dilemma)'를 활용해 자율주행 자동차가 브레이크가 고장나는 상황에서 '탑승자와 보행자 중 누구를 살릴 것인가(n=400)'에 대한 흥미로운 연구결과를 소개하였다. 설문의 응답자들은 대체로 공리주의적 철학에 근거해 1명의 탑승자를 희생시키더라도 다수(10명)의 보행자를 구해야 한다는 의견(76%)이었지만, 막상 이렇게 알고리즘이 적용된 자율주행차를 구매하겠다는 응답은 절반에 그쳤다. 이는 통상적인 시민들이 옳다고 여기는 윤리기준이 적용된 알고리즘이더라도 본인의 안전을 우선시하지 않는 자동차는 사지 않겠다는 모순적 정서를 내 비춘 것이다. 이에 대해 공저자인 MIT의 이야드 라흐완 교수는 자율주행차가 널리 보급된다면 교통사고를 크게 줄일 수 있지만, 이런 사회적 딜레마 때문에 자율주행차의 보급이 늦어질 수 있다고 예견했다. 정작 인간 운전자에게는 이러한 '결정의 순간'이 많지 않을 뿐만 아니라 사고 발생 상황에서 각자의 윤리관과 양심에 의해 결정하고 그 결정을 책임지게 되므로 이것을 윤리적 딜레마로 공론화할 필요는 없다. 그러나 자율주행 자동차는 이러한 딜레마 상황에서의 선택(결정)을 알고리즘화 함으로써 그 결과가 예측되며, 수백만대 이상의 유의미한 집단적인 의사결정이 행해지게 되므로 윤리적 문제가 될 수 있다는 것이다.

마찬가지로 공리주의적 관점에서는 다음과 같은 반론도 가능하다. 자율주행이 상용화되면 인간 운전자로 인한 94%의 교통 사고를 줄일 수 있고, 교통 및 운행 효율성이 획기적으로 개선되며, 환경적인 개선까지 이끌어 낼 수 있어, 그야말로 '최대 다수의 최대 행복'이라는 공리주의 철학에 부합된다. 따라서 자동차 운행 중 가장 극단적이고 발생 가능성이 희소한 '사고 상황에서의 윤리적 딜레마'로 인해 인류 전체에 대한 삶의 질을 높이는 혁신 기술(자율주행)을 가로 막는 것이 과연 옳은 것인지도 따져 볼만 한 것이다. 오히려 자율주행이라는 새로운 혁신 기술에 대해 소비자들이 기꺼이 받아들이고 상용(常用)할 수 있도록 보다 완성도 있는 기술의 상용화(商用化) 및 실체적인 검증을 통한 신뢰 확보가 소비자들의 수용을 더 앞당길 수 있을 것이다.

새로운 혁신기술이 태동할 때 잘못된 규제의 대표적인 사례로 꼽히는 세계 최초의 도로교통법인 적기조례(Red Flag Act)가 있다. 이 법은 당시로서는 혁신적인 모빌리티인 증기 자동차의 출현으로 마차산업을 보호하기 위해 1865년 제정된 법으로, 정식 명칭은 'The Locomotives on Highways Act'이다. 이 법안의 주요 규제 내용에는 속도는 4mph(6.4km/h)(시내 2mph) 이하, 승무원은 최소 3명(운전자, 기관원, 조수), 조수는 60야드(55m) 전방에서 낮에는 붉은 깃발과 밤에는 적색등을 들고 걸어가며 말이나 마차의 통행을 도와주어야 한다. 또한 통행 중에 말과 마주치면 차량이 정지하여야 하고, 말을 놀라게 하는 연기나 증기의 발생은 금지되었다. 이 적기조례는 1896년까지 약 30년간 유지되면서 대중화의 진입 장벽이 되어 영국은 자동차의 종주국임에도 자동차 산업의 주도권을 미국과 독일에 넘겨주게 되었다. 이와 함께 당시의 증기 자동차는 흉물스러운 형태의 외관과 기계 장치에 대한 안전성 및 신기술에 대한 소비자들의 수용성 문제도 복합적으로 작용하여 거부감이 형성되었을 것이다. 그러나 결국 자동차는 이 모든 장벽을 넘어 기술의 진보와 도로 인프라의 확충과 함께 빠르게 마차를 대체하였고, 이로 인해 인류는 이동과 물류, 고용 창출 측면에서 획기적인 개선을 실현하였으며, 130 여년 동안 글로벌 경제의 핵심 산업으로 성장하기에 이르렀다.

　자율주행 자동차의 윤리적 딜레마는 교통 사고를 획기적으로 개선할 수 있는 안전성에 대한 신뢰 확보를 기반으로 여러 구성원들 간의 사회적 합의를 통해 해소되는 방향으로 나아가야 할 것이다. 또한 자율주행 자동차의 리스크보다 공공적 편익이 크다는 것이 확인될 경우 국가 역시 법체계를 고도화할 것이다. 독일의 2022년 6월 30일자 '자동화 및 자율적 주행기능자동차의 운행규율과 도로교통법 규정 개정을 위한 시행령'에서는 레벨 4~5 고도자동화주행 자동차, 완전자동화주행 자동차, 자율주행 자동차를 개념적으로 정의하였고, 이의 가동허가, 운행지구 설정허가, 시장감시와 관련하여 우리 법제에 없는 규정들이 포함되었으며, 특히 제조업자, 소유자, 기술감독인의 의무와 책임의 구체화된 점은 앞으로의 법제화 과정에서 참고하여야 할 부분이다.[108] 자율주행을 포함한 모빌리티 패러다임의 파괴적 혁신은 사회적 합의를 거쳐 윤리적 딜레마를 극복하면서 인류의 역사적 발전에 도전할 것임을 확신한다.

VI

에필로그

1

책을 마치며(epilogue)

생존과 성장을 위한
가이드 라인 제시

       2023 LA 오토쇼에서 아마존과 현대자동차는 아마존에서의 온라인 현대자동차 판매를 포함한 전략적인 파트너십을 발표함으로써 빅테크 기업과 전통적인 완성차 기업 간의 새로운 협력 생태계를 구축하였다. 이번 파트너십에는 아마존 최초의 온라인 자동차 판매를 포함하여 AWS를 클라우드 우선 공급업체로 선정하고, 향후 현대의 신차에 아마존의 '알렉사'를 탑재하는 등의 협력이 포함되어 양사의 핵심 사업 간 장점을 접목하려는 시도로 주목할만하다. 또한 중국의 EV굴기라는 무서운 배경하에서 폴스타는 한국의 르노자동차를 생산기지로 미국의 지정학적 리스크 및 중국 자동차의 브랜드 인식 장벽을 무력화시키려 하고 있다. 이러한 속도감 있게 현실화되고 있는 모빌리티 패러다임이라는 혁신의 파도 앞에서, 우리 기업

은 '안전하지만 기능을 못하는 정박한 배'가 될 것인지, '새로운 파도에 올라타 존재감 있게 나아가는 배'가 될 것인지에 대해 현실적 합리주의를 되새기며 생존과 성장을 위한 선택지를 찾아 나가길 바란다.

　새로운 모빌리티 기술의 출현은 인류 역사 발전의 변곡점이 되었기에 인류 문명은 가히 '의식주+동(動)'의 역사로 설명될 수 있다. 바퀴의 발명으로 세계는 경제, 사회, 문화적으로 연결되는 획기적인 전기를 마련하였으며 18세기 영국을 중심으로 촉발된 제1차 산업혁명의 증기기관 발명은 기차, 자동차 등 새로운 모빌리티를 통해 인류 문명을 혁신하였다. 이후 130여 년간 발전해 온 내연기관 중심의 자동차 산업은 정보통신기술(ICT)과의 융합으로 모빌리티 패러다임이 혁신적으로 변화되고 있다. 빅데이터(Sometrend, 2022) 분석에 따르면 자동차에 대한 사람들의 생각은 차량, 비용, 부분, 가격, 보험 순인 반면, 모빌리티에 대한 생각은 사업, 서비스, 현대자동차, 산업, 기업 순으로 비즈니스 모델의 변화에 관심이 많은 것으로 나타났다.

　이러한 모빌리티에 대해 기존 연구에서 학위 논문은 자율주행, 시스템 측면에서의 기술적 분야와 함께 카셰어링 및 플랫폼 비즈니스에 대한 사회적 제도 및 가치 이슈, 그리고 Micro Mobility 및 UAM 등 새로운 모빌리티 분야에 대한 연구가 대부분이었다. 즉 기술 및 사회적 제도 측면 위주 연구로 모빌리티 패러다임 전체를 분석하거나 실전적 전략 방향성에 대한 연구의 한계가 있다. 한편 전문 저서는 특정 기술이나 분야에 국한되지 않고 모빌리티 시장 전체에 대한 트렌드와 관련 기업에 대한 정보를 전달함으로써 보다 실제적인 현상과 시장 변화에 대한 전망, 특히 투자 관점에서 서술한 내용이 많았다. 즉 모빌리티 트렌드와 이에 따른 투자 관점에 치중하면서 사회 변화에 대한 내용과 이론적 근거, (특히 전통적 기업의) 실전적 전략 방향성에 대해 제시하지 못하는 한계가 아쉬웠다.

이에 모빌리티 패러다임에 따른 사회 전반에 걸친 변화, 파괴적 혁신에 대한 이론적 접근을 통해 모빌리티 기업의 생존과 성장을 위한 비즈니스 모델 혁신 방향성을 보다 실전적 관점에서 제시하고자 하였고, 그 의의 및 시사점은 다음과 같다.

첫째, 모빌리티에 대한 개념을 정리하였다. 그동안 모빌리티에 대한 학문적 정의(John Urry)는 사회학적 관점에서 '이동'이 정의되어 왔으나 산업 내 범주에 대해서는 명확하지 않게 통용되는 경향이 존재하였다. 이에 모빌리티를 '모빌리티 4.0'의 개념으로, 전통적인 교통수단에 4차 산업혁명의 ICT를 융합해 인간과 사물 등의 물리적 이동과 생활공간을 편의성과 효율을 높여 연결하는 모든 수단으로, 모빌리티 산업은 모빌리티와 연계된 관련 산업을 통칭'하는 것으로 정의하였다. 이러한 정의에 부합되는 모빌리티 범주는 전기차, 자율주행차, 전기차, PBV(Purpose Built Vehicle), 로보택시, 마이크로 모빌리티, 도심항공 모빌리티(UAM; Urban Air Mobility), 드론 등 이동 수단과 함께 MaaS(Mobility as a Service), 카셰어링, 차량호출, 승차공유, 지능형 교통체계(C-ITS) 등 다양한 서비스 및 관련 부품/인프라 등이 포함된다

둘째, 모빌리티 패러다임에 따른 사회 전반에 걸친 변화 및 이에 대한 솔루션을 이론적 프레임워크를 통해 분석하는 체계화 시도를 하였다. 먼저 파괴적 혁신(클레이튼 M. 크리스텐슨, 2015) 이론을 통해 모빌리티 패러다임(특히 자율주행 EV)이 자동차 산업 전반을 파괴하는 현상을 분석하고, 경쟁의 근간(연비→충전거리)을 바꾸는 혁신 및 기존 시장을 무력화시키는 혁신으로 자율주행 EV는 내연기관 중심의 제품, 생태계, 시장 전반을 무력화시키는 현상을 설명하였다. 이에 따른 모빌리티 기업의 생존과 성장에 대해서는 ① Mass Customization(James H. Gilmore 외, 1997), ② Digital Transformation을 통한 비즈니스 모델 혁신(김용진, 2020 / Mark W. Johnson, 2010) 및 변혁적 비즈니스 모

델 혁신(Stelios Kavadias 外, 2016) 이론을 중심으로 해법을 제시하였다.

셋째, 모빌리티 전쟁에서 생존하는 비즈니스 모델 혁신을 학문적 이론과 함께 산업 현장의 축적된 경험을 토대로 융합된 전략으로 도출하였다. 기업 현장에서는 복잡 다변화하는 고객 니즈를 충족시키면서도 원가를 낮게 관리하는 가치-원가 딜레마(Value-Cost Dilemma)에 늘 노출되어 있다. 또한 모빌리티 패러다임하에서는 새로운 경쟁자의 등장과 함께 기존 업종별로 파괴되는 수준이 다르기 때문에 각 산업군의 Risk 분석과 함께 차별화된 대응이 필요하다. 이에 모빌리티 기업의 가치-원가 딜레마를 해결하기 위한 비즈니스 모델 혁신 방안으로 ① 대량 개별화(Mass Customization), ② 디지털 트랜스포메이션(Digital Transformation), ③ ESG 경영 전략 등 3가지 법칙을 제안하였다. 아울러 모빌리티 기업의 다양한 사례, 특히 타이어 제조기업의 환경 분석(PEST) → 전략적 방향성 도출 → 비즈니스 혁신 모델에 대한 실전적 전략수립 프레임워크를 제시하였다.

넷째, ESG(Environment, Social and Governance)에 대한 이론적 내용은 배제하고 기업의 생존과 성장 관점에서 ESG의 중요성 및 기업의 전략 방향성을 제시하였다. 모빌리티 생태계 내에서 B2B 비즈니스의 지속가능성은 ESG와 직결되며, 모빌리티 선도 기업들에게는 새로운 비즈니스 기회를 창출하게 되므로 가치-원가 딜레마의 체인 속에 ESG을 포함시켜야 한다. 향후 ESG 경영은 디지털 트랜스포메이션을 통한 ESG 전문 솔루션 도입을 확대하는 방향으로 추진함으로써 체계적인 밸류체인(Value Chain) 관리로 레벨업해야 한다.

다섯째, 모빌리티 패러다임은 선도국가 경쟁의 구도 역시 혁신하게 된다. 즉 전통적인 내연기관 자동차는 유럽, 일본, 미국 등 기존 선진국이 주도하는 시장이었으나, 자율주행 EV 시대를 전환점으로 선도 국가가 되고자 하는 신흥국이 나타나고 있다. 중국은 전기차를 통해 기존 내수 시장 중심에서 유럽을 포함한 글로벌 전역으로 수출을 확대하고 있으며, BAT(Baidu, Alibaba, Tencent)를 필두로 자율주행 및 커넥티드 카에 대한 AI 기술 및 소프트웨어 기술 투자로 미국을 추격하고 있다. 전통적인 제조강국도 아니고 자동차 밸류체인도 구축되지 않은 사우디 같은 나라도 거대 자본과 기술이 결합되는 새로운 생태계를 통해 모빌리티 시장이 열리게 되어 사우디 국부펀드(PIF)는 폭스콘(Foxconn)과 전기차 합작사 시어(Ceer)社 설립을 발표하며 전기차 시장에 출사표를 던졌고 루시드의 합작공장 및 현대자동차의 전기차 조립라인이 사우디에 건설될 예정이다.

여섯째, 모빌리티 시대에서는 상당 부분의 물리적 기술이 디지털 트윈 기술로 대체 되면서 기술 역량의 기준이 변경되고 있다. 테슬라는 모델 개발 시 디지털 트윈 기술을 사용함으로써 투자 비용은 물론 양산까지의 개발 기간 및 품질 안정화 기간을 단축하고 있다. 특히 부품의 소싱 참여시 일정 수준의 VPD(Virtual Product Development) 기술이 검증된 업체에게만 물리적 평가 자격이 주어지며 개발기간도 50% 이상 단축이 요구되고 있다.

일곱째, 시장 진입 타이밍(Timing of Entry), 지정학적 리스크에 대응한 컴플라이언스 체계 구축, 디지털 변혁을 위한 리더십, 자율주행 자동차와 법적 이슈 등을 성공의 또다른 조건으로 포함시켰다.

연구의 한계와
나아갈 방향

한편, 여러 논문, 저서, 전문 보고서 등의 선행 연구 자료의 도움을 받아 이론적 정립과 함께 모빌리티 기업에 대한 실전적 해법을 추구하였으나 저자의 역량적 한계와 모빌리티 분야의 무한한 가능성 대비 깊이 있는 학문적 연구 토대가 많지 않아 그 한계 및 향후 추가적인 발전 방향을 다음과 같이 제언해 본다.

첫째, 본 책에서의 모빌리티 범주에는 해양 모빌리티가 제외되어 있으며, 신재생 에너지, 지능형 교통체계(C-ITS) 및 주변 인프라 등을 아우르는 거시적인(Macro) 혁신 관점에서의 모빌리티 연구가 필요하다. 모빌리티 산업의 고도화 과정에서 배터리, 자율주행 기술의 지배적 디자인 결정, 충전 인프라, ICT 기술, 스마트 시티, 법제화 등 수많은 관련 인프라의 동반 혁신이 필요하기 때문이다.

둘째, 현재 글로벌 금융시장 및 국제 정세의 불확실성이 점점 높아지고 있는 가운데, 글로벌 공급망 체계 재구축에 대한 연구가 그 어느 때보다 중요하다. 산다 오잠보 UNGC 사무차장(2022년)은 코리아 리더스 서밋(Korea Leaders Summit) 기조 연설에서 3C, 즉 Climate change(기후 변화), COVID-19, Conflict(분쟁) 등 글로벌 위기의 '3C'가 부유한 나라와 가난한 나라 모두에 대혼란을 일으키고 있다고 밝혔다. 점차 고조되고 있는 보호 무역주의와 3C 위기 및 기술 복잡성 증대로 글로벌 밸류체인이 분업화에서 수직 계열화 또는 리쇼어링 경향을 보이고 있는 상황에서 모빌리티 기업은 업의 복잡성과 역량에 따라 새로운 밸류체인을 고민해야 한다.

셋째, COVID-19 이후 수많은 모빌리티 관련 스타트업이 탄생하였으나 미국의 금리 인상 앞에 흥망성쇠를 겪고 있으며, 전통적 산업의 강자들은 아직까지 건재하나, 그 미래는 알 수 없어 비즈니스 성공 모델에 대한 검증에 한계가 있다. 코로나19 이전까지 우버는 승승장구하여 새로운 공유경제로의 빠른 전환을 전망하였으나 편의점 제품, 주류, 식음료 등 배달 앱 다각화로 변모하고 있다. 2021년 11월 기준, 매출 실적이 전무한 리비안은 시가총액이 글로벌 자동차 3위에 올랐고, 루시드도 8위까지 등극하였으나 최근 새로운 가치 평가를 받고 있다. 현대자동차와 전략적 제휴를 맺은 우버는 UAM사업부인 우버 엘리베이트(Uber Elevate)를 매각하였고, 포드와 폭스바겐은 완전자율주행의 독자 개발을 포기하였으며, 애플 역시 고속도로에서만 자율주행이 가능한 버전으로 2026년 출시한다고 밝혔다.

넷째, 모빌리티 패러다임에서 고용과 좌초자산 측면에서의 추가적인 연구가 필요하다. 플랫폼 경제화에 따른 긱 이코노미에 대한 부분을 3장에서 다뤘지만, 전통적 기업의 자율주행 EV로의 급격한 전환에는 기존 고용 인력에 대한 인력 재배치를 비롯한 단계적 준비가 반드시 필요하다. 자칫 전통적 완성차 기업은 앞으로도 수십년 동안 내연기관 자동차 설비와 인력을 유지하면서 자율주행 EV로도 투자와 인력이 투입되어야 하는 이중고에 직면할 가능성이 크기 때문이다. 즉 테슬라와 같은 신생 기업은 내연기관의 좌초자산에 대한 리스크가 없지만, 전통적 자동차 업체는 자율주행 전기차로의 전환 속도에 따라 내연기관의 생산, A/S, 부품 등을 유지하면서 새로운 ICT, 배터리, 전장 부품, 소프트웨어 등 기술과 투자, 인력을 운영해야 하는 기간이 생각보다 길 것이며, 이에 대한 속도 조절이 생존과 성장에 매우 중요한 포인트가 될 것이다.

본 책을 통해 모빌리티 기업의 생존과 성장을 위한 비즈니스 모델을 전통적 기업을 포함한 산업 생태계내 다양한 기업 관점에서 제시함으로써 모빌리티 관심 독자 및 기업 관계자들에게 등대와 같은 역할을 하고, 이상의 추가적인 발전 방향성을 보완하여 모빌리티 기업 현장의 실전적 전략 수립에 조금이나마 일조할 수 있길 기대한다.

모빌리티 혁신의 요약(Summary)

마이크로 소프트사의 CEO 사티아 나델라는 코로나19로 인해 2년 치의 디지털 트랜스포메이션이 단 2개월 만에 이뤄졌다고 밝힌 바 있다. 14세기 페스트로 인해 봉건제가 붕괴되고 르네상스 시대를 열었던 것처럼, 역사상 세계적인 전염병은 인류의 새로운 변곡점으로 진보해 왔다. 모빌리티 패러다임은 130여 년 내연기관 중심의 자동차 산업을 파괴적으로 혁신함으로써 이러한 역사적 변곡점의 한 축으로 인류의 삶을 변화시키고 있다.

자동차 산업이 모빌리티 시장으로 재편되는 파괴적 혁신으로 인해 무력화되는 부품이 50%, 잔여 50% 부품 중 50%가 ICT 부품 및 AI 소프트웨어로 대체됨으로써 약 25%의 부품만이 업의 본질이 유지된다. 이에 모빌리티 패러다임하에서 산업, 사회 및 관련 생태계 전반의 변화를 살펴보고 기업의 생존과 성장을 위한 비즈니스 모델 혁신 방안을 제시하고자 하였다.

기업의 생존과 성장을 위한 3대 방안은 대량 개별화(Mass Cus−

tomization) 전략, AI · 디지털 트랜스포메이션(Digital Transformation)을 통한 비즈니스 모델 혁신, ESG 경영 등이다. 또한 성장을 위한 또 다른 성공 조건으로 진입 타이밍(Timing of Entry), 지정학적 리스크에 대응한 컴플라이언스 체계 구축, 디지털 변혁을 위한 리더십, 자율주행 자동차와 법적 이슈 등을 제시하였다. 즉 모빌리티 패러다임 하 3개의 비즈니스 모델 혁신 방안 및 또 다른 성공 조건 4가지 등 총 7개 솔루션을 통해 기업 성장의 모멘텀이 되길 기대한다.

II. 모빌리티의 파괴적 혁신

모빌리티의 패러다임은 CASE, 즉 커넥티드카(Connected), 자율주행(Autonomous), 공유(Sharing), 전기차(Electrification)로 요약된다. CASE 시대의 도래는 전통적 카메이커의 핵심 경쟁력이자 진입장벽의 아성이었던 엔진, 기계장치에 대한 노하우가 유명무실화된다. 먼저 파괴적 혁신의 필요조건, 즉 기업 간 경쟁이 이루어지는 가치 기준들을 바꿈으로써 경쟁의 근간을 바꾸는 혁신으로 자동차 산업 내 경쟁의 근간은 '연비(내연 기관)'에서 '충전거리(자율주행 EV)'가 된다. 파괴적 혁신의 충분조건으로는 기존 시장을 무력화시키는 혁신으로 자율주행 EV는 내연기관 중심의 제품, 생태계, 시장 전반을 무력화시킨다. 첫째 자율주행 EV는 부품의 구조를 배터리 및 모터, ICT 중심으로 재편한다. 둘째, 전통적 내연기관 자동차 메이커의 강력한 무기로 고객 가치를 제공하였던 브랜드 가치, 엔진/기계 기술, 성능 등은 모빌리티 시대에서는 오히려 좌초자산이 되며, 차량 세그먼트 및 편의사양 등에 따른 가격 및 구매결정요인은 완전히 무력화된다. 반면, 자율주행 EV는 기존 차종의 배기량기준 세그먼트로 구분되지 않으며 배터리 성능(충전속도, 충전 후

거리) 및 안정성, OTA수준, 자율주행 레벨 등 전혀 다른 구매 결정 동인이 나타나게 된다. 셋째, 자율주행이 레벨 3부터는 운전의 주체가 인간으로부터 시스템으로 전환되면서 자동차는 더 이상 'Driver Focusing'가 아닌 'V2X 및 Space Focusing'으로 달라진다. 이때 차량정비산업은 고장수리보다는 사전 예방 기술이 중시되며 실내공간 인테리어, 엔터테인먼트 분야가 각광받게 된다. 인간 운전이 필요 없고 고장이나 사고가 거의 발생하지 않게 됨에 따라 운전학원, 의료, 보험 등 관련 서비스시장이 완전히 재편될 수밖에 없다.

III. 다가온 미래 모빌리티 세상

　맥킨지(2019)에 따르면 글로벌 모빌리티 시장 규모는 2017년 4,400조 원에서 2030년 8,700조 원까지 성장할 전망이며, 이는 반도체(가트너 발표 2021년 731조) 시장의 6배~10배를 능가하는 초거대 규모이다. 특히 연간 1억 대 규모의 자동차 판매 및 애프터마켓뿐만 아니라 모빌리티 산업 전반으로 확대할 경우 그 시장 규모는 더욱 커진다. 전통적인 자동차 산업은 주로 자동차 카메이커(OEM) 간의 경쟁 구도에 수직적인 공급업체(부품업체) 간 비교적 단순한 경쟁 구조였다. 그러나 모빌리티 패러다임하에서는 새로운 공유 서비스업체(Didi, Uber, Lyft, Grab), 대형 기술 플랫폼 기업(Apple, Google, Baidu) 및 신흥 OEM(Tesla, Rivian, Nio) 등은 업계 경쟁 구도의 복잡성을 증가시켰으며, 경쟁 환경의 복잡성 증가로 인해 전통적인 OEM은 다방면에서 경쟁해야 한다. 특히 자본시장에서는 전통적인 자동차 메이커의 강력한 자산이었던 엔진 등 내연기관을 중심으로 하는 기술, 설비, 브랜드까지 모빌리티 패러다임에서는 오히려 좌초자산으로 평가

됨에 따라 ① 좌초자산 없이 미래 성장성 보장 기업(신생 모빌리티), ② 좌초자산을 상쇄할 미래 성장성을 갖춘 전통 기업, ③ 미래 성장성보다 좌초자산 부각되는 전통 기업들의 가치 평가는 갈리게 된다. 그리고 ④ 전통적 자동차 제조기업에서 분사 또는 독립한 프리미엄 EV 전용 브랜드도 부상하고 있다. 볼보의 폴스타(Polesta)는 기존 전통의 OEM 제조사의 장점인 개발, 생산, 유통 등의 자산과 스타트업의 애자일하고 파괴적인 혁신에 대한 장점을 결합함으로써 시너지를 창출하고 있다. 즉 폴스타는 기존 전통적 카메이커(볼보, 길리)의 강점인 제조를 위탁함으로써 좌초자산을 경량화함과 동시에 본원적 자산을 활용하는 비즈니스 전략을 채택한 것이다. 이러한 자동차 메이커의 브랜드 전략은 Individual Branding 중 기업브랜드를 완전히 배제시키는 전략(Not Connected)이 아닌 Shadow Branding, 즉 기업 브랜드는 표면적으로는 나타나지 않고 신문기사 등 다른 루트를 통해 어디서 만들었는지 알려 주는 개별 브랜드 전략에 해당된다.

CB INSIGHT(2018)의 '자율주행차가 바꾸는 33가지 산업' 보고서에서 자율주행으로 인해 수요가 증가하는 산업은 엔터테인먼트, 차량 전자 부품, 배달 음식, 에너지, 피트니스, 데이터 센터&인터넷 기반 시설, 사이버 보안, 차량 인테리어, 비영리 작업&재난 구호, 노약자&어린이 케어, 인터넷 서비스, 긴급 구조, 군사 작전 등 12개 분야이다. 변화 또는 변경되는 산업은 부동산, 주택 개조, 도시 계획, 오프라인 소매점, 엔진오일 교환 및 세차, 소송/법 등 7개 분야를 꼽았다. 반면 수요가 감소하는 산업은 보험, 정비소, 직업 운전 및 트럭, 호텔, 단거리 항공, 승차 공유, 대중교통, 주차장, 패스트푸드, 배송 직업, 자동차 판매, 의료, 운전면허 교습소, 교통 단속 등 14개 분야이다. 자율주행 전기차는 급속히 고령화되고 있는 사회를 활성화시킬 수 있다.

고령 사회의 대표적인 국가, 일본의 인구 및 신차 판매는 감소 추세이나, 65세 이상 실버 세대의 운전면허 보유율은 급속히 증가하고 있다. 따라서 1인승 또는 2인승으로 근거리 이동할 수 있는 '초소형 자율주행 모바일'은 급속히 진행되는 고령사회에서 실버층에게 자립 생활의 안전한 이동 및 지역 산업활성화의 수단이 될 수 있다.

　　도심항공 모빌리티(Urban Air Mobility=UAM)가 도시의 교통 체증 문제를 획기적으로 개선할 새로운 대안으로 떠오르고 있다. 수직이착륙(eVTOL; electric Vertical Take-off and Landing)이 가능한 소형 전기 항공기들의 네트워크가 교외와 도심을 연결하고 궁극적으로 도시들을 연결하는 빠르고 안정적인 교통수단이 될 것이다. 현재 eVTOL 시험 비행을 이끄는 기업은 조비에비에이션(Joby Aviation, 미국), 볼로콥터(Volocopter, 독일), 이항(Ehang, 중국) 등 전문 스타트업으로, 2025년에는 상용화를 목표로 한다.

　　모빌리티가 지향하는 새로운 플랫폼 비즈니스의 성장 이면에는 노동자와 사업자 어느 한쪽에도 완벽히 속하지 못하는 플랫폼 노동자, 즉 긱 노동자에 대한 사회적 이슈가 있다. 모빌리티 플랫폼 기반 긱 이코노미의 이슈는 혁신모델의 시장 진입을 통한 발전 가치이냐, 기존 산업(종사자)을 보호할 것인가에 대한 가치충돌과 플랫폼 기반 긱 경제(Gig Economy)로 인한 노동과 고용의 질에 대한 '고용 이슈'와 관련된 가치 충돌이다. 4차 산업혁명 시대에서는 기존 전통적인 직업과 고용형태의 변화가 필연적일 것이다. 결국 긱 이코노미 이슈에 대한 Uber, Lyft 등 공유카(Ride Hailing) 업체의 대응은 인간 운전자들을 배제하는 방향으로 선회할 가능성이 높다. 2019년 테슬라는 오토노미 데이를 통해 자율주행 로보택시 운영 비즈니스 모델을 발표하였고, 상용화 시기는 기술력 확보 및 사회적 합의 과정에 따라 달라질 수 있다.

새로운 모빌리티 생태계는 ① 완성차 업체, ② 신생 전기차 업체, ③ 자율주행 기술을 중심으로 빅테크 기업, ④ 자동차 부품 공급사 Tier1, ⑤ 차량용 반도체 및 자동차 OS(Operating system) 기업, ⑥ 배터리 제조사 등 6대 기업군으로 구성되어 있다. 이러한 6대 기업은 완성차-빅테크-반도체 등 이종 업종 간 협력 생태계를 통해 선점 경쟁을 벌이고 있으며 9가지의 전략적 방향을 제시한다(KPMG, 2022). 즉 ① 내연기관 중심의 비즈니스 구조에서 탈피하여 전기차 제조로 비즈니스 전환, ② 전기차 가격경쟁력 확보를 위한 배터리 역량 확보, ③ 전기차 및 자율주행차량 인프라 확충을 위한 인프라 시장 진입, ④ 전기차 배터리 교환 서비스 등 애프터마켓 조성, ⑤ 자율주행 수준 고도화를 위한 기술 역량 확보, ⑥ 자율주행 서비스 관련 소비자 안전성 이슈 해소, ⑦ 지연되고 있는 자율주행서비스 부문 조기 수행을 위한 자율주행 상용차 및 로보택시 서비스 제공, ⑧ 반도체 수급 리스크를 해소하고 경쟁력을 강화하기 위한 차량용 반도체 고도화 및 포트폴리오 확대, ⑨ 차량용 소프트웨어 시장 선점을 위한 커넥티비티 등 차량용 소프트웨어 관련 니즈 적극 대응 등이다.

한편 전통적인 내연기관 자동차는 유럽, 일본, 미국 등 기존 선진국이 주도하는 시장이었으나, 자율주행 EV 시대를 전환점으로 선도 국가가 되고자 하는 신흥국들이 있다. 세계 최대 자동차 시장인 중국, 그리고 역설적이게도 화석연료 시대의 최대 수혜 산유국 사우디아라비아이다. 특히 중국은 정부의 EV굴기에 대한 강력한 지원과 거대 시장을 기반으로 미국의 견제에 맞서 시장 확대를 위해 다양한 공급망 체계를 구축하고 있다. 중국은 전기차를 통해 기존 내수 시장 중심에서 유럽을 포함한 글로벌 전역으로 수출을 확대하고 있으며, BAT(Baidu, Alibaba, Tencent)를 필두로 자율주행 및 커넥티드 카에 대한 AI 기술 및 소프트웨어 기술 투자에 주력하고 있다. 전통적인 제조강국도 아니고 자동차 밸류체인도 구축되지 않은 사우디 같은 나라도 거대 자본과 기술이 결합되는 새로운 생태계를 통해 모빌리티 시장이 열리게 되어 사우디 국부펀드(PIF)는 폭스콘(Foxconn)과 전기차 합작사 시어(Ceer)社 설립을 발표하였고, PIF는 미국 루시드의 지분 61%를 인수하였으며, 2023년 초에는 현대자동차와 반제품 조립(CKD) 공장을 짓는 합작투자 계약을 체결하는 등 전기차 시장에 출사표를 던졌다. 앞으로 모빌티티 기업의 공급망 체계에 이들을 포함해야 할 것이다.

테슬라는 모델 개발 시 디지털 트윈 기술을 사용함으로써 투자 비용은 물론 양산까지의 개발 기간 및 품질 안정화 기간을 단축하고 있어, 모빌리티 시대에서는 디지털 트윈 기술 고도화 역량이 매우 중요해진다. 또한 메타버스 트렌드에 따라 모빌리티의 컨셉을 확장하고, 물리적 현실 세계와 가상 공간 사이의 연계성 강화에 집중해야 한다. 기존 모빌리티가 물리적 이동 수단에 제한되었다면, 향후 모빌리티는 CASE 패러다임과 메타버스가 맞물려 그 범위와 역할이 크게 확대될 것이다. 한편 다양한 모빌리티의 출현은 미래 타이어의 요구 특성 변화를 촉발하게 됨에 따라 타이어 제조사는 업의 본질부터 미래 모빌리티의 형태에 따라 유연한 제품 생산 체계는 물론 새로운 형태의 미래형 타이어 및 혁신적인 비즈니스 모델이 필요하게 된다.

Ⅳ. 모빌리티 기업의 생존과 성장법칙

모빌리티 시대 고객의 요구가 점점 더 다양해짐에 따라 기업들은 다양한 고객 니즈나 문제를 충족시키기 위한 맞춤형 상품이나 서비스를 제공하기 위해 과다한 비용과 복잡성을 운영해야 하는 이슈에 직면하게 되었다. 기업의 생존은 고객으로부터 받는 가격이 제품이나 서비스를 생산하기 위해 투입하는 원가보다 높아야 하며, 기업이 성장하기 위해서는 고객이 제품이나 서비스로부터 얻는 가치가 반드시 자신이 지불하는 가격보다는 높아야 한다. 기존에는 기업들이 대량 생산을 통해 고객들의 일반적인 문제를 충족시킴으로써 원가를 낮출 수 있었으나, 고객 가치는 개별화, 맞춤화 될수록 극대화되기 때문에 기업은 가치-원가 딜레마(Value-Cost Dilemma)에 봉착하게 된다(김용진, 2020). 따라서 자동차 산업의 파괴적 혁신을 주도하는 모빌리티 패러다임의 특징을 이해하고 기업의 생존과 성장을 위한 가치-원가 딜레마를 해결하는 비즈니스 모델 혁신이 필요한 것이다.

본 책을 통해 모빌리티 시대 기업의 생존과 성장 법칙은 다음과 같이 세 가지 전략이 유효함을 확인하였다. 첫째, 대량 개별화(Mass Customization) 전략으로, 맞춤화된 상품과 서비스를 대량생산을 통해 비용을 낮춰 경쟁력을 창출하는 새로운 생산, 마케팅 방식을 의미한다. 대량 개별화(Gilmore, 1997년)는 제품 자체의 변화 여부와 고객이 식별하는 제품의 변화여부에 따라 ① Collaborative (협업적 개별화), ② Adaptive (적응적 개별화), ③ Cosmetic(외관적 개별화), ④ Transparent(투영적 개별화) 등 4가지 타입으로 구분된다. 특히 맞춤형 고객 서비스가 제한적인 자동차, 타이어 제조업도 플랫폼 통합을 통한 생산성을 유지하면서 고객 맞춤형 제품 출시 또는 서비스가 가능하다. 독일의 대형 자동차 부품사 ZF는 차세대 e드라이브 시스템을 2025년까지 출시한다고 발표했다. ZF는 플랫폼화된 e드라이브 시스템을 통해 B2B 고객의 개별 니즈에도 부합되면서 빠른 납기, 높은 생산 효율성으로 모빌리티 제조기업의 대량 개별화(협업적 대량 개별화)의 바람직한 방향성을 제시해 준다. 타이어 제조사의 대량 개별화 방안은 고객 니즈를 충족시키되 생산 효율성, 원가경쟁력을 제고할 수 있는 (카메이커의 Platform과 유사한) 핵심 반제품 공유 플랫폼 방식을 통한 외관적 대량 개별화(Cosmetic MC)와 제품 제조과정에서 소비자의 선택(옵션)을 반영하는 협업적 대량 개별화(Collaborative MC)를 들 수 있다.

둘째, AI·DT(Digital Transformation)를 통한 비즈니스 모델 혁신이다. 디지털 시대의 기업의 생존과 성장법칙은 동일하지만, 디지털 트랜스포메이션은 개별화된 고객의 문제를 해결하는 솔루션을 제공하면서도 원가를 낮춤으로써 가치−원가 딜레마를 해결하는 것이 핵심이다. 디지털 트랜스포메이션은 온디맨드 서비스를 가능하게 하여 가치−원가 딜레마를 해결한다. 온디맨드 서비스는 고객이 원하는 시점에, 원하는 장소에서, 원하는 형태로, 고객의 문제를 해결하는 것이고, 가치극대화를 위해 가장 좋은 방법이다. 따라서 비즈니스모델을 온디맨드 서비스를 중심으로 만드는 것은 기업의 전략적 선택이고 기업경쟁력을 위해 반드시 필요하다(김용진, 2020). 산업적인 측면에서도 디지털 트랜스포메이션은 비즈니스의 패러다임을 제품 기반에서 서비스 기반으로 바꾸고 있다. 즉 제품의 서비스화와 서비스의 제품화가 동시에 이뤄지고 있는 것이다. 비즈니스 모델은 고객가치제안(CVP; Customer Value Proposition), 이익 공식(Profit Formula), 핵심자원(Key Resources), 핵심 프로세스(Key Processes) 등 4가지 요소로 구성된다. 특히 고객가치제안은 가장 중요한 요소로 타겟고객, 고객의 문제, 솔루션으로 구성되며, 일반적으로 고객에게 중요한 것일수록, 현재의 대안에 대한 만족도가 낮을수록, 가격이 낮을수록 CVP는 강해진다.

Stelios Kavadias 교수팀(2016)은 어떤 새로운 기술도 시장의 니즈와 연결되지 않는다면 산업의 변혁을 가져오는 비즈니스 모델이 될 수 없다고 하였다. 즉 통상 테크놀로지가 산업의 지형을 바꾸는 것으로 생각하지만, 새로운 테크놀로지와 시장의 요구를 연결하는 비즈니스 모델이 있어야 대변혁이 가능하다. 이에 착안하여 40개 기업의 새로운 비즈니스 모델을 심층 분석한 결과, 혁신적인 비즈니스 모델을 갖춘 조직으로 다음과 같은 6가지 특징을 도출하였다. 첫째, 맞춤형 제품/서비스 제공, 둘째, 폐쇄형 루프 프로세스, 셋째, 공유 경제, 넷째, 사용량 기반 가격 결정, 다섯째, 협력적인 생태계, 여섯째, 높은 민첩성과 적응성 등이다. 대변혁을 이끌 가능성을 가진 비즈니스 모델은 우리가 앞에서 꼽은 여섯 가지 특징 중 세 가지 이상을 보유하고 있었다. 특히 모빌리티의 한 축을 선도하고 있는 자동차 공유 경제 비즈니스 모델인 우버는 여섯 가지 특성 중 무려 다섯 가지를 가지고 있다. 우버는 협력적인 생태계를 조성하여 자동차를 제공하는 운전자와 협력하여 리스크를 분배하고, 빅데이터를 활용한 플랫폼 운영으로 이 리스크를 최소화한다. 또한, 내부 의사결정 시스템을 통해 민첩성을 높여 실시간으로 변하는 수요에 대응한다. 덕분에 우버는 사용량 기반 가격 결정을 적용하여 높은 요금을 받을 수 있는 지역으로 운전자를 안내한다. 마지막으로 우버는 고객이 운전자를 평가하는 시스템을 구축하여 빅데이터를 활용한다. 이것은 분명히 기존 택시 서비스보다 훨씬 앞선 형태로 변혁적 비즈니스 모델이다.

타이어 산업의 PEST 분석을 통한 전략적 방향성을 토대로 모빌리티 패러다임하 타이어 제조사가 성장할 수 있는 혁신적인 비즈니스 모델은 디지털 트랜스포메이션을 통해 가치-원가 딜레마를 해결하는 4개의 모델, 혁신을 통한 새로운 비즈니스 모델 2개 등 총 6개로 제시할 수 있다. 즉 타이어 센싱 시스템 기반 B2B TaaS(Tire as a Service), B2C TaaS, TaaS 구독서비스, 신개념 에어리스 타이어, 도심형 소형모빌리티용 초저가 타이어, Road Information Tire Sensor System 기반 데이터 비즈니스 등이다. 타이어 시장의 블루오션 전략은 겨울용 타이어 고객의 주요 통점이었던 교체/보관 편의성과 타이어 관리상 문제점을 해결하는 것으로 출발한다. 가치혁신을 위한 ERRC 프레임워크를 통해 도출된 스마트형 구독서비스 모델인 T-인텔리전스는 비즈니스 혁신 모델에서 제안되었던 Taas(B2C)구독 서비스 Biz. Model과 유사한 비즈니스 모델로, 자동차 산업의 급격한 모빌리티 패러다임으로의 전환 시점에 타이어 산업이 전환되어야 하는 하나의 방향성이 될 수 있다.

셋째, 모빌리티 기업에게 ESG는 생존과 성장 관점에서 Risk Management 및 Value Creation을 위한 필연적 전략이 된다. 최근 ESG 트렌드는 지침이나 규범에서 법제화되고, 기업의 홍보수단에서 공시의무화되고 있으며, 무엇보다 모빌리티 공급망의 일원으로 남기 위해서는 국가 및 공급원이 제시한 ESG 관련 각종 기준을 충족해야 한다. 먼저 기업이 성장하기 위해서는 고객이 제품이나 서비스로부터 얻는 가치가 반드시 자신이 지불하는 가격보다는 높아야 하는데, 앞으로는 이러한 가치-원가 딜레마의 체인 속에 ESG 전략이 포함되어야 한다. 특히 ESG가 강조되는 가치 소비 흐름은 MZ 세대의 등장과 궤를 같이 하는데, MZ 세대는 자사가 만드는 제품과 서비스가 사회에 기여하길 바라며, '미닝 아웃(Mining Out)'소비 성향에 따라 ESG는 가치 소비에 부합한다(전성률, 신현암, 2022). 모빌리티 생태계 내에서 B2B 비즈니스의 지속가능성은 ESG와 직결되며 모빌리티 선도 기업들에게는 새로운 비즈니스 기회를 창출하게 된다. 모빌리티 기업의 ESG 추진 전략의 출발점은 기업의 리더가 기존의 경영체계를 ESG 경영체계로 재설계하면서 실질적인 관심을 집중해야 한다. 둘째, ESG 리스크 관리 측면에서 모빌리티 산업 생태계 내 B2B 비즈니스의 지속가능성을 위한 ESG 대응 체계를 구축해야 한다. 셋째, 새로운 가치 창출(Value Creation) 측면에서 ESG 대응을 통한 지속가능성을 고려한 비즈니스 모델 혁신의 기회로 삼아 미래 성장 전략을 수립하는 것이다. 넷째, ESG 대응을 통한 지속가능경영을 위해서는 동종 산업 및 이종 업계간 다양한 전략적 제휴를 통한 경쟁력을 제고하는 것이다. 다섯째, ESG라는 공동의 목표 달성을 위한 동종 산업의 지속가능성 이니셔티브를 통한 협력 대응이 필요하다. 여섯째, ESG의 성공적인 안착을 위한 ESG경영 거버넌스 체계를 구축하고 ESG 워킹그룹, ESG 플랫폼을 통한 실행 관리가 필요하다. 기존의 ESG 경영이 전략 방향과 목표 설정을 통해 KPI와 연결하는 수준이었다면, 향후 ESG경영은 ESG 경영 프레임 구체화 시스템 기반 ESG 운영이 필요하고, 디지털 트랜스포메이션을 통한 ESG 전문 솔루션 도입을 확대하는 방향으로 추진함으로써 체계적인 밸류체인(Value Chain) 관리로 레벨업해야 한다.

V. 성장을 위한 또 다른 성공 조건

모빌리티 생태계 내 새로운 기술이 지속 출현함에 따라 기업의 진입 시기(Timing of entry) 또한 비즈니스 모델 성공의 중요 포인트가 된다. 즉 신기술의 발명(Invention)에서부터 경쟁과열(Firm Peak) 단계 과정에서의 기술적 통계(Descriptive Statistics)를 참조하되, 기업이 보유하고 있는 핵심 역량에 따라 기술적 불확실성 해소 시기와 수요의 불확실성 해소 시기를 감안하여 진입 시기를 결정할 필요가 있다. 우리는 흔히 시장 최초, 선점하는 혁신 선도기업(Leader)이 시장의 승리자(Winner)가 될 것으로 생각하지만, 역사적으로는 후발진입자(Fast Follower)가 승리자(Winner)가 되는 확률이 높게 나타났다. 즉 실제로는 변화하는 소비자의 니즈를 적시에 잘 충족시키는, 학습능력이 뛰어난 회사가 최종 승리자가 되었다.

그동안 모빌리티 업계는 동종 또는 이종 업종 간의 합종연횡을 통해 새로운 생태계를 형성해 오고 있었으나, 최근에는 지정학적 리스크 대응을 위한 '글로벌 동맹'이 생존을 위한 키워드로 부상하고 있다. 미·중 전략적 경쟁시대의 '지정학적 리스크'에 대한 컴플라이언스 체계 구축이 중요해 진 것이다. 이러한 지정학적 리스크의 배경은 2012년 중국의 시진핑 주석이 집권하면서 도광양회(韜光養晦)를 버리고 중국몽(中國夢), 대국굴기(大國堀起)를 천명하면서 시작되었다. 이러한 중국의 야심찬 행보에 대해 트럼프 정부(2017~2021)는 중국산 제품에 천문학적인 고율관세를 부과하면서 대표적인 ICT 기업 화웨이를 타겟 제재하는 직접적인 방식으로 반 중국, 적대적 노선을 노골화하기 시작했다. 이에 한술 더 뜬 바이든 행정부는 첨단기술에 대한 수출통제, 금융제재, 서구적 관점의 인권 등을 통한 전방위적 규제에 돌입하여 중국을 배제하는 우방국 중심의 글로벌 공급망 재편을 추진하고 있다. 즉, 미·중 양강의 경쟁 시대에서 글로벌 자유무역시스템은 붕괴되었고, 단순한 저원가 생산 기지보다는 지정학적 논리에 따른 경제안보 측면에서의 공급망 재편이 중시되고 있다. 따라서 앞으로는 기존의 효율성보다는 유럽의 EU 공급망 실사법(CSDDD), 탄소국경세(CBAM)와 미국의 IRA, USMCA, IPEF 등 법적 규제를 회피하는 최적화된 공급망 재편이 필요하다. 또한 금융제재, 수출통제, 위구르강제노동방지법 등 우리 기업 비즈니스에 직접 영향을 미치는 해외 규제에 보다 민감하게 컴플라이언스 체계를 구축하고 운영해야 한다.

성공적인 비즈니스 모델 혁신을 위해서는 디지털 변혁에 걸맞는 디지털 리더십이 반드시 필요하다. 디지털기술은 빠른 변화 속도, 생성성 그리고 끊임없이 발전, 진화하는 특징을 갖고 있다. 이러한 디지털기술의 특징에 적합한 리더십모델은 한마디로 디지털 이해도를 높인 기업가 정신에 변혁적 리더십 모델로 요약할 수 있다. 변혁적 리더십은 리더가 장기적 비전을 제시하고, 그 비전을 함께 달성하기 위해 구성원들로 하여금 성취할 수 있다는 자신감을 고취시키고, 구성원들의 조직에 대한 몰입과 자율성을 강조하는 것이다. 디지털 트랜스포메이션은 단순 작업 분야에서 사람을 배제하기도 하지만 역설적으로 이를 실행하는 주체는 결국 사람이며 디지털 시대의 리더십은 '사람'이 중심이 되어야 한다. 즉 CEO의 비전 공유를 통해 직원의 자율성을 유도해야 하며, 이를 위해 직원의 역량을 끌어 올리고, 스스로 결과를 가져오도록 하는 '휴머니즘', '사람중심의 기업가 정신'이 필요한 것이다. 마이크로소프트 CEO 사티아 나델라는 사람과 시장, 미래에 대한 공감 능력을 보여주는 대표적인 디지털 리더십 모델이다.

모빌리티 패러다임의 여러 요소가 상용화로 나아가기 위해서는 법과 제도적 측면이 함께 수반되어야 한다. 자율주행 자동차는 제조, 운행, 교통사고 단계별로 법제화가 필요하며, 특히 형사책임에 대해서는 현행법상 특례가 없는 상황이다. 민사책임은 다양한 주체 간 책임의 분배문제가 주된 이슈이며, 형사책임은 고의, 과실의 기준이 엄격하여 주로 예외적인 경우에 문제가 될 것으로 예상되는데, 책임에 대한 이슈는 사회적인 합의가 동반되어야 한다. '자율주행차의 사회적 딜레마'의 공저자인 MIT의 이야드 라흐완 교수는 자율주행차가 널리 보급된다면 교통사고를 크게 줄일 수 있지만, 윤리적 딜레마 때문에 자율주행차의 보급이 늦어질 수 있다고 예견했다. 자율주행 자동차의 윤리적 딜레마는 교통 사고를 획기적으로 개선할 수 있는 안전성에 대한 신뢰 확보를 기반으로 여러 구성원들 간의 사회적 합의를 통해 해소되는 방향으로 나아가야 할 것이다. 또한 자율주행자동차의 리스크보다 공공적 편익이 크다는 것이 확인될 경우 국가 역시 법체계를 고도화할 것이다. 자율주행을 포함한 모빌리티 패러다임의 파괴적 혁신은 사회적 합의를 거쳐 윤리적 딜레마를 극복하면서 인류의 역사적 발전에 도전할 것임을 확신한다.

══ 미주

II. 모빌리티의 파괴적 혁신

1 구본권(2018), '야쿠르트 아줌마 좀 더 편했으면'… 인간 친화의 '상생' 꽃
피워, 한겨레

2 IAA 국제모터쇼(Internationale Automobil-Ausstellung = International Motor
Show)는 매년 격년으로 독일 프랑크푸르트(PKW=승용차), 하노버(Nutz-
fahrzeug, 상용차) 전시회가 개최되었으나, 2021년부터 승용차 모터쇼는 뮌
헨으로 옮겨서 IAA Mobility로 변경되어 개최되고 있다.

3 심수민, 이정아(2016), 모빌리티 4.0 시대의 혁신과 새로운 기회, 한국정
보화진흥원

4 국토교통부(2022), 미래를 향한 멈추지 않는 혁신「모빌리티 혁신 로드맵」

5 탄소국경세는 EU 역내로 수입되는 탄소 고배출 산업(기업)에 부과되는 일
종의 관세

6 WLTP(Worldwide harmonized light vehicles test procedure)는 유엔 유럽경제
위원회(UNECE)에서 발표한 자동차 실제 연비 측정 기준으로 초과 기업에
게 과징금을 부과

7 EU공급망 실사법은 EU 소재 또는 일정 규모를 충족하는 기업을 대상으
로 자사 및 공급망의 인권 및 환경 실사를 수행하고 관련 정보 공개를 의
무화하는 법안

8 OTA(Over The Air): 무선으로 소프트웨어를 업데이트하는 것

9 TCU(Telematics Control Unit): 자동차 통신 장비로 차량 데이터 수집 및 데
이터 관리, 양방향 통신 관리 등을 수행

10 ECU(Electronic Control Unit): 차량의 센서 데이터들을 연산하여 전자 시스
템을 통해 액츄에이터 장비들을 제어 (하드웨어를 제어)

11 Starlink 프로젝트: 2027년 12,000개 등 총 42,000개의 위성을 저궤도에 쏘아 전 지구 내 초고속 위성인터넷을 구축하는 Space X사의 프로젝트

12 엑센츄어(2021), 모빌리티3.0

13 최새로나, 이수일(2018), 카셰어링 교통안전 대책 마련을 위한 연구, 한국 교통안전공단

14 배기가스 제로법: 1998년까지 주 내에서 판매되는 자동차 대수의 2%를 무공해 차량으로 공급하고, 2003년까지는 10%를 무공해 차량으로 공급해야 한다는 법안

III. 다가온 미래 모빌리티 세상

15 모빌리티 시장(맥킨지): 차량제조, 부품/전장, 차량공유 등 서비스 합산 기준

16 Scott Corwin, Derek M. Pankratz(2018), 변화의 힘: 모빌리티의 미래, Deloitte

17 McKinsey(2016), Automotive revolution Perspective Towards 2030

18 Polestar(2022), Polestar Investor presentation

19 CB INSIGHT(2018), 33 Industries Other Than Auto That Driverless Cars Could Turn Upside Down

20 Rethinking Transportation 2020~2030' 보고서는 미국 시장기준으로 2021년 완전 자율주행이 전면 상용화되는 것을 가정으로 시뮬레이션한 연구

21 인텔 보고서는 시장 조사 기관인 Strategy Analytics를 통해 발표한 'Ac-celerating the Future: The Economic Impact of the Emerging Pas-senger Economy'

22 국토교통부(2022), 미래를 향한 멈추지 않는 혁신「모빌리티 혁신 로드맵」

23 메가시티(Megacity): 인구 1,000만 명 이상이 거주하는 도시

24 임두빈, 임이슬(2020), 하늘 위에 펼쳐지는 모빌리티 혁명 도심항공모빌리티, KPMG

25 eVTOL: Electric Vertical Take off and Landing(전동 수직이착륙형 항공기)

26 PAV: Personal Air Vehicle(개인용 항공기)

27 박형민(2022), UAM 현황과 신산업으로서의 발전 방향, 한국산업기술진흥원

28 임두빈, 임이슬(2020), 하늘 위에 펼쳐지는 모빌리티 혁명 도심항공모빌리티, KPMG

29 KPMG(2020), 하늘 위에 펼쳐지는 모빌리티 혁명, 도심항공모빌리티(UAM)

30 이장준(2022), SKT−Joby, 서로에게 UAM 최적의 파트너인 이유, 더벨

31 김나래, 엄이슬, 정나래(2022), 글로벌 M&A로 본 전기차.자율주행차 생태계, KPMG

32 Ibid. 김나래, 엄이슬, 정나래(2022)

33 김용운(2021), 디지털 트윈의 개념과 기술 및 산업분야별 활용 사례, 한국전자통신연구원

34 Aaron Parrott, Lane Warshaw(2017), 인더스트리 4.0과 디지털 트윈, Deloitte

35 Adam Mussomeli et al.(2018), 디지털 트윈에 대한 기대, Deloitte

36 이효정, 류승희(2022), 메타버스 시대, 기업은 무엇을 준비해야 하는가, KPMG

37 Ibid.이효정, 류승희(2022)

38 현대NGV(2019), 현대자동차 미래기술전략 워크숍 결과

IV. 모빌리티 기업의 생존과 성장법칙

39 김용진(2020), 온디맨드 비즈니스 혁명, 오직 한 사람에게로, 샘앤파커스

40 K-Smart Factory(2016), MASS CUSTOMIZATION을 IoT로 실현한 할리 데이비슨 펜실베니아주 스마트팩토리

41 황선일 외(2009), 대량 고객 맞춤(Mass Customization)을 위한 신제품 개발 전략에 대한 실증적 연구

42 정지찬 外(2011), 대량 맞춤 환경에서 고객욕구기반 품질기능 전개를 통한 플랫폼 재설계전략

43 Gilmore, J. H., Pine, B. J.(1997). II, The Four Faces of Mass Customization

44 Ibid. Gilmore, J. H., Pine, B. J.(1997). II

45 Ibid. Gilmore, J. H., Pine, B. J.(1997). II

46 신현암 外(2012), 국내 기업의 대량 맞춤화 사례연구

47 Ibid. 신현암 外(2012)

48 Ibid. 신현암 外(2012)

49 최원주(2006), 강력한 브랜드를 디자인하는 방법

50 Ibid. 최원주(2006)

51 손보람, 최종훈(2019), OTT서비스의 콘텐츠 추천 기능 사용자경험 개선 연구, 한국컨텐츠학회

52 남수진(2018), 이제는 공장도 '스마트' 시대. 아디다스 스피드 팩토리

53 정지찬 外(2011), 대량맞춤 환경에서 고객욕구기반 품질기능 전개를 통한 플랫폼 재설계전략

54 Ibid. 정지찬 外(2011)

55 정기대(2015), 제조업의 기술활용 플랫폼 전략

56 김태진(2015), 세단·해치백·컨버터블·왜건·쿠페·SUV·RV까지 모두 뼈대는 똑같아

57 LMC(2022), Tire Forecast

58   Stephen Goodchild(2021), McLaren Artura equipped with Pirelli Cyber Tyre, Tyre press Andrew Bogie(2019), Pirelli develops Cyber Tyre to interact with 5G network, Tyre press

59   Mark W. Johnson (2010), A New Framework for Business Models

60   Mark W. Johnson 外(2008), Reinventing Your Business Model, HBR

61   Kavadias, S., Ladas, K., & Loch, C. (2016). The transformative business model. Harvard business review, 94(10), 91−98.

62   Daniel Montanus, Philipp Obenland (2021), 자동차 산업 가치사슬의 미래, Deloitte

63   Harald Proff et al.(2022), 2022 글로벌 자동차 소비자 조사, Deloitte

64   김태환(2020), 전기차 시장 전망, 2030년을 대비하기 위한 전략, Deloitte; 2019년 11월, n=1,496명(향후 3년 내 자동차 구매 예정자 대상)

65   PwC(2019), PwC Strategy& Digital Auto Report

66   김나래, 엄이슬, 정나래(2022), 글로벌 M&A로 본 전기차.자율주행차 생태계, KPMG

67   Ibid. 김나래, 엄이슬, 정나래(2022)

68   Ibid. 김나래, 엄이슬, 정나래(2022)

69   Ibid. 김나래, 엄이슬, 정나래(2022)

70   Ibid. 김나래, 엄이슬, 정나래(2022)

71   Ibid.김나래, 엄이슬, 정나래(2022)

72   Ibid. 김나래, 엄이슬, 정나래(2022)

73   임두빈, 엄이슬(2021), 미래 자동차 혁명과 산업 생태계의 변화, KPMG

74   이석근(2022), 비즈니스사례와 방법론을 통한 실전 경영

75   Porter, M. E. (1996). What is strategy?

76   김위찬 外(2017), 블루오션 시프트: 경쟁 없는 새로운 시장으로 이동하는 법, 비즈니스북스

77   차호중(2020), 차호중의 재테크 칼럼, 시대의 흐름인 ESG란, 국제신문

78   이준희(2021), 한국기업들의 ESG 경영을 위한 변화, 딜로이트 안진회계

법인

79 이효정 et al.(2021), ESG의 부상, 기업은 무엇을 준비해야 하는가, KPMG

80 미닝 아웃(Mining Out): 미닝(Meaning)과 커밍아웃(Coming out)의 합성어로, 소비자들이 소비 행위를 통해 자신의 신념과 지지하는 가치를 적극적으로 표출하는 것

81 박고은(2021), 기업 생존전략 ESG 경영①, 투데이신문

82 EcoVadis 인증은 환경·노동과 인권·윤리·지속가능한 조달 4개 항목을 기반으로 기업의 환경·사회적 영향을 통한 지속가능성을 평가

83 NQC 인증은 독일 자동차 부품 공급사의 지속가능성을 평가

84 TISAX(Trusted Information Security Assessment eXchange)는 독일 자동차 부품 공급사의 필수 정보보안 인증

85 CDP(The Carbon Disclosure Project)는 투자자를 대신하여 주요 기업의 온실가스 관련 정보를 공개하도록 요구하고 공개된 정보에 근거하여 각 기업의 온실가스 관련 리스크를 파악하여 투자 결정의 자료로 이용하고자 하는 영국에 본부를 둔 비영리 민간기구

86 이효정 et al.(2021), ESG의 부상, 기업은 무엇을 준비해야 하는가, KPMG

87 청록 수소: 천연가스를 열분해하여 생산한 수소로, 생산 과정에서 기체 CO_2 배출 없이 고체 탄소만 배출하는 청정 수소

88 김나래, 엄이슬, 정나래(2022), 플랜트 산업이 주목하는 수소 경제 비즈니스 기회, KPMG

89 문은주(2022), 바퀴로 실천하는 지속가능 모빌리티, 미쉐린, 이코노믹데일리

90 이승근(2022), ESG@Digital 및 공급망 ESG 관리 방향, KPMG

91 Patrick Forth et al.(2021), Performance and Innovation Are the Rewards of Digital Transformation, BCG

92 Abigail Yu(2022), ESG Digitization: What the Journey Has in Store for

Corporates, Azeus Convene

93 이승근(2022), ESG@Digital 및 공급망 ESG 관리 방향, KPMG

94 Ibid. 이승근(2022)

95 장혁수, 김지선, 정가영(2022), Digital ESG Trend, SK C&C

96 포르쉐(2020), 탄소배출 추적관리 시스템, 포르쉐 홈페이지

97 김환이(2021), 서큘러, 볼보 전기차 배터리 소재 추적 돕는 스타트업, IMPACT ON

V. 성장을 위한 또 다른 성공 조건

98 Melissa A. Schilling(2017), 기술 경영과 혁신 전략, McGraw Hill

99 이진우(2020), 다가올 혁신과 변화, 메리츠증권

100 Melissa A. Schilling(2020), 기술경영과 혁신전략, McGraw Hill

101 김병국(2023), 기업의 공급망 관리 및 신규 전략 마련 방안, 법무법인 세종

102 박효민(2023), 기업의 해외규제 컴플라이언스 방안, 법무법인 세종

103 변준영(2023), 대전환시대, 경영환경 변화에 따른 기업 대응전략, EY한영 산업연구원

104 Nadella, Satya(2023), Hit Refresh, 흐름출판

105 김보라(2023), 美 자율주행차 사망사고 운전자 첫 유죄, 동아일보

106 박형기(2023), 美법원 테슬라에 불리한 판결, 주가 3% 급락, 머니S

107 이용우(2023 자율주행 자동차의 법적 쟁점, 법무법인 세종

108 이기춘(2023), 자율주행자동차의 법제상 위험과 책임에 대한 행정법적 고찰, 부산대 법학전문대학원

참고 문헌

1. Kavadias, S., Ladas, K., & Loch, C. (2016). The transformative business model. Harvard business review, 94(10), 91–98.

2. Johnson, M. W., Christensen, C. M., & Kagermann, H. (2008). Reinventing your business model. Harvard business review, 86(12), 57–68.

3. Pisano, G. P. (2015). You need an innovation strategy. Harvard business review, 93(6), 44–54.

4. Girotra, K., & Netessine, S. (2014). Four paths to business model innovation. Harvard business review, 92(7), 96–103.

5. Gilmore, J. H., & Pine, B. J. (1997). The four faces of mass customization. Harvard business review, 75(1), 91–102.

6. Johnson, M. W. (2010). A new framework for business models. Retrieved February, 10, 2010.

7. Cliffe, S., & McGrath, R. G. (2011). When your business model is in trouble. Harvard Business Review, 89(1–2), 96–98.

8. Magretta, J. (2002). Why business models matter.

9. Johnson, M. W. (2018). Digital Growth Depends More on Business Models than Technology. Harvard Business Review.

11. Pisano, G. P. (2015). You need an innovation strategy. Harvard business review, 93(6), 44–54.

12. Tekic, Z., & Koroteev, D. (2021). From disruptively digital to proudly analog: A holistic typology of digital transformation strategies. In Managing Digital Transformation (pp. 106–119). Routledge.

13. Furr, N., & Shipilov, A. (2019). Digital doesn't have to be disruptive: the best results can come from adaptation rather than reinvention. Harvard Business Review, 97(4), 94–104.

14. Nylén, D., & Holmström, J. (2015). Digital innovation strategy: A framework for diagnosing and improving digital product and service innovation. Business Horizons, 58(1), 57–67.

15. Ricart, J., & Casadesus–Masanell, R. (2011). How to design a winning business model. Harvard business review, 89(1–2), 100–107.

16. Eyring, M. J., Johnson, M. W., & Nair, H. (2014). New business models in emerging markets. IEEE Engineering Management Review, 42(2), 19–26.

17. Kane, G. C., Palmer, D., Phillips, A. N., & Kiron, D. (2015). Is your business ready for a digital future?. MIT Sloan management review, 56(4), 37.

18. Maxwell Wessel(2017). THE NEW LEADERSHIP IMPERATIVE: Embracing Digital Transformation, Rotman Management Magazine, University of Toronto

19. Brown(2008), Knowledge Management: Buckman Laboratory Case Design Thinking

20. Sawhney, M. (2006). Going beyond the product:(pp. 365–380). Armonk, NY.: Sharpe.

21. Cornfield, G. (2021). Designing Customer Journeys for the Post–Pandemic World. Harvard Business Review.

22. Jason Davis and Vikas A. Aggarwal(2020). How Spotify and TikTok Beat Their Copycats. Harvard Business Review.

23. Thales S.Teixeira(2020). A Survival Guide for Startups in the Era of Tech Giants. Harvard Business Review.

24. Clifford Maxwell and Scott Duke Kominers(2021). What Makes an Online Marketplace Disruptive. Harvard Business Review.

25. Bailey, J. R., & Phillips, H. (2020). How Do Consumers Feel When Companies Get Political?. Harvard Business Review.

26. Utterback, J. M., & Abernathy, W. J. (1975). A dynamic model of process and product innovation. Omega, 3(6), 639–656.

27. Clark, K. B. (1985). The interaction of design hierarchies and market concepts in technological evolution. Research policy, 14(5), 235–251.

28. Gallouj, F., & Weinstein, O. (1997). Innovation in services. Research policy. 26(4–5), 537–556.

29. Bower and Christensen, "Disruptive Technologies: Catching the Waves," HBR Article Jan–Feb 1995.

30. Suarez, F. F. (2004). Battles for technological dominance: an integrative framework. Research Policy, 33(2), 271–286.

31. Tellis, G. J. & Golder, P. N. (1996). First to market, first to fail? Real causes of enduring market leadership. MIT Sloan management review, 37(2), 65–75.

32. Porter, M.(1996). What is Strategy? Harvard Business Review, November–December, 61–78

33. Cappelli, P. October 2016. Performance management revolution, Harvard Business Review. 1–11

34. Simons, R. & Kindred, N. 2012. Henkel: Building a winning culture, Harvard Business Case 9–112–060

35. Brandenburger, A.(2019). Strategy Needs Creativity. Harvard Business Review, March–April, 58–65

36. Campbell. A. Goold. M. & Alexander. M.(1995). Corporate strategy: The Quest for Parenting Advantage, Harvard Business

Review, March—April, 120—132

37. Eisenmann, T., Parker, G., & Van Alstyne, M. W. (2006). Strate-gies for two-sided markets. Harvard business review, 84(10), 92.

38. Scott Duke Kominers, Clifford Maxwell(2021),What Makes an On-line Marketplace Disruptive, Harvard business review

39. Mohamed Khalek et al.(2016). Mass Customization at BMW, Goo-gle Search.

40. IHS(2022), IHS Markit

41. Henderson and Clark(1990), 혁신의 유형 Ⅰ, Ⅱ

42. Scott Corwin, Derek M. Pankratz(2018), 변화의 힘: 모빌리티의 미래, Deloitte

43. McKinsey(2016), Automotive Revolution Perspective Towards 2030

44. Polestar(2022), Polestar Investor presentation

45. CB INSIGHT(2018), 33 Industries Other Than Auto That Driverless Cars Could Turn Upside Down

46. J. Arbib and T. Seba(2017), Rethinking Transportation 2020—2030, ReThinkX

47. P. Glus(2017), Driverless Future: A Policy Roadmap for City Lead-ers, ARCADIS

48. S. Bouton(2017), The future(s) of mobility: How cities can benefit, McKinsey

49. R. Lanctot(2017), Accelerating the Future: The Economic Impact of the Emerging Passenger Economy, Intel—Strategy Analytics

50. Kersten Heineke et al.(2021), Defining and seizing the mobility ecosystem opportunity, McKinsey

51. Daniel Montanus, Philipp Obenland(2021), 자동차 산업 가치사슬의

미래, Deloitte

52. Thomas Gersdorf et al.(2020), McKinsey Electric Vehicle Index: Europe cushions a global plunge in EV sales, McKinsey

53. Bersin, J. (2016). Digital leadership is not an optional part of being a CEO. Harvard Business Review, 12, 2-4.

54. LMC(2017), Tire Forecast

55. Stephen Goodchild(2021), McLaren Artura equipped with Pirelli Cyber Tyre, Tyre press

56. Andrew Bogie(2019), Pirelli develops Cyber Tyre to interact with 5G network, Tyre press

57. PwC(2019), PwC Strategy& Digital Auto Report

58. Patrick Forth et al.(2021), Performance and Innovation Are the Rewards of Digital Transformation, BCG

59. Abigail Yu(2022), ESG Digitization: What the Journey Has in Store for Corporates, Azeus Convene

60. Porter, M. E. (1996). What is strategy?.

61. Perkins+Will & Nelson/Nygaard(2017), 교통문제 솔루션 연구 결과

62. Melissa A. Schilling(2017), 기술경영과 혁신전략, McGraw Hill

63. Melissa A. Schilling(2020), 기술경영과 혁신전략, McGraw Hill

64. Daniel Montanus, Philipp Obenland (2021), 자동차 산업 가치사슬의 미래, Deloitte

65. Harald Proff et al.(2022), 2022 글로벌 자동차 소비자 조사, Deloitte

66. 김용진(2020), 비즈니스 모델 혁신, 서강대학교 경영전문대학원

67. 조봉순(2020), 조직관리 리더십, 서강대학교 경영전문대학원

68. 전성률(2021), 고객기반 브랜드 마케팅 전략, 서강대학교 경영전문대학원

69. 김길선(2021), 제품과 서비스 혁신, 서강대학교 경영전문대학원

70. 김양민(2021), 비즈니스 전략, 서강대학교 경영전문대학원

71. 김도성, 안성필(2021), 시장가치 극대화 전략, 서강대학교 경영전문대학원

72. 박종훈(2022), 경영전략, 서강대학교 경영전문대학원

73. 장영균(2017), 기업윤리, 서강대학교 경영전문대학원

74. 이석근(2022), 비즈니스사례와 방법론을 통한 실전 경영, 서강대학교 경영전문대학원

75. 김용진(2020), 온디맨드 비즈니스 혁명, 오직 한 사람에게로, 샘앤파커스

76. 신현암, 전성률(2022), 왜 파타고니아는 맥주를 팔까, 흐름출판

77. 김양민(2019), 불확실을 이기는 전략: 센스메이킹. 박영사

78. 엑센츄어(2021), 모빌리티3.0, 엑센츄어전략컨설팅본부 모빌리티팀

79. 최새로나, 이수일(2018), 카셰어링 교통안전대책 마련을 위한 연구, 한국 교통 안전공단

80. 임두빈, 엄이슬(2021), 미래 자동차 혁명과 산업 생태계의 변화, KPMG

81. 정구민(2019), 미래 모빌리티 기술 전망과 사회 변화

82. 임두빈, 임이슬(2020), 하늘 위에 펼쳐지는 모빌리티 혁명 도심항공모빌리티, KPMG

83. 김나래, 엄이슬, 정나래(2022), 글로벌 M&A로 본 전기차.자율주행차 생태계, KPMG

84. 김태환(2020), 전기차 시장 전망, 2030년을 대비하기 위한 전략, Deloitte

85. 이효정 et al.(2021), ESG의 부상, 기업은 무엇을 준비해야 하는가, KPMG

86. 김나래, 엄이슬, 정나래(2022), 플랜트 산업이 주목하는 수소 경제 비즈니스 기회, KPMG

87. 이승근(2022), ESG@Digital 및 공급망 ESG 관리 방향, KPMG

88. 장혁수, 김지선, 정가영(2022), Digital ESG Trend, SK C&C

89. 이형진, 김길선, 김미리 (2016). 시장관점에서의 파괴적 혁신의 이해, Ko-

rea Business Review, 20(1), 43-67.

90. 이자영(2018), Mobility as a Service의 국내 적용을 위한 비즈니스 모델 접근방법 연구: MaaS 도입 시 기대효과 분석 중심으로, 홍익대

91. 오정진(2021), 사회연결망 분석을 이용한 내연기관차와 전기자동차 공급네트워크 비교 분석, 인하대학교

92. 김리원(2022), 택배도시 현상 연구: 마켓컬리 행위경관을 중심으로, 서울대학교

93. 조학희(2020), 4차 산업혁명 그리고 모빌리티 혁신의 이해: 타다 서비스사례 중심으로, 한양대학교

94. 김연희(2021), 전기자동차를 중심으로 한 미래 이동수단의 디자인 방향성연구: EV 모듈화 플랫폼을 중심으로, 국민대학교

95. 박종훈 외(2017), 퍼펙트 체인지, 자의누리

96. 조안 마그레타마그레타(2012), 당신의 경쟁전략은 무엇인가?, 진성북스

97. 최원석(2021), 테슬라 쇼크, 더퀘스트

98. 존로산트외(2021), 바퀴의 이동 모빌리티 혁명은 우리를 어떻게 변화시키는가, 소소의책

99. 가와하라 에이지(2021), 모빌리티 3.0: 기술 대변혁의 시대, 자동차 산업의 미래는?, BOOKERS(북커스)

100. 미카엘 발랑탱(2021), 테슬라 웨이: 미래가치 투자자들이 주목하는 테슬라 혁신의 7원칙, 한빛비즈

101. 한대희(2022), UAM: 탄소중립시대 혁신적인 도심항공 모빌리티의 미래, 슬로디미디어

102. Pink, D.(2009). Drive: The Surprising Truth about What Motivates Us (다니엘 핑크, 드라이브, 청림출판). 1장 ~ 6장

103. 김위찬, 르네 마보안(2005), 블루오션 전략, 교보문고

104. SNE Research(2020), Global xEV market and Battery supply & demand outlook

105. Andrew Bogie(2020), Airless tyre market 'worth over $45m by 2026, Tyre Press

106. 이진우(2020), 다가올 혁신과 변화, 메리츠증권

107. 이상현(2020), 코로나가 가져올 미래 자동차변화, IBK투자증권

108. 차두원(2019), 모빌리티 인사이트 2019, 한국과학기술기획평가원

109. 신윤철(2020), C.A.S.E.에 담긴 미래 모빌리티, 하이투자증권

110. 고태봉(2021), EV전쟁, 다양한 주체들의 참전, 하이투자증권

111. 정원석(2021), 수요와의 전쟁, 배터리 전성시대, 하이투자증권

112. Ark Invest(2021)

113. 김은 外(2017), 4차 산업혁명과 제조업의 귀환, 클라우드나인, Chapter2-3, 5-6.

114. 최우희(2018), 커스터마이징 디자인에 나타난 가치소비 트렌드 연구, 이화여대 석사 논문

115. 필립코틀러(2017), 필립코틀러의 마켓 4.0, 더퀘스트, Chapter1-4.

116. 이상현(2017), 4차 산업혁명이 유발한 新Biz 양상, 포스코 경영연구원

117. 신현암 外(2012), 국내 기업의 대량 맞춤화 사례연구, 디지털 정책연구 제10권 제6호

118. 장석주(2015), 스마트환경에 따른 고객 맞춤 제품 및 서비스에 관한 연구, 벤처창업연구, 10(1), pp167-174.

119. 정대영(2008), 매스 커스터마이제이션, 엠플레닝

120. 정지찬 外(2011), 대량맞춤 환경에서 고객 욕구기반 품질기능 전개를 통한 플랫폼 재설계 전략, 한국CDE학회 논문집, pp732-740.

121. 황선일 外(2009), 대량고객맞춤(Mass Customization)을 위한 신제품 개발 전략에 대한 실증적 연구, 연세경영연구, 46(1), pp1-21.

122. 유정민 外(2017), 매스 커스터마이제이션의 공동가치창출이 소비자 반응에 미치는 영향, e-비즈니스연구, 18(1), pp37-49.

123. 최원주(2006), 강력한 브랜드를 디자인하는 방법, 한올 출판사

124. K-Smart Factory(2016), MASS CUSTOMIZATION을 IoT로 실현한 할리데이비슨 펜실베이니아주 스마트팩토리

125. 장재현외(2016), 스마트 팩토리 산업 인터넷 혁명의 서곡, LGERI

126. 남수진(2018), 이제는 공장도 '스마트' 시대..아디다스 스피드 팩토리, 소비자평가

127. 정기대(2015), 제조업의 기술활용 플랫폼 전략, POSRI보고서

128. 김태진(2015), 세단·해치백·컨버터블·왜건·쿠페·SUV·RV까지 모두 뼈대는 똑같아, 중앙시사매거진

129. 김남국(2009), 대량맞춤생산? 맞춤 프로세스 갖추면 가능, 동아 비즈니스리뷰 (DBR) 32호

130. 프레딧: 티스토리 블로그(https://freditblog.co.kr)

131. 심수민, 이정아(2016), 모빌리티 4.0 시대의 혁신과 새로운 기회, 한국정보화 진흥원

132. 국토교통부(2022), 미래를 향한 멈추지 않는 혁신「모빌리티 혁신 로드맵」

133. BMW ConnectedDrive 홈페이지

134. 미국자동차공학회(SAE) 홈페이지, 자율주행 단계별 정의

135. 도요타 자동차(2016), 제5회 ICT 초고령사회 구상회 WG자료

136. 박형민(2022), UAM 현황과 신산업으로서의 발전 방향, 한국산업기술진흥원

137. 심혜정(2021), UAM, 글로벌 산업 동향과 미래 과제, 한국무역협회

138. 이장준(2022), SKT-Joby, 서로에게 UAM 최적의 파트너인 이유, 더벨

139. 류제현, 정용재, 송범용(2021), 글로벌 모빌리티 플랫폼 이동을 재정의하다, 미래에셋증권

140. 유제훈(2021), 美·中 자율주행 패권경쟁 가속 "인력양성·빅데이터 축적 시급", 아시아경제

141. 채영석(2022), 사우디 아라비아, 자체 전기차 브랜드 씨어(Ceer) 출범, 글로벌오토뉴스

142. 임상수(2022), 사우디 국부펀드·폭스콘, 사우디서 전기차 합작 생산한다, 연합뉴스

143. 최원석(2022), 전기차 생산기술의 완전체?… 테슬라 오스틴 공장의 비밀, 조선일보

144. 현대NGV(2019), 현대자동차 미래기술전략 워크숍 결과

145. ZF 홈페이지, ZF e-드라이브 시스템

146. REE Auto 홈페이지, 리 오토모티브(REE Automotive)의 REE 플랫폼

147. 미쉐린, 에어리스 타이어; 업티스, 미쉐린 홈페이지

148. 신수지, 고태원(2020), ESG 투자의 힘, 수익률이 말해준다, 조선일보

149. 차호중(2020), 차호중의 재테크 칼럼, 시대의 흐름인 ESG란, 국제신문

150. 이준희(2021), 한국기업들의 ESG 경영을 위한 변화, 딜로이트 안진회계법인

151. 박고은(2021), 기업 생존전략 ESG 경영①, 투데이신문

152. 정세우(2022), Four modes of value creation: business case 재구성, The CSR

153. 정세우(2022), Husted and Allen 모델 재구성, The CSR

154. 금호타이어(2022, 2023), 지속가능경영 보고서, 금호타이어 홈페이지

155. 문은주(2022), 바퀴로 실천하는 지속가능 모빌리티, 미쉐린, 이코노믹데일리

156. 포르쉐(2020), 탄소배출 추적관리 시스템, 포르쉐 홈페이지

157. 김환이(2021), 서큘러, 볼보 전기차 배터리 소재 추적 돕는 스타트업, IMPACT ON

158. BOSHE, Nexeed Energy Platform, 보쉬 홈페이지

159. 박진숙(2011), 전통적 리더십과 최근 리더십에 관한 탐색적 고찰, 한국행

정학회 학술발표논문집, pp.1 29.

160. 한봉주(2011), 조직문화, 리더십과 구성원 태도 간의 변화 연구, 한국조직
　　　학회보, 8(3), pp.123 160

161. 강희경外(2017), 조직문화가 기업의 경쟁력에 미치는 영향, 전문경영인연
　　　구 제 20 권 제 2 호, pp. 105~128

162. 김성남(2017), 공룡보다 카멜레온 조직역량이 4차 산업혁명 시대를 주도
　　　한다, DBR 223

163. 조지 웨스터먼, 디디에 보네,앤드루 맥아피(2017), 디지털 트랜스포메이
　　　션: 4차 산업혁명, 당신의 기업은 무엇을 준비해야 하는가?(원제:
　　　Leading digital), e비즈북스

164. 이효정, 류승희(2022), 메타버스 시대, 기업은 무엇을 준비해야 하는가,
　　　KPMG

165. 김용운(2021), 디지털 트윈의 개념과 기술 및 산업분야별 활용 사례, 한
　　　국전자통신연구원

166. 손보람, 최종훈(2019), OTT서비스의 콘텐츠 추천 기능 사용자경험 개선
　　　연구, 한국컨텐츠학회

167. 강신형(2019), 절대 강자 제치고 가치혁신 성공 '와이즐리'의 블루오션 전
　　　략, DBR 325

168. Aaron Parrott, Lane Warshaw(2017), 인더스트리 4.0과 디지털 트
　　　윈, Deloitte

169. Adam Mussomeli et al.(2018), 디지털트윈에 대한 기대, Deloitte

170. 김위찬, 르네 마보안(2017), 블루오션 시프트: 경쟁 없는 새로운 시장으
　　　로 이동하는 법, 비즈니스북스

171. 김상진(2022), 美규제에도 "불가항력"…'수출 1위' 日제친 中전기차의 매
　　　력, 중앙일보

172. 현대자동차(2023), E-GMP의 혁신을 이어가는 현대차의 차세대 전기차
　　　플랫폼, 현대자동차 공식 네이버포스트

173. GFK(2018), 타이어 판매 시장 조사

174. AC닐슨(2018), 타이어 시장 지표조사

175. 유엔통계국(2020), 글로벌 제조업에서의 국가별 비중 변화

176. 김병국(2023), 기업의 공급망 관리 및 신규 전략 마련 방안, 법무법인 세종

177. 김병국(2023), 전기차 배터리 핵심 소재의 중국 의존도, 법무법인 세종

178. 박효민(2023), 기업의 해외규제 컴플라이언스 방안, 법무법인 세종

179. 변준영(2023), 대전환시대, 경영환경 변화에 따른 기업 대응전략, EY한영 산업연구원

180. Nadella, Satya(2023), Hit Refresh, 흐름출판

181. 김보라(2023), 美 자율주행차 사망사고 운전자 첫 유죄, 동아일보

182. 박형기(2023), 美법원 테슬라에 불리한 판결, 주가 3% 급락, 머니S

183. 이용우(2023), 자율주행 자동차의 법적 쟁점, 법무법인 세종

184. 이기춘(2023), 자율주행자동차의 법제상 위험과 책임에 대한 행정법적 고찰, 부산대 법학전문대학원

저자 약력

저자 **마상문**
경영학 박사(Ph.D.)
법무법인(유) 세종 기획실장
전 금호타이어(주) 전략기획부문 상무

새로운 트렌드에 대한 관점과 통찰력을 중시하며 모빌리티 기업 현장에서 28년 가까이 일하였다. 지금은 대형 로펌에서 BD(Business Development), 마케팅, 홍보, CRM 등을 총괄하며 전략적 관점에서 성장 기회를 모색하고 있다.

금호타이어㈜에서 상품전략팀장, 중국 마케팅부장, 전략혁신팀장 및 전략기획 부문 상무 등을 역임하였다. 재직 중 중국 타이어 시장점유율 1위(2009), 히트 상품 런칭(슈퍼스타K 외 다수)을 통한 한국 시장점유율 1위(2018), 디자인 아이덴티티 및 브랜드 체계 정립(2014), 모빌리티 비즈니스 마스터 플랜(2020), 전사 전략체계도(2020), 프로세스 및 원가 혁신 프로젝트(2021), ESG 조직/마스터플랜(2022) 등 전사 컨트롤 타워 역할을 수행하였다.

2023년 4월부터 법무법인(유) 세종에서 마케팅/기획 업무를 총괄하는 기획실장으로 재직 중이다. 로펌 내 모빌리티팀과 ESG PG(Practice Group), 컴플라이언스 PG 등 새로운 사업영역에서 다양한 전문가들의 인사이트를 비즈니스화하는 지원업무를 수행 중이다.

서강대학교에서 MBA(마케팅, 인사조직·전략 전공), 경영학 박사학위(Ph.D.)를 받았으며, 서강대 경영전문대학원(비즈니스인사이트), 한국 능률협회(가톨릭대, 제주대, 동아대 마케팅실무), LH공사(직무역량교육) 등 다수의 대학, 기관에서 강의를 진행하였다. 저술 논문 및 전문 주제연구로 '모빌리티 전쟁에서 생존하는 비즈니스 모델 혁신(2023)', 'Mass Customization을 통한 가치창조 방안 연구(2019)', '위기기업의 턴어라운드 방안에 대한 연구(2019)' 등이 있다.

모빌리티 이노베이션: 모빌리티 전쟁에서 생존하는 비즈니스모델 혁신

초판발행	2024년 1월 31일
중판발행	2024년 5월 10일

지은이	마상문
펴낸이	안종만·안상준

편 집	조영은
기획/마케팅	최동인
표지디자인	Ben Story
제 작	고철민·조영환

펴낸곳	㈜ **박영사**
	서울특별시 금천구 가산디지털2로 53, 210호(가산동, 한라시그마밸리)
	등록 1959.3.11. 제300-1959-1호(倫)
전 화	02)733-6771
f a x	02)736-4818
e-mail	pys@pybook.co.kr
homepage	www.pybook.co.kr
ISBN	979-11-303-1869-1 93320

정 가	28,000원